Beltz Taschenbuch 42

W0187610

Über dieses Buch:
Ein Individuum muß im Kontext seiner sozialen Einflüsse betrachtet werden. Wie nehmen wir andere Menschen wahr, wie werden wir in unseren Einstellungen von anderen Menschen beeinflußt, wie entstehen Konformität oder Hilfsbereitschaft, und was erzeugt das Gegenteil – diese und viele andere Fragen des täglichen Zusammenlebens beschäftigen die Sozialpsychologie. Sie untersucht, wie sich der Mensch als soziales Wesen verhält, wie sich Gruppen bilden, wie sie agieren und Individuen beeinflussen.

Leon Mann entwirft eine Sozialpsychologie, die vom Individuum ausgehend zu komplizierten sozialen Prozessen fortschreitet. Dabei thematisiert er Probleme, die für das gesellschaftliche Zusammenleben und den Einzelnen von allgemeinem Interesse sind: Autoritätsglauben, unterlassene Hilfeleistung, ruinöser Wettbewerb, politische Gefolgschaft usw. Die Auswahl der dargestellten Studien und mitgeteilten Forschungsergebnisse erleichtert besonders Studienanfängern und interessierten Laien den Einstieg in die Sozialpsychologie.

Der Autor:
Leon Mann war bis zu seiner Emeritierung Professor für Psychologie an der Flinders University of South Australia.

Inhaltsverzeichnis

Einleitung

Wie nehmen wir andere Menschen wahr, wie werden wir von anderen in unseren Einstellungen beeinflußt, wie entstehen Konformität, Gehorsamkeit und Hilfsbereitschaft, welchen Einfluß haben Gruppen auf Leistungs- und Entscheidungsverhalten? Diese und viele andere Fragen des alltäglichen Zusammenlebens sind Gegenstand sozialpsychologischer Forschung. Das vorliegende Buch möchte auf der Grundlage von Forschungsergebnissen hierzu Antwort geben.

Sozialpsychologie ist heute Pflichtfach im Grundstudium Psychologie; für viele andere Ausbildungs- und Studiengänge werden sozialpsychologische Grundkenntnisse, z.B. über Mimik, Gestik und Gesprächsführung benötigt. Sozialpsychologie ist also eine „praktische" Grundlagenwissenschaft, die seit ihren Anfängen interdisziplinären Charakter hat.

Der Begriff „Sozialpsychologie" findet sich, soweit wir wissen, zum ersten Mal 1871 bei dem Herbartianer Gustav Lindner. Eine akademische Disziplin mit dieser Bezeichnung kann man etwa mit der Jahrhundertwende ansetzen. Wenn an der Entstehung der Psychologie als Wissenschaftsdisziplin viele Philosophen und Physiologen des deutschen Sprachbereichs beteiligt waren, so gilt dies weniger für die Sozialpsychologie; sie stellt sich in ihrer Geschichte eher als „amerikanische" Wissenschaft dar, wenigstens leisteten amerikanische Soziologen und Psychologen wichtige Beiträge. Die Begegnung und Verschmelzung verschiedener Kulturkreise hatte in den USA das Interesse an Sozialisationsprozessen, Vorurteilen und Einstellungsänderungen besonders geweckt. Zudem begünstigten die Struktur und der damalige Ausbau der amerikanischen Universitäten die Begründung der Sozialpsychologie als Wissenschaftsdisziplin.

In Deutschland wurde das erste Institut für Sozialpsychologie 1922 an der Technischen Hochschule Karlsruhe durch Willy Hellpach (1877–1955) gegründet. Es bestand jedoch nur kurze Zeit. Erst in den sechziger Jahren wurden erste Lehrstühle für Sozialpsychologie an deutschen Universitäten eingerichtet. So gab es in der Bundesrepublik, wie auch in anderen europäischen Ländern, viele Jahre lang eine Phase der Rezeption amerikanischer Forschung. Heute ist kein nennenswerter Rückstand in Theorie und empirischer Forschung mehr erkennbar; geblieben ist aber eine amerikanische Sozialpsychologie, die von europäischen Entwicklungen nicht sehr viel Notiz nimmt, obwohl in den letzten Jahrzehnten eine ganze Reihe von Anregungen von europäischen Autoren ausgingen. (Erwähnt seien hier Arbeiten zu nicht-verbaler Kommunikation, zu sozialen Beziehungen, zu Inter-Gruppen-Prozessen, zu sozialer Repräsentation und zu Handlungstheorien.) Europäische Sozialpsychologen haben daher versucht, der „amerikanischen" eine „europäische" Sozialpsychologie entgegenzusetzen (Stroebe u.a., 1990). Bei näherem Hinsehen sind die Unterschiede aber nicht so gravierend wie es scheint.

In sozialpsychologischen Lehrbüchern wird gern 1908 als Geburtsjahr der Sozialpsychologie angegeben, weil in diesem Jahr gleich zwei amerikanische Bücher mit dem Titel „Social Psychology" erschienen. Das eine stammte von dem Soziologen Edward A. Ross (1866–1951), das andere von dem in den USA lehrenden englischen Psychologen William McDougall (1871–1938). Ross stellte die Bedeutung der Imitation und Suggestion für die menschliche Entwicklung heraus. McDougall vertrat eine Instinktlehre und versuchte zu zeigen, daß auch das menschliche Sozialverhalten Ergebnis von Sozialinstinkten, wie z.B. dem Herdentrieb, ist. McDougalls Buch wurde ein Bestseller. Der Übersetzung ins Deutsche im Jahr 1928 lag bereits die 21. englische Auflage zugrunde. Doch hatte McDougall immer deutlicher die Bedeutung der Umwelt gegenüber den Instinkten erkennen müssen und so vertrat er in den späteren Auflagen seines Buches eine „relativierte" Instinktlehre. Heute finden wir in der Sozialpsychologie so gut wie keine Instinkt- und Triebtheorie mehr. Bei der Auseinandersetzung mit psychoanalytischen und ethologischen Triebtheorien (z.B. zur Aggression) haben Sozialpsychologen immer wieder Gegenpositionen bezogen, indem sie auf die Bedeutung sozialer Lernprozesse, der Umgebung und die Bedeutung sozialer Interaktionen hinwiesen.
Entsprechend den zwei Ursprungsdisziplinen Psychologie und Soziologie kann man immer noch zwischen einem psychologischen und einem soziologischen Verständnis der Sozialpsychologie unterscheiden. „Psychologische" Sozialpsychologen interessieren sich stärker für die sozialen Einwirkungen auf das Individuum, für das Individuum im sozialen Kontext. Die Erforschung der sozialen Einflüsse auf die Wahrnehmung, sozialer Motive und sozialer Einflüsse auf das Verhalten des einzelnen sind typische Fragestellungen einer „psychologischen" Sozialpsychologie. „Soziologische" Sozialpsychologen interessieren sich stärker für das Geschehen zwischen Personen. Prozesse in Massen, die Wirkung der Massenkommunikationsmittel, Macht und soziale Normen sind

Themen, zu denen Soziologen wichtige Beiträge geleistet haben, wobei das Individum eher in den Hintergrund rückt. Der Unterschied zwischen der „psychologischen" und der „soziologischen" Sozialpsychologie ist aber weniger im Untersuchungsgegenstand, sondern – wenn überhaupt – eher in den verwendeten Theorien zu finden; allerdings auch in den Methoden: „Soziologische" Sozialpsychologie macht weit weniger vom Experiment, dafür mehr von Beobachtungs- und Befragungstechniken Gebrauch.

Leon Mann, der Verfasser dieser Einführung in die Sozialpsychologie, geht im wesentlichen vom Standpunkt der „psychologischen" Sozialpsychologie aus. Da er auf dem begrenzten Raum keine umfassende Darstellung der Sozialpsychologie geben konnte, traf er seine Themenauswahl auf der Basis von drei Grundüberzeugungen:
Da Leon Mann – wie die meisten Sozialpsychologen – eine „psychologische" Sozialpsychologie vertritt, sieht er das Individuum im Kontext sozialer Einflüsse, so wie dies in Gordon Allports nun schon „klassischer" Definition der Sozialpsychologie zum Ausdruck kommt. Sozialpsychologie „sei der Versuch, das Denken, Fühlen und Verhalten von Individuen zu verstehen, so wie diese durch die tatsächliche, vorgestellte oder implizite Anwesenheit anderer Menschen beeinflußt werden" (G. Allport, 1954a, S. 5). Leon Mann beschreitet daher in seiner Einführung den Weg vom Individuum zu komplizierteren sozialen Prozessen. Dies ist nicht nur ein didaktisch geschickter Plan, sondern ein Ergebnis innerer Überzeugung. Komplizierte Prozesse können nach Mann nicht richtig verstanden werden, wenn man das Individuum und die „einfacheren" Einflußprozesse nicht kennt.
Eine zweite Präferenz bei der Themenauswahl betrifft die Art der ausgewählten Untersuchungen. Leon Mann bevorzugt die Darstellung von experimentellen Forschungsergebnissen. Auch dies ist für Sozialpsychologen nicht ungewöhnlich. Doch wäre auch die stärkere Einbeziehung von Befragungsergebnissen möglich gewesen. Das Laborexperiment ist in den letzten Jahren Gegenstand heftiger Kritik gewesen. So wird selbst ein Laie einwenden, daß das psychologische Laboratorium kaum ein realistisches Abbild der alltäglichen Umgebung darstellen kann und daß nicht nur das Labor, sondern vermutlich auch die Ergebnisse „künstlich" sind. Diese Kritik ist einleuchtend, trifft aber nicht den Kern des Problems. Experimente dienen dazu, wissenschaftliche Hypothesen unter kontrollierten Bedingungen zu überprüfen; dazu muß das Labor nicht ein (verkleinertes) Abbild des Alltags sein. Und doch hat die Forschung zur Psychologie des psychologischen Experiments gezeigt, daß man im Labor mit besonderen Motivationen der Versuchspersonen rechnen muß, z.B. mit der

Bereitschaft, Forderungen des Versuchsleiters mehr als im Alltag nachzukommen. Gerade in sozialpsychologischen Experimenten hat man – zum Teil aus diesem Grund – mit Täuschungstechniken gearbeitet. Dies hat wiederum zur Kritik an Täuschungsmanövern in der Psychologie geführt. Es waren vor allem diese zwei Kritikpunkte, die zur Wiederbelebung der Forschung in Alltagssituationen geführt haben. Experimente unter alltäglichen Bedingungen – sogenannte Feldexperimente – finden sich in Leon Manns Buch mehr als sonst in sozialpsychologischen Einführungen.

Die dritte Präferenz hängt mit der zweiten eng zusammen: Leon Mann hat versucht, eine Sozialpsychologie zu entwerfen, die sich mit Problemen von allgemeiner Bedeutung für den Menschen befaßt: Konformität, unterlassene Hilfeleistung, ruinöser Wettbewerb usw. Auf die Darstellung sozialpsychologischer Befunde von esoterischem Charakter oder von sehr spezieller Bedeutung wurde bewußt verzichtet.

Ganz offensichtlich ist es dem Verfasser gelungen, diese Ziele zu erreichen. Die Auswahl der dargestellten Arbeiten hinsichtlich ihrer Relevanz für die Erklärung des Sozialverhaltens im Alltag erleichtert besonders dem Studienanfänger und dem interessierten Laien den Einstieg in die Sozialpsychologie.

Als ich mich gleich nach Erscheinen der englischen Originalausgabe für eine Übersetzung ins Deutsche einsetzte, war ich sicher, daß Leon Manns Verständnis der Sozialpsychologie zukunftsweisend war. Viele Themen, die Mann dargestellt hatte, suchte man damals in Lehrbüchern vergeblich. Meine Vermutung sollte sich bewahrheiten: Heute werden alltagsnahe Themen wie Lampenfieber, Gestik und Mimik, Hilfeleistung usw. in fast allen Lehrbüchern der Sozialpsychologie behandelt. Nicht ahnen konnte ich jedoch, daß die deutsche Übersetzung auch noch nach vielen Jahren als Standardeinführung dienen würde und als solche nach wie vor empfohlen werden kann.

Natürlich gibt es neuere Entwicklungen in der Sozialpsychologie, die interessierte Leser in umfangreicheren Darstellungen und in Fachzeitschriften finden kann. Will man die Forschungstrends der Sozialpsychologie der letzten Jahre skizzieren, so ist dies aufgrund des schnellen Wachstums dieser Grundlagenwissenschaft nicht einfach. Insgesamt läßt sich sagen, daß heute die Nachteile eines behavioristischen Programms der Sozialpsychologie, wie es Floyd H. Allport 1924 entworfen hatte, klarer gesehen werden. Lange Zeit hatte das Denken in Reiz-Reaktions-Beziehungen auch die Sozialpsychologie geprägt, was kurioserweise dazu führte, daß gerade die sozialpsychologisch interessanten Bereiche wie soziale Kognitionen und Motivationen auf der Strecke blieben. Die sogenannte „kognitive Wende" in der Psychologie, d. h.

die stärkere Rückbesinnung auf Vorgänge der Wahrnehmung, Bewertung usw., hat auch die Sozialpsychologie der letzten Jahrzehnte geprägt. Leon Mann stellt einige der wichtigsten Befunde hierzu in Kapitel 5 dar.

Wer Leon Manns Einführung gelesen hat, wird sich vielleicht einer umfassenderen und anspruchsvolleren Darstellung widmen wollen. Inzwischen gibt es nicht nur zahlreiche Übersetzungen (z. B. Forgas, 1987; West & Wicklund, 1985; Secord & Backman, 1983; Stroebe u. a., 1996) und Nachschlagewerke (Frey & Greif, 1997; Werbik & Kaiser, 1981), sondern auch eine Reihe von neueren Lehrbüchern deutschsprachiger Autoren (Bierhoff, 1998; Lück, 1993; Herkner, 1993; Fischer & Wiswede, 1997; Witte, 1994) und eine große Anzahl spezieller Abhandlungen, z. B. zur angewandten Sozialpsychologie (Schultz-Gambard, 1987). Über aktuelle Forschungsergebnisse informieren die vierteljährlich erscheinenden Fachzeitschriften „Zeitschrift für Sozialpsychologie" und „Gruppendynamik. Zeitschrift für angewandte Sozialpsychologie".

Helmut E. Lück

Kapitel 1
Die Grundlagen des Sozialverhaltens

Die Grundlagen des menschlichen Sozialverhaltens sind kulturelle Einflüsse, die von der Existenz organisierter Gesellschaften herrühren, soziale Einflüsse, die auf Primärgruppen in der Gesellschaft zurückzuführen sind, sowie auf Umwelteinflüsse, die durch die physikalischen Gegebenheiten der sozialen Umwelt vermittelt werden. Wenn man zu einer bestimmten Gesellschaft gehört, so heißt dies, daß man ihren kulturellen Werten ausgesetzt, wenn nicht sogar vollständig verhaftet ist; es bedeutet ferner ein gewisses Maß an Verhaltenskonformität ihrer Mitglieder und persönliche Abhängigkeit von wirksamen sozialen Kontakten mit anderen Personen. Zum Einfluß der physikalischen Aspekte der sozialen Umwelt gehört die Nutzung des Territoriums durch den Menschen sowie Verhaltenseffekte durch Übervölkerung, konstanter Kontakt und Isolation. Es ist üblich, bei der Erforschung des menschlichen Sozialverhaltens mit der Untersuchung des Sozialverhaltens und der sozialen Bindungen niederer Tiere anzufangen und ferner das Verhältnis zwischen Dominanz und Unterwürfigkeit bei subhumanen Primaten zu betrachten. Indem man die Eigenarten des tierischen Sozialverhaltens untersucht, wird es möglich, die Eigenheiten des menschlichen Sozialverhaltens zu erkennen. In diesem 1. Kapitel richten wir unseren Blick auf die kulturellen, sozialen und umweltmäßigen Bedingungen, die erforderlich sind, wenn das Individuum in seinem Verhalten als „menschlich" gelten soll.

Kulturelle Einflüsse

Die Kultur ist der durchdringendste der sozialen Einflußfaktoren. Um die Bedeutung der menschlichen Gesellschaft als Sozialisierungsfaktor für das Verhalten zu verstehen, muß man sich mit der Kultur befassen, weil sie die wichtigste Gegebenheit in jeder Gesellschaft darstellt. Kultur besteht aus gelernten und organisierten Verhaltensstrukturen, die für eine bestimmte Gesellschaft typisch sind. Nach der Definition von Linton (1936) ist Kultur die „Summe aller Verhaltensstrukturen, Einstellungen und Werte, die die Mitglieder einer bestimmten Gesellschaft gemeinsam haben und überliefern" (S. 288).

Seit den 20er Jahren ist die Frage nach der Kultur und ihren Einflüssen auf das Verhalten von fundamentaler Bedeutung; damals fingen Anthropologen an, primitive Gesellschaften systematisch zu untersuchen, und sie beobachteten, daß menschliches Verhalten unter verschiedenen sozialen Bedingungen sehr große Unterschiede aufweist. Die Beobachtung, daß die menschliche Natur formbar ist, könnte heute fast als trivial angesehen werden, weil die Befunde der Kulturanthropologen oft als selbstverständlich hingenommen werden. Aber ohne eine Würdigung des breiten und so unterschiedlichen menschlichen Verhaltens ist es unmöglich, sich über die Kultur als prägende Kraft vollkommen klar zu werden. Wir sind so sehr in unsere eigene Kultur verwickelt, daß es schwierig ist, eine angemessene Perspektive zu gewinnen, mit der man erkennt, daß Kultur nichts anderes als eine Anzahl von Regeln ist, die von Menschen für das soziale Leben geschaffen wurden. Die zwei wichtigsten Schlußfolgerungen der Anthropologen sind vielleicht die, daß es keine universale menschliche Natur gibt, die auf Instinkten beruht, und daß verschiedene Gesellschaften unterschiedliche kulturelle Strukturen entwickeln — verschiedene Lösungen der großen, immer wiederkehrenden Lebensprobleme.

Nach Benedict (1934) kann eine kulturelle Struktur als eine Anzahl allgemein akzeptierter Verhaltensweisen in einer Gesellschaft angesehen werden, einschließlich der Überzeugungen, die sie begleiten. Es sind eine charakteristische Struktur oder eine Anzahl von Werten, die vielen Mitgliedern einer Gesellschaft gemeinsam sind und die sie von anderen Kulturen unterscheiden. Z. B. bilden bei den Zuni-Indianern die Zeremonie und die „angemessenen" Arten, Dinge zu tun, die kulturelle Struktur, aber bei den Kwakiutl-Indianern ist die Grundlage der Kulturstruktur die Wichtigkeit des sozialen Rangs und der Status, den man dadurch erreicht, daß man Güter zur Schau stellt und verschwendet.

Ein Vergleich der kulturellen Struktureigenarten jeder Gesellschaft verschafft uns Einsicht in große Unterschiede des Alltagsverhaltens. Z. B. zeigt er, daß „Normalsein" ein relativer und nicht ein absoluter Begriff ist, der eng verknüpft mit der betreffenden Gesellschaft gesehen werden muß. Drei Beispiele aus den Arbeiten von Mead (1928, 1935) verdeutlichen diese Tatsache. In der westlichen Gesellschaft gibt es einige genaue Vorstellungen über die normale Rolle der Geschlechter; männliche Frauen und weibliche Männer werden nicht überall geduldet. Aber im Stamm der Tschambuli in Neu Guinea scheinen die Rollen der Geschlechter geradezu vertauscht zu sein. Frauen sind dominant; sie verdienen den Lebensunterhalt, leiten die Geschäftsabschlüsse, machen den Anfang bei der Partnerwahl und stellen das Haupt der Familie dar. Auf der anderen Seite sind die Männer unterwürfig, gefallsüchtig, anmutig, auf Gerüchte aus und man erwartet von ihnen, daß sie den Haushalt gut führen und sich für Tanz und Theater interessieren. Dies Beispiel der Tschambuli zeigt das Ausmaß, in dem kulturelle Normen die Persönlichkeit und das Verhalten beeinflussen. Ein zweites Beispiel ist das Problem des psychologischen Stresses, der Unsicherheit und der Verwirrung der Jugendlichen in westlichen Gesellschaften. Es ist oft angenommen worden, daß die Schwierigkeit beim Heranwachsen ein unumgänglicher Bestandteil des Aufwachsens ist und auf die schnelle physische und gefühlsmäßige Reifung zurückzuführen ist. Jedoch zeigen die Untersuchungen an jungen Mädchen in Samoa, daß die Zeit des Heranwachsens angstlos, ohne Stress und Verwirrung sein kann. In der Entwicklungszeit bis zur Heirat kann das Mädchen auf Samoa anderen den Hof machen, sich in eine beträchtliche Anzahl von sexuellen Spielen einlassen und einer Vielzahl von Vergnügungen nachgehen — und dies ohne zu große soziale Verpflichtung. Es ist daher nicht verwunderlich, daß die Jugendlichen auf Samoa weniger ängstlich und „verwirrt" sind als viele junge Menschen in unserer Gesellschaft. Ein drittes Beispiel für die Bedeutung dieser interkulturellen Studien zur Frage der Normalität ist das Problem der Homosexualität. Interkulturelle Untersuchungen zeigen, daß Homosexualität keine angeborene Eigenschaft ist. Sowohl das starke Vorherrschen der Homosexualität in der frühen griechischen Kultur und das fast vollständige Fehlen der Homosexualität bei Erwachsenen in der von Mead beobachteten Kultur auf Samoa, können gemäß den sozialen und sexuellen Bräuchen einer Kultur verstanden werden. Interkulturelle Vergleiche der vorherrschenden Werte in verschiedenen Kulturen und ihren Einflüssen haben ein neues Licht auf die Bedeutung der Kultur, der Variabilität des menschlichen Verhaltens und den Begriff der Verhaltensnormalität geworfen.

Die Untersuchung der Kulturen stellt nicht nur eine Grundlage dar, die Faktoren zu verstehen, die der Entwicklung verschiedener Motive, Meinungen, Interessen und Werten in verschiedenen Gruppen von Individuen zugrundeliegen, sondern sie enthüllt auch die allem menschlichen Verhalten zugrundeliegenden Gemeinsamkeiten. Alle Menschen haben grundlegende primäre Antriebe, wie Hunger, Durst, Sexualität und das Bedürfnis nach Wärme, Schutz, Anregung und Bequemlichkeit. Sogar die erlernten Motive wie Furcht, Aufrechterhaltung der Selbstachtung, das Bedürfnis nach Gesellung und sozialer Anerkennung haben alle Menschen gemeinsam, obwohl sie in verschiedenen Gesellschaften unterschiedlich zum Ausdruck gebracht und erlebt werden.

Die Tatsache, daß die meisten unserer wichtigen Motive (ob angeborene Triebe oder erlernte Bedürfnisse) nur in einem sozialen Rahmen befriedigt werden können, bestimmt den Einfluß der Kultur auf das Verhalten. Vor allem in der Kindheit, wenn die grundlegenden kulturellen Werte sozialisiert werden, ist das Individuum von der Anwesenheit anderer zur Befriedigung der eigenen Bedürfnisse abhängig. Dies gilt nicht nur für die Nahrungsaufnahme und die Bewahrung vor Schmerzen, sondern auch für die Beruhigung durch Kontakt und für die Stimulierung. Da diese Bedürfnisse durch Wechselbeziehungen mit anderen Personen befriedigt werden, bilden sie die Grundlage der ersten Lernerfahrungen des Kindes bei den Sozialisierungsversuchen der Eltern.

Gesellschaften treffen unterschiedliche Vorbedingungen, um die Bedürfnisse ihrer Mitglieder zu befriedigen. Und diese institutionellen Vorkehrungen lassen die typischen Eigenarten des Sozialverhaltens einer Gesellschaft entstehen. Ein typisches Beispiel, wie kulturelle Strukturen auch Vorkehrungen zur Triebbefriedigung liefern, stellen die Siriono-Indianer von Ostbolivien dar. Diese Menschen leben in dichten nahrungsarmen tropischen Regenfeldern in einem fast ständigen Zustand des Hungers. Nahrung und Nahrungssuche (Wild, Fische, Nüsse, Beeren, Früchte) haben hier vorrangige Bedeutung erhalten. Da sich die Existenz dieser Menschen auf die Nahrung konzentriert, findet dies seinen Niederschlag in den Bräuchen und in der allgemeinen Persönlichkeitsbildung. Frauen heiraten nicht aus Liebe, sondern werden auf Versprechungen über fettes Fleisch oder Honig wilder Bienen umworben. Bei der Auswahl des Ehepartners bevorzugt man fette Frauen und Männer, die gut Nahrung suchen können; unter den Männern sind die besten Jäger die am meisten geschätzten Ehepartner. Frauen nehmen ihren Männern Untreue selten übel, es sei denn, er gibt einer anderen Frau etwas zu essen. Um zu vermeiden, daß man sein Essen mit anderen teilen muß, lügen die Stammesangehörigen über das, was sie zu essen haben; außerdem essen sie in der Regel nachts, so daß sie mehr vertilgen können, ohne daß andere davon etwas erfahren. Das Hauptziel beim Essen scheint zu sein, daß man in der kürzesten Zeit das meiste herunterschlingt. Die Gedanken, Lieder und Träume dieser primitiven Indianer handeln in erster Linie vom Jagen und vom Essen.

Obwohl die Siriono eine stabile Persönlichkeitsentwicklung durchmachen, sind sie egoistisch, sie befassen sich fast nie mit anderen, sie verweigern in der Regel die Hilfe, wenn es einem anderen schlecht geht. Wenn ein Siriono zu alt oder zu krank wird, um zu jagen oder sich Essen zu besorgen, läßt man ihn bis zum Sterben allein. Die Siriono liefern ein Beispiel dafür, wie der Mangel an natürlichen Vorräten, z. B. Nahrung, zu extremen Arten sozialen Verhaltens und typischen Verhaltensarten in einer Gesellschaft führen kann. Daß solche kulturelle Eigenarten von Menschen geschaffen sind, wird durch die Tatsache verdeutlicht, daß andere Menschen, die in Gegenden leben, wo die Lieblingsnahrung knapp ist, ihr Problem auf andere Weise lösen, nämlich durch stark kooperative und freundliche soziale Beziehungen, bei denen die erreichbaren Vorräte aufgeteilt werden. Ein Beispiel hierfür sind die Buschmänner der Kalahari-Wüste.

Aber die menschliche Motivation ist komplex und es gibt eine Reihe von Bedürfnissen und Antrieben; manche, die der Befriedigung bedürfen, sind gelernt. Weil viele wie Status, Leistung und Anerkennung eher sozial bedingt als biologisch vererbt sind, unterscheiden sich ihre Ausprägung und die Mittel zur Bedürfnisbefriedigung von Gesellschaft zu Gesellschaft. Sowohl die Kwakiutl-Indianer als auch die Deutschen der Mittelschicht haben ein übertriebenes Statusbedürfnis, aber während der Kwakiutl-Häuptling seinen Status durch ein „Potlatsch" erreicht, indem er seine Rivalen dadurch übertrumpft, daß er Kanus, Decken und Werkzeuge zerstört, erhält der Deutsche seinen Status, indem er sich Güter anschafft, die Wohlstand und Erfolg verraten und so seinen Nachbarn übertrumpft. In direktem Kontrast dazu wiederum zeigen die Gebirgs-Arapesch von Neu-Guinea verhältnismäßig wenig Interesse an sozialem Status irgendeiner Art. So bilden kulturelle Bedingungen die Grenze sowohl für die Bedürfnisse, die die Quellen der Motivation bilden, als auch für die Art und Weise, in der diese Bedürfnisse befriedigt werden.

Die Gesellschaft determiniert sowohl die Einstellungen, Wertvorstellungen und Kooperations- sowie Konfliktmuster des Individuums als auch die Art und Weise, mit den übrigen Mitmenschen umzugehen. Als Ergebnis des Sozialisierungsprozesses wird das Individuum zum Mitglied der Gesellschaft, ausgestattet mit angemessenen Einstellungen und Verhaltensweisen. McDougall (1908), einer der ersten Sozialpsychologen, stellte fest, daß das „grundlegende Problem der Sozialpsychologie die Moralisierung des Individuums durch die Gesellschaft, in die es als ein lebendes Wesen hineingeboren wurde, darstellt..." (S. 16). McDougall benutzte den Begriff „Moralisierung" statt des heute gebräuchlichen Begriffs „Sozialisierung", aber es ist klar, daß er den gleichen Vorgang meinte.

„Wenn wir das Wesen der verschiedenen Gesellschaften verstehen wollen, müssen wir erst versuchen, zu erkennen, auf welche Weise das Individuum von der Gesellschaft geformt wird, in die es hineingeboren wird, und in der es aufwächst, durch welchen Vorgang es dazu in die Lage versetzt wird, seine Rolle als soziales Wesen zu spielen, und kurz, wie es zu moralischem Verhalten befähigt wird" (McDougall 1908, S. 174).

Im Sozialisierungsprozeß wirkt die Kultur nicht abstrakt, sondern vielmehr durch ihre Agenten (Eltern, Lehrer, Pfarrer usw.) in einer Reihe von kulturell bestimmten sozialen Kontexten wie z. B. Familie, Schule, Spielgruppe und Arbeitsplatz. Diese Tatsache liefert einen weiteren Hinweis auf die Bedeutung der Kultur als Inhalts- und Richtungsgeber für den individuellen Lernprozeß. Obwohl ein Großteil dieses Lernens mehr im persönlich-sozialen als im gesamtkulturellen Rahmen stattfindet, ist es die Kultur, die indirekt den Rahmen des Lernens absteckt. Sie formt die grundlegenden Persönlichkeitsmerkmale der Mitglieder der Gesellschaft und bestimmt weitgehend den Grad ihrer Aggressivität, Herrschsucht oder Hilfsbereitschaft. Warum ähneln sich nun die Mitglieder einer Gesellschaft nicht wie ein Ei dem anderen? Die Antwort auf diese Frage kann als Korrektiv zu der Vorstellung einiger Anthropologen dienen, die die Ansicht vertreten, daß die Kultur aufgrund ihrer Verarbeitung der primäre Stimmungsfaktor für das Verhalten sein müsse. Zunächst ist nicht jedes Individuum allen Prozessen und Ereignissen unterworfen, die eine Gesellschaft ausmachen. Da zum zweiten die Agenten oder Vermittler der Kultur innerhalb bestimmter Grenzen die kulturellen Normen und Erwartungen interpretieren können, entstehen unzählige Interpretationsmöglichkeiten und dementsprechend Verhaltensunterschiede. Dies gilt insbesondere für größere und flexiblere Gesellschaften und weniger für kleine homogene Gruppen. Schließlich sind individuelle Unterschiede in der biologischen Ausstattung und in der Erbanlage verantwortlich für Verhaltensunterschiede in der gleichen sozialen Umgebung. Daß die Biologie eine große Rolle im Sozialverhalten des Menschen spielt und daß nur wenige kulturelle Entwicklungen völlig unabhängig von biologischen Einflüssen sind, ist eine fundamentale Erkenntnis der Psychologie.

Die Bestimmung der Ursachen, die für die Interpretation und Vermittlung der kulturellen Normen verantwortlich sind, beleuchtet nur einen Aspekt der Sozialisierung. Die Gesellschaft trifft auch institutionelle Vorkehrungen, die bestimmte Zielformulierungen, Verhaltensvorschriften und Praktiken sowie einen ungefähren Zeitplan für das Erreichen der einzelnen Meilensteine auf dem Weg des Sozialisierungsprozesses markieren. Einige Psychologen haben die Kräfte untersucht, die den Erwerb und die Anwendung sozial erwünschter Reaktionen in der Kindheit unterstützen. Ihre Ergebnisse erhellen die Wirksamkeit bestimmter Erziehungstechniken wie Lob und Tadel, Scham und Schuld sowie Nachahmung und direkte Unterweisung, die in den verschiedenen Gesellschaften zur Motivation und Kontrolle des Verhaltens angewandt werden. Kulturanthropologen haben den Zusammenhang zwischen sozialer Organisation, kulturellen Vorschriften (bzw. Ideologien), Sozialisierungspraktiken und Erwachsenen-Persönlichkeit in verschiedenen Kulturen untersucht. Ihre Befunde lassen den Schluß zu, daß das gesamte Programm der Kindererziehung (besonders frühe Kinderpflegepraktiken wie Entwöhnung, Reinlichkeitspflege und Erziehung zum Gehorsam) weitreichende Folgen für die Persönlichkeitsbildung haben. Soziologen haben schließlich die Struktur der Gesellschaft untersucht, wobei sie ihr besonderes Augenmerk auf soziale Differenzierungen wie gesellschaftliche Klasse, Freundschaftsverhältnis sowie Alters- und Geschlechtsgruppierungen gerichtet haben und ihren Einfluß auf die Annahme von Wertvorstellungen, auf die Kontrolle abweichenden Verhaltens und auf das Lernen von Rollenverhalten nachgewiesen haben. Psychologen, Anthropologen und Soziologen sind sich darin einig, daß die Kultur in ihrer richtigen Perspektive als der mächtigste soziale Faktor angesehen werden muß, der den Rahmen der Sozialisierung absteckt und die Verhaltensweisen durch spezifische soziale Umwelteinflüsse und Sozialisierungsmittler indirekt beeinflußt.

Soziale Einflüsse

Sozialisierung

Durch den Sozialisierungsprozeß wird das Individuum zum Mitglied der Gesellschaft, indem es mit sozialen Einstellungen und Rollenverhalten versehen wird, die seiner besonderen Gesellschaft und seinem Platz in ihr angemessen sind. Das Individuum paßt sich an die Gruppe an, indem es Verhaltensweisen lernt, die den Beifall der Gruppe finden. Obwohl sich der Begriff der Sozialisierung im allgemeinen auf die Kindesentwicklung bezieht, bezeichnet er einen generellen Vorgang, der auch auf Erwachsene anwendbar ist. Ein Mensch kann in jedem Alter in eine neue Gruppe oder Organisation eingeführt werden, in der man von ihm erwartet, daß er ihre Werte annimmt. Sozialisierung kommt das ganze Leben hindurch vor, insbesondere während bestimmter Übergangsphasen wie Schuleintritt, Arbeits-aufnahme, Heirat, Militärdienst, Krankenhausaufenthalt, Auswanderung, Vaterschaft oder Pensionierung. Ziel der Sozialisierung ist es, das Individuum dazu zu bringen, freiwillig den Gepflogenheiten der Gesellschaft oder der Gruppe, zu der es gehört, zu folgen. Auf den ersten Blick mag es so scheinen, daß Sozialisierung und Konformität synonym sind, daß das Individuum in seinen Einstellungen und Verhaltensweisen wie ein Sklave angepaßt sein muß, wenn es ein akzeptiertes Mitglied der sozialen Gruppe sein will. Das gilt in gewissem Maße für Kinder; bei den Erwachsenen, die gelernt haben, was von ihnen erwartet wird, ist jedoch eine größere Verhaltensvariabilität nicht nur gestattet, sondern sogar erwünscht. Der rigide Konformist wird nicht als das Idealprodukt der Sozialisierung betrachtet, da er nicht in der Lage ist, sich auf ändernde Umweltbedingungen einzustellen.

Untersuchungen zur Sozialisierung beschränken sich im allgemeinen auf den Nachweis, daß bestimmte Erziehungspraktiken einen Einfluß auf die Persönlichkeitsbildung haben. Es ist jedoch nützlich, das gesamte Erziehungsprogramm zu durchleuchten und jene Aspekte der Kultur zu untersuchen, die die entscheidenden Sozialisierungspraktiken determinieren. Allgemein vorherrschende Auffassungen über das Kind in einer Gesellschaft, sei sie technisch rückständig oder fortgeschritten, eine Mangel- oder Überflußgesellschaft, bestimmen die Dauer der Abhängigkeit des Kindes von den Eltern und legen fest, ob man Kinder als Unterstützung, Bürde oder Zeitvertreib ansieht. Wenn das soziale und ökonomische System einer Gesellschaft bekannt ist, können wir mit einiger Bestimmtheit voraussagen, ob sie bei der Erziehung ihrer Kinder mehr Wert auf Gehorsam und Unterordnung als auf Selbständigkeit, Selbstvertrauen und Leistung legt. Die Ideologie und die Werte einer Gesellschaft determinieren direkt die bevorzugten Sozialisierungspraktiken. Das *Kibbuz*, eine kollektive Siedlungsform in Israel, ist ein Beispiel dafür, wie eine sozialistische Gesellschaft eine Reihe kultureller Vorschriften und Praktiken aufstellt, deren Ziel es ist, ein kooperatives und loyales Mitglied der Siedlung hervorzubringen. Die *Kibbuz*-Kultur schreibt vor, daß Frauen bei der Arbeit gleiche Rechte und Pflichten wie die Männer besitzen, daß die primäre Zelle nicht die Familie sondern das Kollektiv ist, und daß Kinder die Erfahrung der Gruppe höher einschätzen sollen als individuelle Erfahrungen. Die Vorschriften finden sich in fast allen Erziehungspraktiken dieser Kollektivsiedlungen wieder. Das *Kibbuz*-Kind wird früh entwöhnt, und wenn seine Mutter wieder zur Arbeit geht, kommt es in ein Gemeindekinderheim. Im Gemeindekinderheim wird das Kind von einer Anzahl von *Metaplot* (Kinderschwestern) aufgezogen, die es einer Reihe von Erfahrungen mit Gleichaltrigen aussetzen. Wenn es in die Schule eintritt, werden ihm von dem Lehrer die Tugenden der Zusammenarbeit und der Teilnahme an der Gruppe eingeimpft, und im Einklang mit diesen Tugenden gibt es weder Prüfungen noch einen Leistungswettkampf. Während der *Kibbuz*-Säugling irgendwie ängstlich und aggressiv wirkt, entwickelt er sich in der Jugend zu einem wenig gefühlsbetonten, gruppenorientierten, wohlangepaßten Mitglied seiner Gruppe und stellt damit die Verkörperung des Ideals seiner Gesellschaft dar.

In fast allen Gesellschaften haben die kulturell bedingten Glaubenssysteme, die vorherrschenden Ansichten über die Natur des Menschen, seinen Lebenszweck sowie seine Beziehung zur Umwelt und zum Mitmenschen einen entscheidenden Einfluß auf die Sozialisierungspraktiken. In einigen Kulturen betrachten die Erwachsenen die Erziehung der Kinder einzig als ein Problem der Ernährung; in anderen werden sie wiederum als Objekte des Gehorsams oder der Ausbildung angesehen. Einige Kulturen legen besondere Betonung auf das Leistungstraining, wohingegen andere mehr Wert auf Selbstverwirklichung und -erfüllung legen. Unterschiedliche Ansichten über die Natur des Kindes bestimmen nicht unwesentlich die Kindererziehungspraktiken. So glauben in Nordindien die Rajput-Mütter, daß das Schicksal ihrer Kinder bei der Geburt an ihren Augenbrauen abzulesen ist. Da sie der Ansicht sind, daß Körperbau, Temperament und Verhalten ihrer Kinder vorherbestimmt sind, geben sie ihren Kindern nur selten direkte Belehrungen. Wenn eine Mutter ihr Kind bestraft, geschieht dies nicht aus Gründen der Gehorsamkeit, sondern um ihren eigenen aufgestauten Ärger abzureagieren.

In unserer Gesellschaft herrscht die Meinung vor, daß sich die Natur des Kindes ständig fortentwickelt. Während das Kind heranwächst, wird es immer mehr für seine Handlungen verantwortlich gemacht und Fehlverhaltensweisen werden durch körperliche oder symbolische Strafen geahndet, die als äußerst wirksam zur Verhinderung zukünftiger Missetaten angesehen werden. Die sozialen Klassenunterschiede innerhalb unserer Gesellschaft spiegeln sich in den unterschiedlichen Erziehungspraktiken wider, die die Persönlichkeitsentwicklung des Kindes beeinflussen. Obwohl sich die Sozialisierungspraktiken ständig ändern, sind die Mütter aus der Mittelklasse den Wünschen und Bedürfnissen ihrer Kinder gegenüber nachgiebiger, behandeln ihre Kinder gleichmäßiger und benutzen weniger häufig körperliche Züchtigung als Mütter aus der Arbeiterklasse. Es wird allgemein angenommen, daß frühe Lernerfahrungen einen andauernden und vielleicht irreversiblen Einfluß auf die Persönlichkeit haben. Sozialpsychologen, die diese Annahme unterstützen, sind insbesondere deshalb am Sozialisierungsprozeß interessiert, weil sie die Vorbedingungen des sozialen Verhaltens und des sozialen Geschehens kennenlernen wollen. In mehreren Untersuchungen über den Sozialisierungsprozeß haben Kinderpsychologen die Wirkung verschiedener Erziehungsstile und Disziplinierungspraktiken sowie Wirkungen nachträglicher Änderungen dieser Einflüsse auf die Persönlichkeitsbildung des Erwachsenen erforscht. Andere Sozialpsychologen haben die Wirkung des Sozialisierungsprozesses unter verschiedenen Umweltbedingungen, wie Militärakademien, Kriegsgefangenenlager oder Gefängnisse, untersucht. Während über den Einfluß der Eltern auf die Sozialisierung während der ersten Jahre der Kindheit kein Zweifel besteht, gilt die Bedeutung zweier miteinander zusammenhängender Prozesse, nämlich der De-Sozialisierung und der Re-Sozialisierung, die im Einflußbereich verschiedener Gruppen und Institutionen liegen und die das Erwachsenenverhalten umformen, keinesfalls als eindeutig oder gar geklärt.

De-Sozialisierung

Das Ziel jeder De-Sozialisierung ist die Beseitigung früherer Schlüsselwerte und aller Verhaltensweisen, durch die die Individualität im Sozialverhalten des Individuums zum Ausdruck kommt. Die Auslöschung alter Einstellungen und Verhaltensweisen ist eine Vorbereitungsmaßnahme für jeglichen De-Sozialisierungsversuch. Dornbusch (1955), der zehn Monate als Kadett auf der amerikanischen Küstenwachen-Akademie verbrachte, hat eingehend beschrieben, wie die Neulinge („swabs") dazu gebracht wurden, ihre Identität aus dem Zivilleben abzulegen. Der Neuankömmling wird aller Bindungen beraubt, die ihn an seinen früheren sozialen Status erinnern. Diskussionen über Reichtum oder Familienherkunft sind untersagt. Die Verbindungen und Kontakte zur Außenwelt sind beschränkt. Das Ziel dieser Maßnahmen ist es, jegliche Bindung zu durchschneiden, die den einzelnen an seine frühere Identität im Zivilleben erinnern. In ihrer extremen Ausprägung versetzt die De-Sozialisierung das Individuum in einen kind-ähnlichen und fügsamen Organismus zurück, der unfähig ist, selbständig zu handeln. Das war auch das Ziel der nationalsozialistischen Konzentrationslager für politische Gefangene vor dem Ausbruch des zweiten Weltkrieges. Der Psychologe Bettelheim (1958), der von 1938 bis 1939 selbst Gefängnisinsasse von Dachau und Buchenwald war, hat den De-Sozialisierungsprozeß bei seinen Mitgefangenen systematisch beobachtet. Dort wurde brutale physische und psychische Gewalt angewendet, um die Gefangenen ins Joch zu zwingen. Das häufige

Vorkommen von kindischem und unangemessenem Verhalten, wie es von Bettelheim beobachtet wurde, beweist die Wirksamkeit einer derartigen Behandlungsmethode. Aufgrund der extremen Entsagungen fielen viele Gefangene in infantiles Verhalten zurück.

„Die Gefangenen lebten wie Kinder nur in der unmittelbaren Gegenwart. Sie waren unfähig, in die Zukunft zu planen ... Einige Gefangene bekämpften sich wie Halbwüchsige bis aufs Messer, um im nächsten Augenblick die besten Freunde zu werden. Sie brüsteten sich damit, wie erfolgreich sie in ihrem früheren Leben gewesen seien, oder wie sie die Wachtposten hinters Licht geführt hätten. Wie Kinder fühlten sie sich weder zurückgesetzt noch beschämt, wenn es sich herausstellte, daß ihre Prahlereien erlogen waren." (Bettelheim, 1958, S. 300).

Re-Sozialisierung

Die Re-Sozialisierung des Individuums durch die Gruppe bezeichnet jenen Vorgang, durch den der einzelne dazu gebracht wird, ein bestimmtes Verhaltensrepertoire durch ein anderes zu ersetzen. Unter Umständen kann die Re-Sozialisierung eine unausweichliche Folge der De-Sozialisierung sein. Dabei müssen neue Wertvorstellungen entwickelt werden, die die Leere auszufüllen haben, die durch die Auslöschung der alten Werte entstanden ist. Es war nicht das ausdrückliche Ziel der Gestapo, ihre politischen Gefangenen zum Nazismus zu bekehren, jedoch begannen die Gefangenen ohne jede gewollte Einflußnahme oder Druckausübung, die Werte ihrer Gestapo-Wachen anzunehmen. Bettelheim beobachtete bei seinen Mitgefangenen eine merkliche Neigung, sich mit den Aggressoren zu identifizieren. Die meisten der länger inhaftierten Lagerinsassen begannen, die bei den Gestapoleuten übliche Sprechweise und ihre verächtliche Haltung solchen Gefangenen gegenüber, die nicht mehr recht mitkamen, zu kopieren, wobei sie ihre Mitgefangenen mitunter folterten oder sogar umbrachten. Sie trugen stolz alte Teile von Gestapo-Uniformen, lernten, in Hab-Acht-Stellung zu gehen und ahmten selbst körperliche Leistungs- und Ausdauerwettkämpfe, wie sie bei ihren Wachtposten üblich waren, nach.

Das vielleicht beste Beispiel für den Re-Sozialisierungsprozeß stellt der Versuch der chinesischen Kommunisten dar, die UN-Gefangenen im Korea-Krieg zur kommunistischen Ideologie zu bekehren. Die Methode dieser sogenannten Gehirnwäsche bestand im wesentlichen darin, alte Gruppenbindungen aufzulösen, die frühere Wertvorstellungen stützten, und außerdem neue soziale Interaktionen zu etablieren, die die Tendenzen zur kommunistischen Ideologie verstärkten. Schein (1958) hat auf eine Reihe von Methoden hingewiesen, die bei der ideologischen Abwerbung amerikanischer Kriegsgefangener zur Anwendung gekommen sind. Viele dieser Verfahren schienen in erster Linie auf Re-Sozialisierung abzuzielen, nachdem sie alten Wertvorstellungen die soziale Bestätigung entzogen hatten.

Offiziere und potentielle Widerstandsführer wurden von der Gruppe getrennt, und die Gruppenstruktur wurde zerstört, indem man gute Freunde und Bekannte in andere Lager verlegte. Die Einrichtung eines Spitzel-Systems und geschickte Veröffentlichungen über tatsächliche oder verfälschte Fälle von Kollaboration verhinderten die Entwicklung einer neuen informellen Gruppenstruktur. Jede Unterstützung der Moral durch Nachrichten aus der Heimat wurde dadurch zunichte gemacht, daß nur deprimierende oder zerrüttende Briefe weitergeleitet wurden. Alle diese Maßnahmen verfolgten nur die Absicht, daß sich die Gefangenen isoliert fühlten, mißtrauisch und in ihren sozialen Beziehungen unsicher wurden, weil man sie mit Erfolg von ihrer Primärgruppe trennte, die ihre grundlegenden Einstellungen stützte.

Mit anderen Methoden versuchte man, die Gefangenen zu resozialisieren und zur Zusammenarbeit mit den Kommunisten zu zwingen. Wenn alle ihre Einwilligung gaben, an Arbeitsgruppen über kommunistische Ideologie teilzunehmen, wurden sie mit Sport und Gruppenspielen belohnt. Mochte das Niveau derartiger Diskussionen auch denkbar niedrig sein, so erforderte allein die Teilnahme an derartigen Veranstaltungen ein gewisses Maß an Übereinstimmung. Jedem Nachgeben eines Gefangenen folgten weitere Forderungen nach Zugeständnissen. Schließlich wurden die Belohnungen so manipuliert, daß für Akte der Kollaboration Sonderrationen an Nahrungsmitteln und Arzneimitteln sowie Sonderprivilegien gewährt wurden, wohingegen Widerstandsverhalten unter Strafe gestellt wurde. Wie wirksam war nun das rotchinesische Resozialisierungsverfahren? Man schätzt, daß etwa 15% der Kriegsgefangenen einer erfolgreichen Gehirnwäsche unterzogen wurden. Allerdings konvertierten nur wenige zur kommunistischen Ideologie; die meisten Kollaborateure beschränkten sich darauf, Vorträge über Kommunismus zu halten, sich an Propagandasendungen im Rundfunk zu beteiligen, Friedenspetitionen und Geständnisse zu unterschreiben oder Spitzeldienste an Mitgefangenen zu leisten. Es gab verschiedene Gründe, aus denen Gefangene kollaborierten. Einige „Opportunisten", die jegliche Art stabiler Gruppenidentifikation vermissen ließen, wurden mit dem Versprechen materieller Belohnung gekauft. Wenn sie nur geringe „Ich-Stärke" besaßen, brachen sie schnell unter dem seelischen und körperlichen Druck zusammen. Einige wenige waren „Rebellen", Marginalpersönlichkeiten ohne gesicherten Status und Bindung, die sich von der kommunistischen Ideologie und dem in Aussicht gestellten sicheren Status in der Zukunft angezogen fühlten. Mehrere ließen sich zur Kollaboration verleiten und rationalisierten dann ihr Verhalten mit dem Glauben, daß sie durch die Infiltrierung chinesischer Stellen Nachrichtenmaterial sammeln könnten, das den UN-Truppen helfen könnte.

Es ist nicht uninteressant, einen Vergleich mit den Berichten über die türkischen Gefangenen der Rotchinesen in Korea anzustellen. Von den 229 Türken machte sich nämlich kaum einer der Kollaboration schuldig. Hierfür kann eine Reihe von Gründen angeführt werden. Die Bemühungen der Chinesen, die Türken einer Gehirnwäsche zu unterziehen, sind wahrscheinlich weniger intensiv gewesen als bei den Amerikanern, da nur wenige der chinesischen Vernehmungsbeamten fließend türkisch sprachen. Außerdem kann der kulturelle Hintergrund ausschlaggebend gewesen sein; die Tugend der „Härte" spielt nämlich in der türkischen Kultur eine große Rolle. Es kann jedoch kaum ein Zweifel darüber bestehen, daß bestimmte Gruppenfaktoren es den Türken leichter machten, ein hohes Disziplin- und Organisationsniveau aufrechtzuerhalten. Der ranghöchste Türke einer jeden Gruppe behielt nach wie vor seinen Rang und konnte mit der vollen Unterstützung aller seiner Mitgefangenen rechnen, auch wenn er nur Obergefreiter war. Auf diese Weise blieben die alten Gruppengewonheiten und Einstellungen intakt.

Zwei wichtige Lehren lassen sich aus den Erfahrungen in Korea ziehen. Erstens ist die Aufrechterhaltung eines bestimmten Wertsystems für eine Person, die unter Deprivation und Bedrohung zu leben hat, von entscheidender Bedeutung. Gewöhnlich handelte es sich bei jenen Gefangenen, die den chinesischen Indoktrinationsversuchen aktiv standhielten, um ausgereifte und integere Persönlichkeiten mit einem ausgeprägten Wertsystem. Zum zweiten besteht die unbedingte Notwendigkeit, daß ein gewisser Gruppenzusammenhalt aufrechterhalten bleibt, um den Manipulationsversuchen des Gegners widerstehen zu können. Die relativ häufigen Fälle von Kollaboration bei den Amerikanern (im Vergleich zu den Türken) erklärt sich fast ausschließlich aus dem Zusammenbruch des Gruppenzusammenhalts. Diese Desorganisation der Gruppe blockiert ein gemeinsames Vorgehen beim Widerstand; sie verhindert die Entwicklung eines wirksamen Bezugsrahmens und schwächt die Fähigkeit der Gruppe, ein Gegengewicht zu den Beeinflussungsversuchen der Bewacher zu bilden.

Wenn die Gruppe nun ein neues Wertsystem annimmt, gestaltet sich naturgemäß der Widerstand des einzelnen weitaus schwieriger. In Korea wurden deshalb den Gruppen neue Führer vorangestellt, die schon vorher zu pro-kommunistischen Werten tendiert hatten. Das klingt stark an die Methoden an, die vor dem Kriege von der Gestapo in den Konzentrationslagern angewendet worden waren. Wie Bettelheim berichtet, konnten die Wachen bei den Gefangenen erfolgreich kindhafte Einstellungen und Abhängigkeiten hervorrufen, wenn sie einer Gruppe angehörten, die mehr oder weniger stark das Nazi-System akzeptiert hatte; wenn der Lagerinsasse jedoch auf sich allein gestellt war, gelang ihm der Widerstand viel leichter. Daher sorgte die Gestapo, die sich dieser Tatsache bewußt war, mit allen Mitteln dafür, daß jeder Gefangene in eine sog. „überwachte" Gruppe kam. Allerdings sind Resozialisierungsbemühungen selten derart drastisch oder dramatisch wie in den hier geschilderten Fällen. Wenn es tatsächlich notwendig werden sollte, jemanden erneut auf die Normen der Gesellschaft zu verpflichten oder eine ideologische Umorientierung herbeizuführen, bedienen sich die Resozialisierungsmittler wie Schulen und Kirchen oder als letzte Instanz Gefängnisse im allgemeinen weitaus subtilerer Maßnahmen.

Frühe soziale Kontakte

Die Konzeption einer Kultur manifestiert sich so im Sozialverhalten, wie es durch den Sozialisierungsprozeß herausgebildet wird; Zusammenbrüche oder Änderungen des Sozialisierungsprozesses sind zu einem beträchtlichen Teil eng mit den sozialen Kontakten innerhalb der Gruppe verbunden. Die Frage scheint daher berechtigt, wie das menschliche Verhalten ohne Kultur oder soziale Kontakte aussehen würde. Die Antwort auf diese Frage wirft ein bezeichnendes Licht auf die Bedeutung sozialer Einflüsse für jeden Prozeß, durch den der Mensch eigentlich erst zum Menschen wird. So zeigt ein Kind, das schon als Säugling von der menschlichen Gesellschaft getrennt wird und unter wilden Tieren aufwächst, ein urwüchsiges und ungezähmtes Verhalten. Die Möglichkeit der Existenz von Wolfskindern hat viele Psychologen beschäftigt, denn sie gestattet Aufschluß über die Frage, wie sich das Verhalten der Menschen ohne den sozialisierenden Einfluß der Kultur darbieten würde. Durch die Gefangennahme und anschließende erfolgreiche Sozialisierung solcher Kinder wäre es weiterhin möglich festzustellen, wie man psychische Störungen beseitigen kann, die durch frühkindliche Isolierung von menschlichen Kontakten entstanden sind.

Vornehmlich aus Indien kamen in den letzten Jahren häufiger Berichte von Kindern, die in der Gesellschaft wilder Tiere aufgewachsen waren. So wurde Ramu, der „Wolfsjunge", wahrscheinlich von wilden Tieren im Dschungel aufgezogen. Dennis (1941) berichtet von einem „Bärenmädchen", das in Indien lebte; und in den einschlägigen Illustrierten ist des öfteren von einem „Gazellenjungen" die Rede. Die vielleicht bekannteste Geschichte ist Singh und Zingg's (1943) Bericht von der Entdeckung zweier Mädchen, die etwa 120 km von Midnapur (Indien) in einem Rudel Wölfe lebend aufgefunden worden waren. Eines der Mädchen, das man Kamala nannte, war ungefähr acht Jahre alt, während das andere, Amala, zur Zeit der Auffindung etwa 1¹/₂ Jahre zählte. Wie es zu ihrem Zusammenleben mit einem Rudel Wölfe in einer Höhle gekommen war, blieb im Dunkeln; niemand aus dem nahegelegenen Dorf schien zu wissen, wer die Mädchen waren und wie lange sie schon von anderen Menschen getrennt gelebt hatten. Man hielt es jedoch für möglich, daß die beiden Mädchen seit frühester Kindheit mit den Wölfen gelebt hatten und von ihnen gesäugt worden waren. Als man sie auffand, konnten sie nicht sprechen, und die einzigen Laute, zu denen sie fähig waren, waren ein tiefes Grollen und ein lautes Kreischen. In ihrem Verhalten glichen sie mehr Tieren als Menschen. Wie Wölfe aßen sie nur vom Boden und benutzten dabei fast nie ihre Hände. Sie gingen nicht aufrecht, sondern liefen auf allen Vieren. Wie berichtet wird, waren sie bei ihrer Gefangennahme äußerst erschreckt und bissen und kratzten wild um sich, um sich zu verteidigen. Die Dorfbewohner, die die Mädchen auffanden, brachten sie zum Missionar des Dorfes, einem Mister Singh, der alles daran setzte, die Mädchen von nackten Tieren in zivilisierte menschliche Wesen zu verwandeln.

Amala starb kurz nach ihrer Gefangennahme, aber Kamala überlebte. Während sie sich in Mr. Singhs Obhut befand, führte er ein Tagebuch über sie und machte einige Fotos von ihrer tierähnlichen Körperhaltung. Noch lange Zeit, nachdem sie zur Missionsstation gebracht worden war, behielt sie das wolfsähnliche Verhalten bei. Sie konnte mit so großer Geschwindigkeit auf allen Vieren laufen, daß sie ohne weiteres Kaninchen fangen konnte, die sie mit Vorliebe unmittelbar nach dem Fang roh aß. Einmal in der Nacht pflegte sie wie ein Wolf laut aufzuheulen, konnte andererseits aber keinen Laut menschlicher Sprache äußern. Anfangs weigerte sie sich konstant, Kleider zu tragen. Sie zeigte wenig Interesse an anderen Kindern, es sei denn, sie befanden sich im Krabbelalter, dann pflegte sie auf allen Vieren mit ihnen herumzurutschen. Wenn die Kleinen jedoch etwas Außergewöhnliches taten, wurden sie von ihr geschlagen, gebissen oder gekratzt. Nach neun Jahren aufopferungsvoller Pflege und Erziehung u. a. von der Missionarsfrau, gelang es Kamala, sich einen beschränkten Wortschatz anzueignen (50 Wörter mit 17 Jahren) und einiges Sprachverständnis zu entwickeln. Sie brachte es fertig, aufrecht zu gehen, gekochte Mahlzeiten zu essen und Kleidung zu tragen. Schließlich lernte sie auch, zu lachen und zu weinen und „menschliche" Empfindungen zu zeigen und auszudrücken. Man konnte ihr selbst die Aufsicht über einige der kleineren Kinder in der Mission anvertrauen. Sie erreichte jedoch nie ein für ihr Alter normales Niveau.

Obwohl die Geschichte von Kamala, dem „Wolfsmädchen", ein wenig von einer althergebrachten Fabel an sich hat, glaubten einige namhafte Psychologen an die Richtigkeit der Erzählung von den beiden Mädchen und betrachteten sie als schlagenden Beweis für die Wichtigkeit kultureller Einflüsse auf die Humanisierung und Sozialisierung im Kindesalter. Andere Psychologen zeigten sich von dem Bericht weniger beeindruckt. Schließlich stützte er sich auf Informationen aus zweiter Hand, die von nicht-wissenschaftlichen Beobachtern stammten. Im Jahre 1959 unternahmen der amerikanische Soziologe William Ogburn und der indische Anthropologe Nimal Bose eine Reise nach Nordindien, um die Richtigkeit der Geschichte von den Wolfskindern nachzuprüfen (Ogburn und Bose, 1959). Es gelang ihnen nicht, die berühmte Geschichte von Amala und Kamala auch nur teilweise zu bestätigen; sie konnten nicht einmal die Stelle ausfindig machen, an der die Kinder angeblich aufgefunden worden waren. Sie folgerten daraus, daß man über Amala und Kamala nicht mehr erzählen könne, als daß es sich um zwei höchst beschränkte kleine Mädchen ohne Sprache gehandelt haben mußte, die auf einer Missionsstation bei einem wissenschaftlich wenig zuverlässigen Mr. Singh gelebt hätten. Unterdessen waren andere Wissenschaftler zu dem gleichen Schluß gekommen, ohne selbst die Mühe einer Reise nach Indien auf sich zu nehmen. Die Wahrscheinlichkeit, daß ein Wolf ein Kind tatsächlich aufzieht, ist so gering, daß sie kaum einer Betrachtung wert ist. Eine Wolfsmutter würde sich nur dann um ein Kind kümmern, wenn sie ihr eigenes Junges verloren hätte. Wolfsmütter säugen ihre Jungen ungefähr zwei Monate lang, so daß der Säugling durch einen unglaublichen Zufall die Zitzen hätte finden und sich in dieser Zeit selbst hätte ernähren müssen. Nach der Entwöhnung wäre die Nahrung des Säuglings erbrochener Unrat. Es wäre ein außergewöhnlicher Zufall, wenn ein Kind ein derartiges Schicksal überleben würde. Wenn auch ernstzunehmende Zweifel darüber bestehen mögen, daß Amala und Kamala tatsächlich von Wölfen aufgezogen worden sind, kann die Tatsache, daß sie als Kinder aller menschlichen Kontakte beraubt waren, wohl kaum geleugnet werden. Die Vermutung liegt wohl am nächsten, daß es sich bei ihnen von Geburt an um geistesschwache oder körperlich deformierte Wesen gehandelt haben muß, die von ihren verzweifelten Eltern in ein entlegenes Zimmer eingeschlossen wurden und schließlich in einer verlassenen Höhle ausgesetzt wurden, wo sie dann aufgefunden worden waren (Dennis, 1941). Trotzdem kann man aus dem tierähnlichen Verhalten der Kinder schließen, daß sich das einzigartige menschliche Verhalten ohne den intensiven Kontakt mit anderen menschlichen Wesen nicht entwickeln kann.

Das Anwachsen des wissenschaftlichen Interesses an den Auswirkungen früher sensorischer und sozialer Beschränkungen auf das Kind hat uns von derartigen Erzählungen über Wolfskinder unabhängig gemacht, um die Wirkung sozialer Isolation zu untersuchen. Es gibt häufig Berichte von sozial isolierten Kindern, die nach mehreren Jahren unfreiwilliger Abgeschiedenheit in einem dunklen Keller oder Speicher aufgefunden wurden. So hat z. B. Davis (1940, 1947) zwei verschiedene Fälle extremer Isolation geschildert, bei denen zwei uneheliche Mädchen von ihrer Geburt an in einem abgeschlossenen Raum lebten. Beide Mädchen erhielten gerade genug Nahrung, um am Leben zu bleiben. Als Anna im Alter von 6 Jahren entdeckt wurde, konnte sie weder gehen noch sprechen oder sonst irgendetwas tun, was Hinweis auf irgendeine Art von Intelligenz gab. Vier Jahre später starb sie. Die ebenfalls 6jährige Isabel lebte mit ihrer taubstummen Mutter zusammen in einem dunklen Raum. Ihr Verhalten glich zur Zeit ihrer Auffindung dem eines sechs Monate alten Säuglings. Zuerst glaubte man, daß sie auch taub sei, aber nach intensivem Training war sie sogar in der Lage, wie ein normales Kind zur Schule zu gehen. Das Interessante an Isabels Fall ist, daß das Lernen unter sachverständiger Anleitung schnelle Fortschritte machte. Anna mag andererseits geistig anomal gewesen sein. Isabel hatte aber zumindest ihre Mutter als Gesellschaft, während Anna absolut isoliert lebte. Daraus folgt, daß die durch soziale Isolation bedingte gefühlsmäßige und geistige Zurückgebliebenheit durchaus umkehrbar ist, falls die Isolation nicht zu extrem war und nach der Rückkehr in die menschliche Gesellschaft ein intensives Training stattfindet. Unter der Annahme, daß ihre Intelligenz keinen Defekt aufweist, vergrößern sich die Chancen solcher Kinder, zu „Menschen" zu werden weitaus mehr, wenn die Dauer der Isolation oder Vernachlässigung nur kurz war oder wenn sie noch in sehr frühem Kindesalter in die Gesellschaft zurückkehren.

Untersuchungen über Heimkinder sind eine weitere nützliche Informationsquelle hinsichtlich der Auswirkungen früher sozialer Deprivation. Unter den Bedingungen der sozialen Isolation gibt es keine Kontakte zu den anderen Mitgliedern der gleichen Gattung. Andererseits bedeutet „soziale Deprivation", daß es irgendeine Art von Interaktion zwischen dem Individuum und der Umwelt gibt. Ihre Häufigkeit ist jedoch gering und ihre emotionale Qualität ist niedrig. Im allgemeinen ist ein Aufenthalt in Heimen mit sozialer Deprivation und beschränkter sozialer Erfahrung verbunden. Da das Kleinkind einer Reihe von Schwestern anvertraut ist, erfährt es nur wenig „mütterlichen" Kontakt und sensorische Stimulierung. Außerdem hat es wenig Gelegenheit, neue Fähigkeiten zu erlernen oder zu erproben, und es erhält nur wenig Anerkennung für erreichte Leistungen. Die Folgen einer Heimunterbringung variieren beträchtlich von Heim zu Heim und von Kind zu Kind. So konnte man z. B. bei Erwachsenen, die früher Heiminsassen waren, Erscheinungen wie gravierende psychische Erkrankungen, Gefühlskälte, sexuelle Unangepaßtheit, Apathie und körperliche Unterentwicklung beobachten. Es scheint jedoch, daß die Heimunterbringung am häufigsten geistige Zurückgebliebenheit und mangelnde Anpassungsfähigkeit als langfristige Schäden mit sich bringt. Heimunterbringung stellt keine homogene Variable dar, und es ist keineswegs geklärt, ob soziale oder sensorische Deprivation für die geistige und soziale Schädigung verantwortlich sind, die die Kinder erleiden. Es besteht jedoch kein Zweifel daran, daß frühkindliche Kontakte für die Entwicklung des Menschen von ausschlaggebender Bedeutung sind.

Es gibt weiterhin auch eine Reihe von Laboratoriumsuntersuchungen über die Wirkung sozialer Isolierung auf junge Affen, die wenige Stunden nach der Geburt von ihren Müttern getrennt wurden (Harlow und Harlow, 1962). Die Affen wurden in den ersten beiden Lebensjahren in sozialer Isolierung aufgezogen. Um jeglichen sozialen Kontakt auszuschließen, wurden sie ausschließlich durch automatische Vorrichtungen gefüttert und nur durch Einweg-Glasscheiben beobachtet. Nach zwei Jahren absoluter Abgeschiedenheit von der Außenwelt erfreuten sich die Affen einer ausgezeichneten körperlichen Verfassung, zeigten jedoch bedenkliche soziale oder psychische Anpassungsschwierigkeiten. Sie spielten weder mit anderen Affen, noch verteidigten sie sich, wenn sie angegriffen wurden. Trotz körperlicher Reife waren sie sexuelle Versager, und keinem von ihnen gelang die Paarung. Bei anderen Affen, die weniger als zwei Jahre isoliert worden waren, traten ebenfalls Schädigungen auf, wenn auch in weitaus geringerem Maße. Harlow und Harlow glauben, daß totale soziale Isolation im ersten Lebensjahr und über einen längeren als sechs Monate andauernden Zeitraum hinweg zu irreversiblen sozialen und psychischen Störungen führt.

Für die psychologische und soziale Entwicklung scheinen daher die Kontakte mit den Mitgliedern der gleichen Gattung als unbedingt notwendig. Müssen es aber in jedem Falle Kontakte mit der Mutter sein, oder genügen Kontakte mit jedem beliebigen anderen? Es gibt einige Anzeichen dafür, daß für Affen Kontakte mit Gleichaltrigen wichtiger sind als die Kontakte mit der Mutter. Affen, die zwar von ihren Müttern aufgezogen wurden, aber 7 Monate lang des Kontaktes mit den Gefährten ihres Alters beraubt wurden, blieben ernsthaft in ihrer Entwicklung stecken, während Affen, die innerhalb einer Gruppe Gleichaltriger, aber ohne Kontakt mit der Mutter aufwuchsen, eine ziemlich normale psychologische und soziale Entwicklung aufwiesen. Ähnliches läßt sich bei Schafen beobachten, die sozialer Isolation ausgesetzt werden. Scott, Fredericson und Fuller (1951) berichten, daß ein Lamm nur 10 Tage lang nach der Geburt von den übrigen Schafen getrennt zu werden braucht, um in seinem Verhalten eine fundamentale Änderung zu bewirken. Im Gegensatz zu normalen Lämmern, die starke soziale Bindungen zur Mutter und später zu den übrigen Schafen eingehen, schließt sich das getrennte Schaf der Herde nicht an und bleibt auch nachher von der Herde ausgeschlossen. Bei Enten wurde herausgefunden, daß strikte soziale Isolierung in den ersten Tagen nach der Geburt bei den jungen Enten zu anomalem Verhalten führt. Solche Entenküken werden unbeweglich und zeigen keinerlei Reaktion auf soziale Stimulierung; sie neigen zu Flucht oder Erregbarkeit und zeigen auch sonst Feindseligkeiten im sozialen Umgang (Hess, 1962). Diese Verhaltensweisen ähneln teilweise dem apathischen, nervösen oder feindseligen Gebaren von Heimkindern.

Bei vielen Tieren konnte der Nachweis erbracht werden, daß bestimmte Perioden besonders kritisch für die Ausbildung sozialer Bindungen sind. Wenn das Tier innerhalb einer bestimmten kritischen Zeit nach der Geburt mit seiner Mutter keinen Kontakt herstellen kann, so wird es nicht in der Lage sein, eine feste Bindung zu ihr einzugehen. Der Vorgang, bei dem das Tier dem ersten beliebigen beweglichen Objekt folgt, mit dem es in Kontakt kommt (gewöhnlich der Mutter), und danach als Elternteil betrachtet, bezeichnet man als „Prägung". Konrad Lorenz (1935), der für mehrere Generationen von Graugänsen „Vater" gespielt hat, war einer der ersten, der die Bedeutung der Prägung herausgestellt hat. Gänseküken pflegen sich das erste bewegende Objekt einzuprägen, das sie nach der Geburt zu Gesicht bekommen. Lorenz stellte sich deshalb immer dann in der Nähe eines Brutapparates auf, wenn der Zeitpunkt des Ausschlüpfens gekommen war. Somit war Lorenz (und nicht die Mutter) das erste sich bewegende Objekt, das die Küken erblickten. Zu Lorenz' großem Vergnügen begannen die Gänseküken, ihm überall hin nachzufolgen und benahmen sich so, als ob er ihre eigentliche Mutter wäre. Die jungen Küken wollten tatsächlich nichts mit ihrer Mutter zu tun haben und bestanden auf ständiger Begleitung. Prägung kann nur in einem sehr kurzen Zeitraum nach der Geburt des Tieres stattfinden. Sie scheint außerdem irreversibel zu sein; wenn sie einmal stattgefunden hat, ist sie nur sehr schwer wieder rückgängig zu machen. Die Prägung, die auch bei Schafen und Meerschweinchen beobachtet wurde, stellt einen schlagenden Beweis für die langfristige Wirkung früher Erfahrungen dar.

Diese Untersuchungen über die Wirkung sozialer Isolierung und früher Prägung beim niederen Tier liefern klare Beweise dafür, daß die ersten Erfahrungen besonders wichtig für die Entwicklung des Sozialverhaltens sind. Der Nachweis einer besonders kritischen Periode für die Herstellung sozialer Kontakte beim Menschen gestaltet sich weitaus schwieriger, weil wir uns wahrscheinlich in einem langsameren Tempo als Harlows Affen oder Lorenz' Gänse entwickeln. Daher kann sich der kritische Zeitraum beim Menschen über Monate oder gar Jahre erstrecken. Bowlby (1952) nimmt an, daß der Zeitraum bis zum Alter von $2^1/_2$ Jahren (besonders von 6 Monaten bis zu 1 Jahr) eine Art kritischer Periode sein könnte. Wenn es an Mutterliebe fehlt, wird das Kind wahrscheinlich unwiderruflich in seiner psychologischen und sozialen Entwicklung geschädigt. Da normalerweise die Kinder in unserer Gesellschaft von einer Person (der Mutter) während der ganzen Kindheit aufgezogen werden, ist es nicht verwunderlich, daß sich gewöhnlich zu dieser einen Person starke Gefühlsbindungen ergeben. Klinische Befunde über Kinder, die soziale Deprivation erlitten haben (z. B. Kinder, die in Heimen aufgewachsen sind, Kinder, die eine Reihe gravierender Trennungen von der Mutter erlebt haben, und Kinder, die nur mangelhaften Kontakt mit der Mutter hatten), zeigten deutlich, daß viele von ihnen ernsthafte Störungen aufwiesen und in ihrem späteren Leben an affektiven Schwierigkeiten litten. Es gibt jedoch noch keinen klaren Beweis dafür, daß nur ein bestimmter Lebensabschnitt im Säuglings- und Kindesalter als kritische Periode angesehen werden kann, in der die Grenzen der Liebesfähigkeit gesetzt werden. Es gibt schließlich einige Fälle von Kindern, die im Säuglingsalter liebevolle und beständige mütterliche Pflege entbehren mußten und später trotzdem relativ normal aufwuchsen. Einige Kinder, die aufgrund lang anhaltender und ernsthafter Deprivation irreversibel gestört scheinen, erholen sich nicht selten, besonders mit therapeutischer Unterstützung und sind sogar in der Lage, starke zwischenmenschliche Bindungen einzugehen. Obwohl es keine Beweise für die Wichtigkeit einer bestimmten Zeitperiode für das spätere Sozialverhalten gibt, besteht kein Zweifel daran, daß befriedigende frühe Erfahrungen für die Entwicklung sozialer Bindungen entscheidend sind.

Umwelteinflüsse

Das Territorium

Die physikalische Umgebung eines Individuums stellt einen der Hauptfaktoren der sozialen Umgebung dar und umgrenzt daher die Möglichkeit, zu lernen und sozialen Umgang zu pflegen. Es ist ein Unterschied, ob man in einer Mietskaserne, im Dachgeschoß eines Hochhauses, in der Kalahari-Wüste, an der französischen Riviera, auf einem einsamen Bauernhof oder in einer übervölkerten Vorstadt wohnt. Die Umweltbedingungen umreißen die·Grenzen der Erfahrungen, die dem Individuum die Gewohnheiten und die Wertvorstellungen vermitteln. Klima, Kulturzone und Gegend spielen als Hauptbestimmungsfaktoren der Umwelt für das Sozialverhalten eine maßgebliche Rolle. Außerdem ist der physikalische Raum für das Sozialverhalten von Bedeutung, da dieses Territorium als ausschließlicher Besitzstand von den übrigen abgesondert wird und gegen die anderen Mitglieder der Gattung verteidigt wird. Ein Territorium ist eine verhältnismäßig konstante Größe, seine Grenzen sind für alle übrigen sichtbar markiert, sein Mittelpunkt ist das Haus (und nicht der Körper), und Eindringlinge werden im allgemeinen zur Aufrechterhaltung der Herrschaft bekämpft (Sommer, 1965).

Die meisten niederen Tiere und in geringerem Maße auch der Mensch haben das Bedürfnis, den Besitz und die Verteidigung eines bestimmten geographischen Raumes aufrechtzuerhalten. Bei den Tieren ist die Verteidigung eines Territoriums für die Regulierung des sozialen Gruppenlebens von großer Bedeutung. So wählt z. B. das Spatzenmännchen sein Gebiet im Vorfrühling aus und verteidigt es durch Gesang, Drohung und Kampf. Wenn das Weibchen ankommt, sucht es sich ein Männchen zusammen mit einem Gebiet aus, in dem dann nachher auch die Paarung, das Nisten und ein Großteil der Fütterung stattfinden (Nice, 1943). Aggressives territoriales Verhalten hat einen eindeutigen Überlebenswert für die Gattung. Die organisierte Verteilung von abgesteckten Gebieten unter einer bestimmten Tierbevölkerung kommt dem Bedürfnis der Tiere entgegen, sich zu einer bestimmten Umgebung zugehörig zu fühlen. Übervölkerung und damit Knappheit oder sogar

Erschöpfung der natürlichen Vorräte an Lebensmitteln, Wasser oder Lebensgefährten wird dadurch vermieden (Davis, 1962).

Ardrey (1966) nimmt an, daß der „territoriale Imperativ" u. a. eine mächtige Motivationsquelle für das menschliche Verhalten darstellt. Er argumentiert, daß die menschliche Familie, Treue und Verantwortungsbewußtsein ähnlich wie bei niederen Tieren von der engen Bindung zu einem fest umrissenen Gebiet abhängen. Wahrscheinlich würde Moral im Sinne einer persönlichen Opferbereitschaft für größere Interessen, die über die eigenen hinausgehen, ohne Gebiet und Besitz bei der menschlichen Rasse nicht möglich sein, unabhängig davon, ob sie privat oder gemeinsam verteidigt werden. Obwohl Ardrey sein Beispiel überstrapaziert, weil er die Tatsache übersieht, daß Territorialität nur bei wenigen Primaten und dann auch nur für eine relativ kurze Zeitspanne zu beobachten ist, hat er die Aufmerksamkeit auf einige lange vernachlässigte und für die menschlichen Interaktionen bedeutende Aspekte des physikalischen Raumes gelenkt. Der Besitz eines Gebietes befriedigt teilweise das Bedürfnis nach Sicherheit und Stimulierung; weitaus wichtiger ist aber, daß er das Identitätsgefühl verstärkt, weil es jedem Individuum einen Platz zuweist, der ihn von allen anderen Mitgliedern der Gruppe unterscheidet. Im Gegensatz zu den Tieren, bei denen territoriales Verhalten eher die Aufgabe hat, für das natürliche Gleichgewicht der Natur zu sorgen, dient Territorialität beim Menschen zur Aufrechterhaltung des Gefühls der Identität in Situationen, in denen das Individuum oder die Gruppe von Entpersonifizierung bedroht sind. So ist das Verhalten von rivalisierenden Jugendbanden, die ein bestimmtes Gebiet in ihrem Wohnviertel heiß umkämpfen, eher als ein Hinweis auf den Ruf und die Überlegenheit einer dieser Gruppen zu bewerten, denn als ein Versuch, ein optimales Verhältnis von Einwohnerzahl und vorhandenem Lebensraum in einer übervölkerten Wohngegend zu schaffen.

Es ist zu erwarten, daß mit steigender Bevölkerungszahl und dementsprechend knapper werdendem Lebensraum territoriales Verhalten, sei es nun im Sinne einer individuellen Kontrolle über ein bestimmtes Gebiet und seinen Objekten oder im Sinne einer gemeinsamen Verteidigung gegen Eindringlinge, bei der Betrachtung menschlicher Interaktionen mehr Beachtung finden wird. Obwohl man wenig Einblick in die Bedürfnisse hat, denen das Gebiet im Sozialverhalten des Menschen dient, sind einige erste Versuche unternommen worden, territoriales Verhalten in Kleingruppen zu erforschen. Altman und Haythorn (1967) fanden heraus, daß Menschen in sozial isolierten Gruppen ein umso intensiveres territoriales Verhalten zeigten (indem sie sich einen fest umrissenen geographischen Raum und dessen Gegenstände aneigneten), je mehr Zeit sie miteinander verbrachten. Die Versuchspersonen der Untersuchung waren neunmal 2 Seeleute, die am Anfang einander fremd waren und 10 Tage lang in kleinen Räumen ohne jeglichen Kontakt zur Außenwelt lebten. Die Männer dieser sozial isolierten Gruppe zeigten im Verlaufe der 10 Tage eine allmähliche Steigerung ihres territorialen Verhaltens und eine Tendenz zur sozialen Abkapselung. Zuerst machten sie bestimmte geographische Räume (z. B. den Teil eines Zimmers) sowie sehr persönliche Gegenstände (wie z. B. das Bett oder eine Tischseite) zu Objekten ihrer persönlichen Kontrolle; später wurden dann beweglichere und weniger persönliche Gegenstände (z. B. Stühle) unter Kontrolle genommen. Es ist interessant, daß diese Art territorialen Verhaltens immer dann auftritt, wenn zwei Menschen dazu gezwungen sind, in einem engen Raum von der übrigen Gesellschaft fast völlig isoliert zusammenzuleben. Man kann daraus folgern, daß defensives „aquisitorisches" Territorialverhalten sowohl eine Reaktion auf Überbevölkerung sein kann als auch auf Umweltbedingungen, die die Gefahr des Persönlichkeitsverlustes involvieren, der mit der Ausschaltung normaler sozialer Kontakte einhergeht.

Übervölkerung

Die wahrscheinlich dichteste Menschenansammlung, die man heute beobachten kann, ist wohl in der Tokioter Untergrundbahn zu finden, in der man den Fahrgästen glatte Mäntel anbietet, damit sie besser durch die wie mit Ölsardinen vollgepackten Züge hindurchfinden, und wo Studenten dazu angestellt werden, die Fahrgäste in den Stoßzeiten in die Züge zu pressen. Trotzdem gelingt es den Japanern, irgendwie zu überleben. Die Psychologen wissen nur wenig über die psychologischen Konsequenzen der Übervölkerung auf das menschliche Verhalten, obwohl in Teilen Indiens und des Fernen Ostens die Konzentration großer Bevölkerungsteile auf relativ kleinem Raum ein bekanntes Phänomen ist.
Einige neuere Studien über Tierpopulationen, bei denen die Beziehungen zwischen Übervölkerung und verschiedenen Arten von Fehlverhalten untersucht wurden, lassen den Schluß zu, daß hohe Bevölkerungsdichte Stress erzeugt. Calhoun (1956, 1962) war einer der ersten, der bemerkte, daß Störungen in der territorialen und ökologischen Verteilung von Tieren zu Fehlverhalten und physiologischen Funktionsstörungen führen kann. Bei Mäusen führt Übervölkerung in Laboratoriumskäfigen zu abnormem sexuellen Verhalten, verminderter Fortpflanzung, Fehlgeburten, schlechter mütterlicher Sorge für

die Jungen sowie Abbruch des Nestbaus. Calhoun zog eine ganze Kolonie von Norwegerratten in einem großen Käfig auf. Obwohl ihnen später erlaubt wurde, in vier verschiedenen Käfigen herumzulaufen, zu fressen und zu nisten, neigten die Ratten dazu, in nur einem sehr überfüllten Käfig zusammenzuleben. Calhoun prägte den Begriff vom „pathologischen Beisammensein", um jenes Verhalten zu beschreiben, das die Fruchtbarkeit der Ratten herabsetzte und ihr Leben verkürzte. Andere Biologen haben beobachtet, daß in Käfigen zusammengepferchte Mäuse merklich vergrößerte Nebennieren aufweisen — ein Zeichen von Streß (Christian, 1961); weiterhin gibt es Berichte über häufige Vorfälle von Kannibalismus und Impotenz in übervölkerten Mäusekolonien, ein Anpassungsmechanismus, um die Bevölkerungszahl niedrig zu halten, wenn sie einen kritischen Punkt überschritten hat.

Es ist kaum möglich, diese pathologischen Reaktionen als außergewöhnliche Erscheinungen abzutun, die den künstlich geschaffenen Umweltbedingungen des Laboratoriums zuzuschreiben sind, denn derartige Verhaltensweisen geschehen auch in der natürlichen Umwelt. So berichtet Deevey (1960) über das Verhalten der Lemminge, rattenartige Tiere, die zu Tausenden in Norwegen vorkommen. Etwa alle 4 Jahre, wenn ihre Gesamtzahl für das vorhandene Gebiet zu groß wird, findet eine Massenwanderung statt, bei der sich eine riesige Anzahl von Lemmingen ins Meer stürzt und ertrinkt. Solche panikartigen Reaktionen auf Übervölkerung im Laboratorium und in der Natur beweisen die Existenz von Regulationsmechanismen, die die Steuerung der Bevölkerung und damit das Überleben der Rasse ermöglichen. Ob extreme Übervölkerung beim Menschen ähnliche Reaktionen von Stress und sozialem Fehlverhalten hervorruft, blieb bisher ungeklärt. In den Städten leben viele Familien in großen Wohnblocks und dennoch ist sich kaum eine Familie der Anwesenheit der anderen bewußt. Große Familien, die für längere Zeit in ärmlichen Räumen zusammengepfercht leben müssen, machen jedoch oft die Erfahrung, daß die Belastung so groß wird, daß das normale Verhalten zusammenbricht. Beobachtungen über territoriales Verhalten bei Tieren sollten jedenfalls Anlaß genug sein, den Zusammenhang zwischen Bevölkerungsdichte, Übervölkerung und Zusammenbruch des sozialen Verhaltens sorgfältig zu untersuchen.

Isolation und konstanter Kontakt

Es gibt Umgebungen, die sowohl die Bedingungen der Übervölkerung als auch die der Isolierung in sich vereinen. So führt der Aufenthalt in einer Raumkapsel, einem atomgetriebenen Unterseeboot oder einer Forscherstation in der Antarktis zum Zusammenleben und Zusammenarbeiten einer kleinen Gruppe von Menschen, die in einer außergewöhnlichen und übervölkerten Umgebung ohne menschliche Kontakte zur Außenwelt miteinander auskommen müssen. Besonders Raumflüge bringen strenge Beschränkungen mit sich. Nach einer langen Reise in einem engen Raumschiff kann es geschehen, daß eine Raumschiffbesatzung Stress-Reaktionen zeigt, die ihre Fähigkeit, selbst die einfachsten Aufgaben auszuführen, stark beeinträchtigen können.

Gefährlicher als die Auswirkungen der Übervölkerung in derartigen Situationen sind die Wirkungen der sozialen Isolation und des Mangels an sensorischer Stimulation. Die Effekte sensorischer Deprivation, d. h. Einschränkung der Sinneswahrnehmung durch Sehen, Hören und Fühlen, sind aus Erzählungen von Abenteurern und Schiffbrüchigen wohl bekannt. Sie umschließen Langeweile, Unruhe, Depressionen, Geistesabwesenheit, Halluzinationen und psychotische Wahnvorstellungen. Die Indoktrinationsversuche der Rotchinesen („Gehirnwäsche") während des Korea-Krieges von 1950—51 begannen oft damit, daß der Gefangene in Einzelhaft genommen wurde. Um zu untersuchen, ob die Wirkung der Gehirnwäsche mit den Folgen der Wahrnehmungsisolation während der Einzelhaft erklärt werden konnte, startete ein Forscherteam kurz nach dem Korea-Krieg an der McGill-Universität in Kanada eine psychologische Untersuchungsreihe über die Probleme der sensorischen Deprivation. Der Begriff „Sensorische Deprivation" hat für verschiedene Psychologen unterschiedliche Bedeutung, soweit er sich jedoch auf die Bedingungen im Experiment bezieht, bezeichnet er die Beschränkung auf einen begrenzten Raum, Trennung von normalen sozialen Kontakten sowie eine Verminderung der sensorischen Stimulation, um eine gleichermaßen langweilige und eintönige Umgebung zu schaffen. Zu ihrem ersten Experiment heuerten Bexton, Heron and Scott (1954) eine Anzahl männlicher Studenten für 20 Dollar den Tag als Versuchspersonen an. Die jungen Männer wurden angewiesen, sich in ein bequemes Bett zu legen, das in einem erleuchteten würfelförmigen Raum stand, wobei sie dicke Brillen mit Mattglas trugen, durch die das Erkennen von Umrissen verhindert wurde. Außer beim Essen und auf der Toilette trugen die Versuchspersonen Baumwollhandschuhe, und um jegliche Wahrnehmung durch Berührung zu beschränken, trugen sie vom Ellbogen bis zu den Fingerspitzen Pappmanschetten. Ihre akustischen Wahrnehmungen wurden durch V-förmige Kissen, durch die Wände und durch die Geräusche der Belüftungsanlage stark reduziert. Die Versuchspersonen wurden gebeten, drei oder vier Tage zu bleiben. Trotz der großzügigen Entlohnung blieb kaum einer länger als zwei Tage. Zuerst schliefen die Versuchspersonen ein, dann wurden sie unruhig, waren leicht erregbar und hatten Schwierigkeiten, sich zu konzentrieren. Einige hatten Wahrnehmungsstörungen und lebhafte Halluzinationen. In anderen Experimenten entwickelten die Versuchspersonen ein brennendes Verlangen nach jeder Form von Stimulierung, wie z. B. das wiederholte Ableiern eines Börsenberichtes. Andere ließen sich leicht durch propagandistische Schallplatten überzeugen (Scott u. a., 1959).

Verallgemeinerungsversuche von diesen und anderen sensorischen Deprivationsexperimenten auf operationale Bedingungen wie z. B. in isolierten Umgebungen zusammenlebende und arbeitende Gruppen und Menschen waren jedoch nicht erfolgreich. Die Situation der sensorischen Deprivation betrifft gewöhnlich nur eine Person, die sich nur für ein paar Tage in Isolierung befindet. Bei Kleingruppen, die extremen Umweltbedingungen ausgesetzt sind, werden die Wirkungen der Isolation durch die Gruppeninteraktionen und die Persönlichkeitsmerkmale der einzelnen Gruppenmitglieder modifiziert. Obwohl es sich hier um Formen sozialer Isolation handelt, fehlt hier schwere sensorische Deprivation.

Gundersen und Nelson (1963) haben die Auswirkungen von Isolation und Abgeschiedenheit auf Forscherstationen in der Antarktis beobachtet, wo Gruppen von 15—40 Männern monatelang in engen Quartieren zusammen verbrachten. Diese Männer hatten verschiedene Gefahren, Entbehrungen, Verhaltenseinschränkungen und Perioden unausweichlicher Monotonie zu ertragen. Während des langen Winters zeigten die Männer häufigeres und intensiveres Auftreten körperlicher und seelischer Krankheitssymptome: besonders Schlafstörungen, Depressionen, Angstzustände und Reizbarkeit. Es gab ein allgemeines Absinken der Gruppenleistung, die durch sinkende Arbeitsfreude, unharmonische zwischenmenschliche Beziehungen und sich verschlechternde Gruppenarbeit gekennzeichnet war.

Die Kriegsgefangenenlager stellen eine weitere Umweltbedingung dar, in der sich Isolation von der Außenwelt und Übervölkerung verbunden mit einem ständigen Zwang zu sozialem Kontakt vereinen, der durch die Anwesenheit der anderen Gefangenen verursacht wird.

Vischer (1919) schildert die Wirkung ständigen sozialen Kontaktes auf französische und deutsche Gefangene während des 1. Weltkriegs. Nach Vischers Angaben bezogen sich die Klagen der Gefangenen hauptsächlich auf den Mangel an Privatsphäre; zu allen Zeiten mußten sie sich auf andere Leute einstellen. Das permanente Bewußtsein der Anwesenheit anderer Gefangener rief Reizbarkeit und Ressentiments hervor, die sich sowohl in übersteigertem Suchen nach Fehlern bei dem anderen als auch in Prahlereien über die frühere gesellschaftliche Stellung äußerten. Alle Gefangenen hatten das gleiche Problem: ihre individuelle Identität in einer Zeit zu wahren, in der es kein Privatleben gab.

Ein anderes Beispiel für eine soziale Umgebung, in der sich Isolierung und Mangel an Privatsphäre verbinden, ist das *Kibbuz*. Die Gesellschaft der Kollektivsiedlung betont das totale Gruppenleben und die totale Gruppenerfahrung und durch ihre Ideologie erschwert sie es dem Individuum sehr, Anonymität und Privatsphäre in seinen alltäglichen Angelegenheiten zu bewahren. Weingarten (1955), selbst ein Kibbuz-Bewohner, berichtet, daß „kleine Kibbuzims manchmal auseinanderfielen, weil die gleichen 35 Leute es nicht länger ertragen konnten, ständig auf ein und demselben verlassenen Flecken zusammenleben zu müssen" (S. 145). Das Fehlen einer Privatsphäre, das ständige Ausgeliefertsein an die öffentliche Meinung und das permanente Bewußtsein der Anwesenheit anderer Leute produzieren beträchtliche Spannungen im Kollektivleben. Als der Autor im Sommer 1964 eine solche Kollektivsiedlung in Israel besuchte, hörte er von den Siedlern (die sonst absolut glücklich waren) häufig Klagen über die Belastung, die durch den ständigen Kontakt mit anderen Leuten hervorgerufen wurde.

Es gibt eine Geschichte, die George Simenon zugeschrieben wird. In dieser Geschichte faßt ein Feind der Gesellschaft den Entschluß, sich von allem zurückzuziehen und sich in den Wildnissen von Tahiti zu verbergen. Nach wenigen Tagen war unser Held seiner eigenen Gesellschaft aber äußerst überdrüssig und tauchte aus der Wildnis wieder auf, um mit dem Bus in die nächste Stadt zu fahren, wobei er sich selbst einredete, er brauche eine neue Zahnbürste. Die Vorstellung, „alles hinter sich zu lassen", um das Leben eines Einsiedlers zu führen, ist ein beliebtes Gedankenspiel. Aber es zeigt sich, daß die Trennung von der menschlichen Gesellschaft verheerende Folgen haben kann.

Sowohl aus den schriftlichen Aufzeichnungen von Schiffbrüchigen oder Menschen, die in der Antarktis überwintert haben, als auch aus den vorhandenen wissenschaftlichen Unterlagen geht klar hervor, daß Isolierung extreme Verhaltensstörungen hervorrufen kann. Es ist jedoch interessant festzustellen, daß die Wirkungen der Isolierung durch die Gegenwart von einem oder zwei anderen Menschen nicht notwendig vermindert, sondern sogar verschärft werden können. Merrien (1954) hat 185 verschiedene Fälle von Überlebenden von Schiffskatastrophen und ihre psychotischen Zusammenbrüche beschrieben. Er hebt hervor, daß er bei der Durchsicht der relevanten Literatur herausgefunden hat, daß es in einigen Fällen besser war, alleine zu sein, als noch jemanden bei sich zu haben. Es war außerdem besser, zu dritt als zu zweit zu sein: obwohl dann sich zwei gegen einen verbünden können, besteht bei zweien die große Gefahr, daß sie einander auf die Nerven fallen und so psychotische Verhaltensweisen eine Verstärkung erfahren. Merrien zitiert den Fall von deBisschop und Tatibouet, die den Pazifik von China über Hawaii nach den Vereinigten Staaten überquerten. Tatibouet stahl heimlich die Essensrationen, indem er einen Teil davon aß und den Rest ins Meer warf, so daß deBisschop nichts davon erfuhr. Schließlich waren die Vorräte erschöpft. Glücklicherweise sichteten sie bald Land und wurden vor dem Hungertode gerettet. DeBisschop verzieh Tatibouet, weil er so überwältigt war, daß Tatibouet ihm zu seinem Geburtstag als Geschenk einen halben Keks überreichte, den er von seiner Ration verwahrt hatte. Andere Schilderungen über die Wirkung von Isolation und sozialer Deprivation können bei Brownfield (1964) nachgelesen werden.

Wie die hier zitierten Beispiele zeigen, rufen sowohl Übervölkerung als auch Isolierung schädliche Verhaltenseffekte hervor, und die gleichen Effekte können in sozialen Umgebungen beobachtet werden, die sich durch ständigen sozialen Kontakt und durch Abgeschiedenheit auszeichnen. Eine Grundvoraussetzung für einwandfreies Sozialverhalten ist eine Umgebung, in der das Individuum mit einer Reihe anderer Leute seiner und anderer Gruppen zusammentreffen kann, wobei es ein gewisses Maß an Heimlichkeit und Anonymität aufrechterhalten kann. Sowohl ein den anderen Leuten zu starkes Ausgesetztsein als auch Mangel an Kontakten beeinträchtigen das Individuum und die Gruppe.

Menschen und andere Lebewesen: Sozialverhalten der Primaten

Die weiter oben in diesem Kapitel angestellten Erörterungen über die Bedeutung früher sozialer Kontakte für die „Humanisierung" des Kindes stützte sich frei auf Beobachtungen aus dem Tierbereich. Wie stark ist jedoch die Beweiskraft von Untersuchungen über das tierische Sozialverhalten für das Verständnis des Sozialverhaltens beim Menschen? Ein Argument für eine vergleichende Sozialpsychologie stellt die Überlegung dar, daß die Untersuchung des tierischen Sozialverhaltens in seiner natürlichen Umgebung eine Vergleichsbasis liefert, von der aus man die Einzigartigkeit des menschlichen Sozialverhaltens ermessen kann. Durch die Beobachtung, wie verschiedene Tiergattungen sich an ihre natürliche Umwelt anpassen, können wir evtl. Verhaltensaspekte aufdecken, die sich auf den Menschen projizieren lassen. Ein Aspekt dieser Bemühungen ist der Nachweis von Entwicklungstendenzen im Sozialverhalten. Ein etwas höheres Ziel der vergleichenden Sozialpsychologie stellt die Entwicklung einer Theorie des menschlichen Sozialverhaltens dar, die sich auf Beobachtungen von Tieren stützt, die in vereinfachter Weise ähnliche Verhaltensmuster zeigen, wie sie für Menschen unter psychologisch vergleichbaren Umständen typisch sind. Wahrscheinlich ist dies aber ein zu hohes Ziel. Eine Extrapolation von tierischem Sozialverhalten auf menschliches Verhalten wären nämlich nur unter der Voraussetzung angebracht, daß die Verhaltensweisen beider Gattungen psychologisch äquivalent sind. Ungeachtet der Zielsetzung einer komparativen Sozialpsychologie erhellen Untersuchungen über die Soziabilität von Primaten zwei für das Verständnis des Sozialverhaltens äußerst wichtige Probleme: a) Die Faktoren, die Primaten wie z. B. Affen dazu veranlassen, Gruppen zu bilden und voneinander angezogen zu sein; und b) die Bestimmungsgrößen spezifischer sozialer Beziehungsmuster und Interaktionen innerhalb und zwischen Gruppen.

Die Grundlage des Sozialverhaltens bei Primaten

Zuckerman (1932) postulierte auf der Grundlage von Daten, wie sie vor über 35 Jahren vorhanden waren, daß „der Hauptfaktor für die Bildung sozialer Gruppen bei subhumanen Primaten sexuelle Anziehung ist" (S. 31). Vor nicht langer Zeit führte Sahlins (1960) aus, daß „der mächtige soziale Magnet Sex als Hauptimpetus für die Soziabilität subhumaner Primate wirkt" (S. 4). In seiner Analyse über die Gründe des Zusammenhalts von Gesellschaften entdeckte Freud (1921) an der Basis der menschlichen Soziabilität Derivative des sexuellen Instinktes. Die Menschen werden durch Freundschaft zusammengehalten, die nach Freud entsexualisierte oder sublimierte Liebe darstellt. Innerhalb der Familie wird die sexuelle Anziehungskraft des männlichen Kindes auf die Mutter gewöhnlich durch eine verbindende Identifikation mit dem Vater aufgelöst.
Heute neigen die Psychologen dazu, der Sexualität eine geringere Bedeutung als Grundlage der Soziabilität von Menschen und anderen Primaten zuzu-

gestehen. Zuckermans (1932) Beobachtungen über das Sexualverhalten bei Primaten stützte sich in erster Linie auf Zootiere. Tiere in Käfigen sind schlechte Untersuchungsobjekte für Untersuchungen über Sozialverhalten, da sie ihres Herdenlebens buchstäblich beraubt sind: Motive, die ihr Verhalten in der natürlichen Umgebung beeinflussen, wie z. B. die Furcht vor Beutejägern und Belastungen durch Hunger und Gebietsstreitigkeiten, existieren nur in abgeschwächter Form. Zuckerman ging außerdem bei der Betrachtung der Bedeutung der Sexualität von dem Glauben aus, daß Affen genau wie Menschen sich eines ununterbrochenen und unkomplizierten Geschlechts- und Familienlebens erfreuen. Felduntersuchungen bei Primaten in natürlichen Umweltbedingungen ergaben aber, daß Sexualität bei der Soziabilität der Primate keine wesentliche Rolle spielt (Altmann, 1962). Tatsächlich gibt es keine durchgehende Paarungszeit bei geschlechtsreifen Affen und Pavianen. Das Pavian-Weibchen ist nur eine Woche im Monat heiß, und das Affenweibchen hat eine 7 Monate dauernde sexuelle Latenzphase. Wenn die Paarungszeit jedoch vorbei ist, besteht die Gruppensolidarität fort, und Weibchen, die während der Paarungszeit nicht heiß sind, verlassen die Herde nicht.

Die Erklärung für den Herdentrieb und das Zusammenleben von Primaten in abgeschlossenen Gruppen mit sehr stabiler Mitgliedschaft muß daher an anderer Stelle gesucht werden. Die Verteidigung eines sozialen Gebietes stellt einen solchen Faktor dar, der einige Gattungen (wenn auch nicht alle) integriert. Um das Überleben einer Gattung zu ermöglichen, muß sich die Bevölkerung entsprechend den vorhandenen Vorkommen an Futter und Wasser in der Natur verteilen. Die Gruppensolidarität erlaubt eine wirkungsvolle Verteidigung des gemeinsamen Gebietes gegen unerwünschte Eindringlinge, deren Anwesenheit das Bevölkerungsgleichgewicht ins Wanken bringen könnte. Da die Gruppenmitglieder einander vor Gefahren warnen und gleichzeitig zum Handeln drängen, bedeutet die Gruppensolidarität gleichzeitig eine Überlebensmöglichkeit für jedes einzelne Mitglied der Herde. Auf sich gestellte Tiere werden viel eher getötet, und einzelne Affen oder Paviane entfernen sich gewöhnlich nicht von der Herde. Falls sie dennoch durch Krankheit oder Abirrung von der Gruppe getrennt werden, versuchen die anderen Mitglieder der Herde verzweifelt, durch lautes Kreischen den Kontakt wieder herzustellen. Ein dritter Faktor besteht darin, daß Soziabilität bei subhumanen Primaten, ähnlich wie bei Menschen, aufgrund früher Mutter-Kind-Beziehung erlernt wird. Während der Entwicklungsjahre gibt es vielfältige und reichhaltige Kontakte zwischen den Tieren. Obwohl Affen bei der Geburt relativ reif sind (im Vergleich zum

Menschen) und schnell heranwachsen, erleben sie eine relativ lange Zeit sozialer Abhängigkeit, während der der Kontakt zwischen Mutter und Kind ungezählte Möglichkeiten zum sozialen Lernen bietet. Daß die Zeit der Abhängigkeit und des Kontaktes mit anderen für das soziale Lernen des Kindes besonders wichtig ist, wurde nachdrücklich durch die experimentellen Studien von Harlow und Harlow (1962) demonstriert, die mehrere Rhesus-Affen bis zur frühen Jugend in sozialer Isolierung aufzogen (s. auch S. 32, 33). Soziale Anlehnung ist daher nicht nur ein Überlebensmechanismus, der biologisch bedingt ist, sondern sich auch auf frühe soziale Erfahrungen stützt. Butler (1954) zeigte in seinen Experimenten, daß ein in Isolation lebender Affe hart arbeitet, wenn er als Belohnung einen anderen Affen nur zu Gesicht bekommt. Es ist anzunehmen, daß ein Affe, der von Geburt an isoliert gelebt hat, weniger stark motiviert ist, hart zu arbeiten, nur um andere zu sehen. Feldbeobachtungen bestätigen auch bei subhumanen Primaten ein hohes Niveau an sozialer Anlehnung. So schließen sich buchstäblich alle ausgewachsenen Rhesus-Affen einem dominanten Rhesus-Männchen an und die Jungen ihrerseits schließen sich ihren Müttern oder näher befreundeten Gleichaltrigen an. Wie man sieht, ist der Herden- und Gesellungstrieb bei subhumanen Gattungen nicht nur instinktmäßig begründet.

Obwohl es bemerkenswerte Ähnlichkeiten zwischen tierischem und menschlichem Sozialverhalten gibt, sind die Unterschiede zwischen Affen und Menschen doch zahlreicher und bedeutender. Wie Washburn und Devore (1961) ausführen, war selbst das vorbäuerliche menschliche Verhalten im Vergleich zu den Pavianen einzigartig in seinen kooperativen Spielmustern und in seiner gemeinsamen Sprache. Die Fähigkeit, Symbole und Sprache zu gebrauchen, ist bei Menschen beträchtlich weiter ausgebildet als beim Tier. Der Unterschied zwischen beiden im Hinblick auf die Bedeutung der Soziabilität und der sozialen Erfahrungen für das Überleben, führt zu der Erkenntnis der Einzigartigkeit des menschlichen Sozialverhaltens.

Soziale Herrschaft

Eine weitere Elementarform sozialer Organisation stellt die Einreihung der einzelnen Gruppenmitglieder in einer Herrschaftsordnung dar. Die Herrschaftshierarchie reguliert die Verteilung der wesentlichen Vorräte an Lebensmitteln und Geschlechtspartnern, und sie kommt bei allen Klassen von Wirbeltieren und Vögeln vor. Collias (1951) beschrieb die soziale Rangordnung anhand der Hackordnung einer Schar von weißen Leghornhühnern.

Die wissenschaftliche Verwendung des Begriffs „Hackordnung" und die experimentelle Untersuchung derartiger Dominanzordnungen gehen im wesentlichen auf Schjelderup-Ebbe (1922) zurück. In einer Hühnerschar ist ein Huhn der Anführer, der die anderen uneingeschränkt picken darf. Ein weiteres Huhn darf alle übrigen außer den Anführer picken, und die übrigen drei ermitteln, wenn nötig durch Kampf und Drohung, die restliche Reihenfolge. Dieses Verhalten tritt am häufigsten beim Füttern auf und bestimmt weitgehend die Verteilung des Futters. Das dominante Tier kommt bei der Fütterung vor dem untergeordneten; das untergeordnete macht dem übergeordneten Platz und überläßt ihm sogar Futter, das es schon aufgepickt hat. Herrschaft und Unterwerfung regulieren auch die Rechte bei der Paarung; bei einigen Gattungen sorgt das führende Männchen fast ausschließlich für die Fortpflanzung.

Diese soziale Hierarchie bleibt über eine lange Zeit hinweg stabil und kann Monate oder sogar Jahre bestehen. Ein fremdes Huhn wird auf dem Hühnerhof gewöhnlich auf den untersten Platz gedrängt. Im allgemeinen spiegelt die spontane Rangordnung, die sich zwischen zwei Individuen einstellt, deren Vitalität und Lebensalter wider, kann aber auch eine Funktion ihrer Größe, Reife, Männlichkeit, Ortskenntnis, Kampferfahrung oder Aggressivität sein. Bei seinen Beobachtungen über die Herrschafts-Unterwerfungsbeziehungen von Schimpansenpaaren entdeckte Yerkes (1941), daß das Schimpansenweibchen sich während der Paarungszeit regelrecht der Prostitution bediente, um Dominanzstatus zu erlangen. In ähnlicher Weise stellt die Gewährung sexueller Gunst des Weibchens dem Männchen gegenüber manchmal ein Mittel dar, um vom Angriff verschont zu werden, oder um Futter zu erlangen (Niessen, 1951). Wie territoriales Verhalten, so erleichtert die Organisierung und soziale Rangordnung der Gruppe das Überleben der Gattung. Es ist so, als ob die Gruppe sich organisatorisch für solche Zeiten rüsten würde, in denen die Vorräte an Futter, Wasser und Geschlechtspartner knapp sind. Falls eine Knappheit dieser Vorräte tatsächlich entstehen sollte, und das Futter gleichmäßig innerhalb der Gruppe verteilt würde, müßten alle verhungern. Wenn keine Organisation für die Futterverteilung existierte, würde die Gruppe kämpfen — das Ergebnis wäre das gleiche. Das Vorhandensein einer festen Organisation, die die Futter- und Paarungsprivilegien sichert, bedeutet, daß zumindest einige Individuen genug haben, um überleben zu können. So wird die Erhaltung der Gattung über die Notzeit hinweg gesichert (Davis, 1962). Tiere, die einen unteren Platz in der Rangordnung einnehmen, werden auf ein Junggesellendasein am Rande der Tierkolonie gedrängt oder dazu gezwungen, woanders hinzuziehen. Die

Herrschaftshierarchie der Gruppe hat außerdem eine Stabilisierungsfunktion, da sie das Aufkommen von Streitigkeiten zwischen den Gruppenmitgliedern verhindert.

Das Dominanzverhältnis innerhalb der Gruppe steht im Zusammenhang zum Verhältnis zwischen Führer und Geführten und erhält eher Individuen als Gruppen. Bei den Herden der Rhesus-Affen bilden typischerweise die ausgewachsenen Männchen die Führer. Das dominante Männchen bestimmt, wann und wohin die ganze Gruppe wandert. Wenn es aufsteht und plötzlich davongeht, machen sich die übrigen Gruppenmitglieder auf, um ihm zu folgen. Es ist möglich, daß diese Beziehung durch einen Lernprozeß entsteht, bei dem Futter als Belohnung fungiert, besonders bei Tieren, die auf der Entwicklungsskala höher rangieren. Man hat beobachtet, daß Schimpansen nur die ranghöheren Mitglieder ihrer Gruppe imitieren. In einem Experiment (zitiert bei Lorenz, 1966) wurde ein rangniederer Schimpanse von seiner Kolonie getrennt. Dann wurde ihm beigebracht, mit Hilfe einer Reihe von komplizierten Manipulationen Bananen von einem speziell dazu konstruierten Futterapparat zu erlangen. Als man diesen Schimpansen zusammen mit dem Futterapparat zu seiner Gruppe zurückbrachte, machte keiner der Schimpansen Anstalten, ihn bei der Arbeit zu beobachten und die Technik des Bananen-Gewinnens zu erlernen. Danach wurde der ranghöchste Schimpanse von der Gruppe getrennt und im Gebrauch des Futterapparats unterrichtet. Als er zur Gruppe zurückkehrte, beobachteten ihn die anderen und lernten bald, ihn nachzuahmen. Ein wirkungsvoller Führer ist also ein Gruppenmitglied, das die anderen Mitglieder beeinflussen und Belohnungen vergeben kann. Bei Menschengruppen erfüllt der Führer ähnliche Funktionen, wie in Kapitel 2 zu sehen sein wird.

Bei der Erörterung sowohl des territorialen Verhaltens als auch der Etablierung von Herrschaftsbeziehungen stellten wir fest, daß Kämpfe zwischen den Gattungen die Funktion haben, für den Erhalt der Gattung zu sorgen. Lorenz (1966) führt in seiner Analyse über die tierische Aggressivität aus, daß sie für eine ausgeglichene Verteilung der Spezies in der Natur sorgt, daß sie Überleben und Auswahl der Stärksten in Zeiten der Knappheit ermöglicht und dem Schutze der Jungen dient. Im Gegensatz zur menschlichen Aggressivität ist die animalische Aggression selten mit Gewalt verbunden. Wettbewerbskämpfe zwischen den Mitgliedern der Gattung werden gewöhnlich symbolisch oder in einem Ritual gelöst. Meistens ist es die Drohung und nicht der Kampf, die Sieger und Besiegten bestimmt. Es ist meist das stärkere Tier, welches ein wilderes Gebaren zeigt, lauter grollt und stärker mit den Muskeln spielt. Wirkliche Kämpfe kommen aber selten vor und enden gewöhnlich, bevor Blut vergossen wird, indem der Verlierer dem Sieger seine Halsschlagader darbietet und seinen Blick in Unterwerfung abwendet. Menschen haben dagegen keine Hemmungen, wie Lorenz ausführt, Mitglieder ihrer eigenen Gattung zu töten. Im Gegensatz zu niederen Tieren fehlen dem Menschen jene instinktiven Mechanismen (oder er hat sie verloren), die es Kontrahenten ermöglichen, ihren jeweiligen Platz in der Dominanzhierarchie zu erkennen und sich zu ergeben, bevor der Angriff zur Gewalt führt. Lorenz' Analyse der Aggression als eine spontane Instinktreaktion führt zu dem düsteren Schluß, daß es kaum eine praktikable Steuerungsmöglichkeit für die Aggression gibt. Es gibt jedoch genügend Hinweise, daß aggressives Verhalten durch Trainingsmethoden gefördert oder fast völlig unterdrückt werden kann, und es scheint daher möglich, daß durch die Anwendung erprobter Lernverfahren und die sorgfältige Kontrolle ungünstiger Einflüsse während der Entwicklungsjahre ein relativ friedfertiges Individuum herangezogen werden kann.

Zusammenfassung

Dieses Kapitel befaßte sich mit den Grundlagen des Sozialverhaltens. Die Erörterung kultureller Einflüsse erbrachte, daß die Gesellschaft einige der wesentlichen Grundlagen des Sozialverhaltens bildet. Die Kultur ist mit dem Verhalten in komplexer Weise verknüpft: wichtigen Beweggründen kann nur innerhalb eines sozialen Rahmens stattgegeben werden; die Gesellschaften treffen unterschiedliche Vorkehrungen, um Bedürfnisse zu befriedigen; die Gesellschaft determiniert die Einstellungen, Wertvorstellungen, Gewohnheiten und Bedürfnisstärke jedes einzelnen; und die Kultur bestimmt die Grenzen und die Richtung der individuellen Lernerfahrungen. Bei der Untersuchung der spezifischeren Einflüsse auf das Sozialverhalten wurde die Aufmerksamkeit auf den Sozialisierungsprozeß gelenkt, durch den das Individuum enkulturiert, d. h. zu einem aktiven und konformen Mitglied seiner Gruppe wird. Dies führte dann zu der Analyse der Desozialisierung, einem Vorgang, bei dem Einstellungen und zentrale Werte beseitigt werden, sowie der Resozialisierung, einem Prozeß, durch den alte, unannehmbare Einstellungen und Gewohnheiten durch neue ersetzt werden. Lernerfahrungen, die von frühen sozialen Kontakten herstammen, wurden als wesentlich bei der Sozialisierung des Kindes erkannt. Umwelteinflüsse, die sich auf die Benutzung eines geographischen Raumes bezogen, sowie Übervölkerung, Isolation und ständiger sozialer Kontakt wurden in ihrer Bedeutung für das Sozialverhalten untersucht.

Die Beobachtung der Grenzen des Sozialverhaltens umschloß die Reaktionen von Individuen in extremen Sozialsituationen, wie z. B. Kriegsgefangenen- und Konzentrationslagern, Studenten unter extremen sensorischen Deprivationsbedingungen und Kindern, die eine starke Isolierung von anderen Menschen erfahren hatten. Das Individuum benötigt, um jene Qualitäten zu zeigen, die man „menschlich" nennt, zufriedenstellende soziale Kontakte von Geburt an, soziale Unterstützung, die der Zugehörigkeit zu einer Gruppe entspringt und die Stimulation, die die Anwesenheit der anderen mit sich bringt. Ohne diese wesentlichen Voraussetzungen kann der Mensch zwar existieren, er wird aber auf einem beträchtlich herabgesetzten Lebensniveau agieren, und seine Fähigkeit zu effektivem Sozialverhalten ist ernsthaft beschnitten.

Schließlich lieferte eine kurze Erörterung des Gruppenlebens bei Tieren eine Vergleichsbasis, um festzustellen, worin die Einzigartigkeit der menschlichen Soziabilität und sozialen Organisation besteht und wo Gemeinsamkeiten vorliegen. Soziabilität und Anlehnung bei den Tieren hat großen Überlebenswert für die Gruppe, da auf sich gestellte Tiere leicht eine Beute von Raubtieren werden können. Innerhalb der Gruppe erleichtert die Dominanzhierarchie das Überleben der Gruppe, indem sie Konflikte und Aggressionen auf bestimmte Gebiete begrenzt und indem sie eine bestimmte Rangordnung hinsichtlich der Gebietsrechte sowie Futter- und Paarungsprivilegien etabliert. In Kapitel 2 wird das Interesse auf die Erforschung der Entstehung, der Dimensionen und Auswirkungen des menschlichen Gruppenverhaltens gerichtet.

Kapitel 2
Gruppenverhalten

Behaviourismus = es zählt um das manifeste (verbale) Verhalten, nicht jedoch insb. Erleben

Ihr ganzes Leben hindurch agieren die Menschen größtenteils in kleinen Primärgruppen, wie z. B. die Familie, Verein, Spiel- oder Interessengruppe, in denen die Interaktionen zwischen den Mitgliedern von Angesicht zu Angesicht, persönlich und vertraulich stattfinden. Im Gegensatz zu den Sekundärgruppen, wie z. B. die Gemeinde, der Betrieb oder die Universität repräsentiert die Primärgruppe die konkrete soziale Situation, die das Verhalten direkt beeinflußt. Aufgrund der engen Gefühlsbindungen, die innerhalb der Primärgruppen, wie z. B. der Familie, vorkommen, werden die Gewohnheiten und Wertvorstellungen des einzelnen in diesen sozialen Umgebungen herausgebildet. Dieses Kapitel befaßt sich mit dem Ursprung der Gruppenanziehung, den Wirkungen der Gruppenmitgliedschaft sowie den Eigenschaften kleiner informeller Gruppen.

Gruppenmitgliedschaft

Was ist nun der Ursprung der Gruppenanziehung? Die Individuen sind in erster Linie bei der Befriedigung der meisten ihrer Wünsche von den anderen abhängig, andererseits erleichtert die Gruppe ihren Mitgliedern die Verwirklichung einer Reihe von Zielen. Nahrung, Unterkunft, sexuelle Befriedigung und Schutz vor äußerlicher Bedrohung sind normalerweise nur innerhalb der Gruppe möglich. Menschen, die in Stress-Situationen in ihrer Gruppe bleiben, sind eher in der Lage, Ruhe zu bewahren als auf sich allein gestellte Individuen, und in schwierigen Zeiten bedeutet die Gruppe für ihre Mitglieder eine Quelle der Sicherheit und der Beruhigung. Die Gruppe ebnet weiterhin den Weg zu jenen Zielen, die eine gemeinsame kooperative Anstrengung erfordern: Gemeinsame Probleme fördern die Zusammenarbeit, mit deren Hilfe die Probleme gelöst werden sollen. Kriegsgefangene bilden notgedrungenermaßen eine gemeinsame Mannschaft, um einen Fluchtversuch zu unternehmen, Diebe schließen sich einer Bande an, um einen größeren Diebstahl zu unternehmen.

Übereinstimmende Interessen, Einstellungen und Wertvorstellungen sind wichtige Aspekte der Anziehung für jede Gruppe, da die Mitglieder ihre eigenen Meinungen ausdrücken und in Gegenwart anderer bestätigt sehen möchten. Ein weiterer Grund für die Gruppenanziehung liegt in dem Bedürfnis, die Umwelt zu erfahren, sowie Meinungen und Ansichten an der sozialen Realität zu messen. Festinger (1954) spricht von dem Trieb nach Selbsteinschätzung, dem Bedürfnis „zu wissen, ob die eigenen Ansichten richtig sind und genau zu erfahren, was man kann und was man nicht kann" (S. 217). Um diesem Bedürfnis zu entsprechen, ist die Mitgliedschaft in einer Gruppe unabdingbar, da es keine andere Möglichkeit gibt, diese Information direkt von der Umwelt zu erfahren. Das Individuum „testet" sich in der Gruppe und vergleicht sich mit den anderen Mitgliedern — eine Prüfung, die es ihm erlaubt festzustellen, ob seine Ansichten, Vorstellungen und Urteile der sozialen Wirklichkeit entsprechen.

Die Gruppe erlaubt den meisten Mitgliedern auch die Befriedigung solcher sozialer Bedürfnisse wie Gesellung, Freundschaft und Anerkennung, sowie einigen Mitgliedern die Erfüllung des Führungs- und Machttriebes. Alle Mitglieder erhalten jedoch durch die Gruppenmitgliedschaft ein Gefühl der Zugehörigkeit und Unterstützung. Nach Sherif und Sherif (1964) bilden sich Gruppen, damit die Individuen sich gegenseitig den Halt geben, den sie zur Entwicklung eines persönlichen Eigenwertgefühls brauchen. Hieraus entspringt die Macht der Gruppe, die Einstellungen, Wertvorstellungen und Verhaltensweisen ihrer Mitglieder zu beeinflussen. Der einzelne ist auf die Zugehörigkeit zur Gruppe angewiesen, da sie zum großen Teil sein Eigenwertgefühl, sein Ansehen und seinen Stolz determiniert. Das Gefühl der Zugehörigkeit rührt von der Teilnahme an der Gruppe und ihrer Akzeptierung her und ist größer als das Selbstgefühl. Die Gruppe kann tatsächlich zu einem zusätzlichen Teil des Selbstgefühls werden, zu einer Ausdehnung der eigenen Person. Erfolg und Anerkennung der Gruppe ruft bei den Mitgliedern Stolz und Genugtuung hervor. Wenn die Gruppe an Status oder Prestige verliert, geschieht das gleiche mit der Person, die ihr angehört und sich mit ihr identifiziert. Mitglieder von Volks- oder Minderheitsgruppen, die wenig Achtung genießen, entwickeln leicht ein Gefühl von Eigenhaß und Unwert.

Wenn der Ruf der Gruppe bedroht oder herausgefordert wird, wird der einzelne ihn immer, selbst unter großem persönlichen Einsatz verteidigen. Ein Experiment von Lambert, Libman und Poser (1960) zeigt, daß ein Mitglied einer Gruppe so auf einen Angriff gegen seine Gruppe reagiert, als wäre er gegen ihn persönlich gerichtet. Bei zwei verschiedenen Versuchsbedingungen dienten 30 jüdische und 30 protestantische kanadische Studentinnen als Versuchspersonen. Zuerst wurde ihre Schmerztoleranz bei Blutdruckmessungen, bei denen eine drückende Armbinde benutzt wurde, festgestellt. Dann wurde jeder Versuchsperson mitgeteilt, daß in fünf Minuten eine Wiederholung des Tests stattfinden würde, um die Zuverlässigkeit der Messung zu überprüfen. Während die Versuchspersonen auf die Wiederholung des Tests warteten, erzählte der Versuchsleiter den jüdischen Mädchen beiläufig (aber absichtlich), „wissen Sie, Juden können nicht so viel Schmerzen ertragen wie Christen". Den protestantischen Mädchen erzählte man, „wissen Sie, Christen können nicht so viel Schmerzen ertragen wie Juden". Bei der Testwiederholung ertrugen beide Gruppen signifikant mehr Schmerzen, manchmal sogar so viel mehr, daß einige Mädchen blaue Flecken davontrugen. Diese Befunde könnten auf der Basis der Gruppenidentifikation erklärt werden. Sich als Jude oder Protestant zu fühlen bedeutet, Stolz für seine religiöse Gruppe zu empfinden, sich als ein Teil von ihr zu fühlen, sich für ihren Ruf mitverantwortlich zu fühlen, auf ihre Leistung stolz zu sein und sie gegen Angriffe zu verteidigen.

Die Frage, ob Juden tatsächlich mehr Schmerzen ertragen können als Christen, verdient in der Tat einiges Interesse. Es können nämlich kulturelle Unterschiede bestehen, d. h. Einstellungen den Schmerzen gegenüber, die das Ertragen von Schmerzen beeinflussen. Zborowski (1952) nimmt an, daß die Einstellung der Juden dem Schmerz gegenüber von der Suche nach seiner symptomatischen Bedeutung und der Mitteilung der Angstzustände an Familie und Bekannte getragen ist. Wie dem auch sei, Lambert, Libman und Poser fanden heraus, daß die anfängliche Schmerztoleranzgrenze bei beiden Gruppen keinen großen Unterschied zeigte, obwohl die protestantischen Mädchen bei dem ersten Test geringfügig mehr Schmerz ertrugen als die jüdischen Mädchen. Buss und Portnoy (1967) führten eine umfangreiche Replikation dieses Experimentes durch, um die Bedeutung der Gruppenidentifikationsstärke für die Schmerztoleranz zu untersuchen. Versuchspersonen waren amerikanische Männer, und statt des Armdruckes wurden Elektroschocks zur Messung der Schmerzgrenze benutzt. Sie fanden heraus, daß bei einer Bedrohung des Gruppenrufes die Schmerztoleranz um so größer war, je stärker sich die Versuchsperson mit der Gruppe identifizierte. Ein interessanter Nebenbefund des Experimentes von Buss und Portnoy war, daß ein Vergleich der Außengruppen auch die Höhe der zusätzlichen Schmerztoleranz beeinflußte. Versuchspersonen, denen gesagt wurde, daß ihre Gruppe schwächer sei als Russen, ertrugen mehr Schmerzen als Versuchspersonen, denen mitgeteilt wurde, daß ihre Gruppe schwächer als Kanadier sei. Es ist klar, daß die Identifikation mit der Gruppe nicht der einzige Faktor ist, der die Schmerztoleranz beeinflußt, sondern daß auch Wettbewerb und Feindschaft innerhalb der eigenen und der negativen Bezugsgruppe einen entscheidenden Einfluß haben. Propagandisten und Diktatoren sind sich der Bedeutung der rivalisierenden Fremdgruppe als Einigungsfaktor, der für größere Gruppenloyalität und Opferbereitschaft sorgt, voll bewußt. Sie suchen sich bestimmte Gruppen innerhalb der Gesellschaft aus, die sie Gegner oder Feinde nennen, und die Gegnerschaft zu dieser Gruppe wird zum Katalysator der Gruppenallianz. Auch Führer sind sich der Wichtigkeit schmerzhafter Zeremonien, sog. Initiationsriten, und ihrer Bedeutung für die Stärkung der Gruppenzugehörigkeit bewußt. Gruppen mit strengen Initiationsriten genießen großes Prestige, da nicht jeder ihre Mitgliedschaft erwerben kann. Erfolgreiche Initiation bestärkt das Mitglied in dem Gefühl, dazuzugehören, und setzt es eindeutig von Nicht-Mitgliedern ab.

Eigenschaften von Kleingruppen

Alle Gruppen sind nach mehreren Dimensionen strukturiert. Wenn Menschen zum erstenmal zusammentreffen und miteinander interagieren, wird der Beobachter bald Differenzierungen bemerken, die sich innerhalb der Gruppe entwickeln. Einige Personen üben mehr Einfluß aus als andere, einige beginnen häufiger sich mitzuteilen, andere genießen ein höheres Ansehen und wieder andere erfreuen sich größerer Beliebtheit. Gruppenstruktur ist die Bezeichnung für ein relativ stabiles Beziehungsmuster zwischen den Gruppenmitgliedern. Es gibt so viele Gruppenstrukturen, wie es Dimensionen gibt, nach denen sich die Gruppe differenzieren kann. Unter den bekannten Gruppenstrukturen sind für das Funktionieren der Gruppe die Macht-, Kommunikations- und Rollenstrukturen wahrscheinlich die wichtigsten.

Soziometrische Struktur

Die Beliebtheits- und Unbeliebtheitsbezeichnungen unter den Gruppenmitgliedern werden als Freundschaftsstruktur oder soziometrische Struktur bezeichnet. Sie umfaßt die Hauptformen zwischenmenschlicher Gefühle, nämlich Beliebtheit, Gleichgültigkeit und Ablehnung. Obwohl der Freundschaft an und für sich schon genügend Aufmerksamkeit gebühren würde, ist sie als Faktor innerhalb der Gruppe von besonderer Bedeutung, da sie sowohl die Gruppenproduktivität als auch die Informationsverbreitung beeinflußt. Freundschaftliche Beziehungen zwischen den Gruppenmitgliedern bedeuten noch lange keine Gruppeneffizienz. Einerseits kann enge Freundschaft zwischen den Gruppenmitgliedern zeitverschwendendes Vereinsmeiern mit sich bringen: andererseits haben es enge Freunde leichter, sich einander mitzuteilen und in richtiger Form auszudrücken. Kohäsive freundschaftliche Gruppen neigen zu größerer Produktivität und Effizienz, obwohl ihre Mitglieder eher der Norm folgen, wenn die Gruppennorm herabgesetzt werden sollte (wie es in einigen Fabriken der Fall ist). Wenn außerdem der Gruppenaufgabe ein besonderer Wert zuerkannt wird, verlagert sich das Hauptgewicht schnell auf Harmonie und Geselligkeit als dominierende Faktoren, was zwar zu einer glücklichen, aber unproduktiven Gruppe führt. Das Gesamtmuster der Freundschaftsbeziehungen innerhalb einer Gruppe kann als Soziogramm dargestellt werden (siehe Abb. 2.1). Es zeigt in anschaulicher

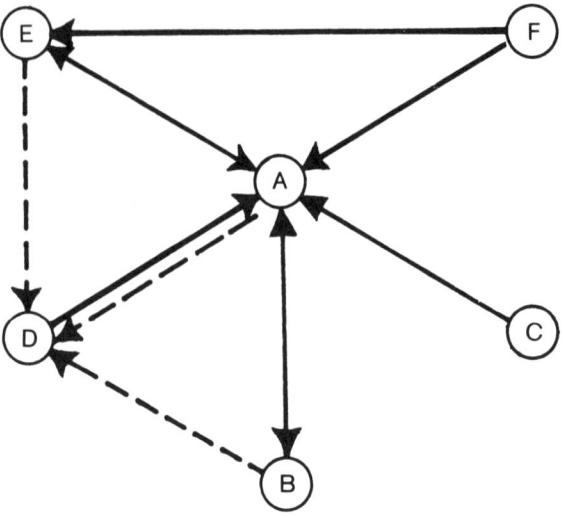

Abb. 2.1: Soziogramm, das die Struktur der Anziehungen in einer Gruppe von sechs Personen darstellt. Jeder Kreis stellt ein Gruppenmitglied dar. Durchgezogene Pfeile bezeichnen Anziehung, unterbrochene Pfeile bezeichnen Ablehnung. Gegenseitig Anziehung besteht, wenn die Pfeile in beide Richtungen weisen. Person A ist ein sog. „Star", der auf alle anderen anziehend wirkt; Person D wird abgelehnt; Personen C und F sind isoliert; Personen A, B und E bilden den Kern einer Clique.

Form, in welchem Ausmaß Gefühle der Zuneigung und Abneigung die Gruppe in verschiedene Cliquen oder Untergruppen aufteilt, die Anzahl der Isolierten, der Abgelehnten und der „Stars" sowie die Gesamtkohäsivität der Gruppe. Ein weiterer Effekt enger Freundschaftsbeziehungen innerhalb einer Gruppe stellt die rasche Verbreitung von Informationen und Gerüchten dar.

Bei der Untersuchung über die Wirkung der Freundschaft auf die Kommunikation fanden Kerckhoff und Back (1968) heraus, daß sich hysterische Ansteckung innerhalb von Gruppen v. a. von Freund zu Freund oder Freundin zu Freundin ausbreiten. Kerckhoff und Back untersuchten einen tatsächlichen Fall von hysterischer Ansteckung in einer Textilfabrik in den Südstaaten. Eine große Zahl der Arbeiter, meist Frauen, erlitten, wie sich nachher herausstellte, Insektenstiche, die von starken Schmerzen, Benommenheit und Desorientierung begleitet waren. Eine sorgfältige Untersuchung von medizinischen Sachverständigen ergab, daß kein toxisches Mittel für diese Symptome verantwortlich sein konnte, daher nahm man an, daß das Phänomen psychogener Natur war. Das Freundschaftsmuster der „gestochenen" Frauen wurde mit einer Kontrollgruppe von Frauen verglichen, die nicht „gestochen" worden waren. Es stellte sich heraus, daß die meisten der „gestochenen" Frauen Freundinnen waren und daß die „nicht-gestochenen" Frauen auch eine Art Freundeskreis bildeten. Offensichtlich war die hysterische Epidemie ähnlich wie ein Gerücht zwischen solchen Menschen übertragen worden, die enge soziale Beziehungen miteinander hatten. Die Untersuchung legt den Schluß nahe, daß es vom sozialen Beziehungsmuster zwischen den Gruppenmitgliedern abhängt, ob eine Gruppe der hysterischen Ansteckung anheimfällt oder ihr widersteht.

Machtstruktur

Die Machtstruktur spiegelt die Verteilung der Autorität und des Einflusses innerhalb einer Gruppe wider. Wenn eine Person die Mittel der Bedürfnisbefriedigung eines anderen kontrolliert, dann besitzt sie Macht über ihn. Eine der wichtigsten Grundlagen der Macht innerhalb von Gruppen stellt die Macht zur Belohnung oder zur Verstärkung dar. Andere Quellen der Macht sind die Macht des Experten, die vom Wissen und von den Fähigkeiten des einzelnen herrührt, sowie die Macht des Vorbilds, die immer dann vorkommt, wenn einer Person von anderen Gruppenmitgliedern nachgeeifert wird (vgl. French und Raven, 1959). Macht ist wichtig, da sie den

Status, den Schätzwert und das Ansehen des Mitglieds bestimmt. Eine Person mit hoher Machtstellung erfreut sich vieler Vorteile innerhalb der Gruppe. Sie ist stärker an der Gruppenaufgabe beteiligt, bestimmt mehr als die anderen die Qualität der Gruppenleistung und erhält einen größeren Anteil an der sozialen Belohnung. Es wurde herausgefunden, daß die mächtigeren Mitglieder der Gruppe eine größere Anzahl von Botschaften oder Mitteilungen erhalten, daß sie soziometrisch vorgezogen werden und mehr Achtung genießen als die Durchschnittsmitglieder. Es ist nicht überraschend, daß die Gruppenmitglieder, die eine Machtposition innehaben, zufriedener sind, nicht nur wegen der damit verbundenen Kommunikationsmöglichkeit, der Achtung und der Anziehung, sondern auch, weil der Gebrauch der Macht selbst Befriedigung bringt (vgl. Watson und Bromberg, 1965). Der Status jedes einzelnen innerhalb der Gruppe spiegelt sich in seinem Selbstwertgefühl wider. Wenn man zu ihm aufsieht, oder ihn um Rat fragt, hält er sich für wichtig und bedeutend.

Kommunikationsstruktur

Die Kommunikationsstruktur bezieht sich auf das Netz oder Muster von Kommunikationskanälen zwischen den Gruppenmitgliedern. Die Anzahl, die Aufnahmefähigkeit und die Verteilung der Kommunikationskanäle beeinflußt tiefgehend die Gruppenfunktion, insbesondere bei Problemlösungen, der Verteilung von Informationen und der Entwicklung organisierter Arbeitsmethoden. Verschiedene Gruppen unterscheiden sich im Freiheitsmaß, mit dem ihre Mitglieder miteinander in Kommunikation treten können; für einen Gefreiten bei der Armee ist es z. B. wichtig, die richtigen Kanäle zu benutzen, wenn er mit einem General reden will. Diese Unterschiede entscheiden sowohl über die Gruppenleistung als auch über den Zufriedenheitsgrad des einzelnen Gruppenmitglieds.
Leavitt (1951) führte eine klassische Studie durch, bei der er verschiedene Kommunikationsnetze innerhalb von Gruppen verglich und ihre Wirkung auf das Gruppenverhalten beobachtete. Jede Gruppe bestand aus fünf Mitgliedern, deren Aufgabe es war, ein Problem mit Hilfe verschiedener Teilhinweise, die jedem Mitglied zuteil wurden, zu lösen. Bei der Gruppenaufgabe durften die Mitglieder miteinander nur schriftlich in Verbindung treten. Leavitt verglich die Effizienz der verschiedenen Gruppen, wobei er die Kommunikation innerhalb der Gruppen einschränkte, indem er verschiedene Kommunikationsnetze einführte (s. Abb. 2. 2).

Die vier untersuchten Kommunikationsnetze unterschieden sich in ihrem Zentralitätsgrad, d. h. dem Maß, zu dem eine Information zu einer zentralen Person hingelenkt werden konnte. Das Radmuster ist ein Beispiel für ein

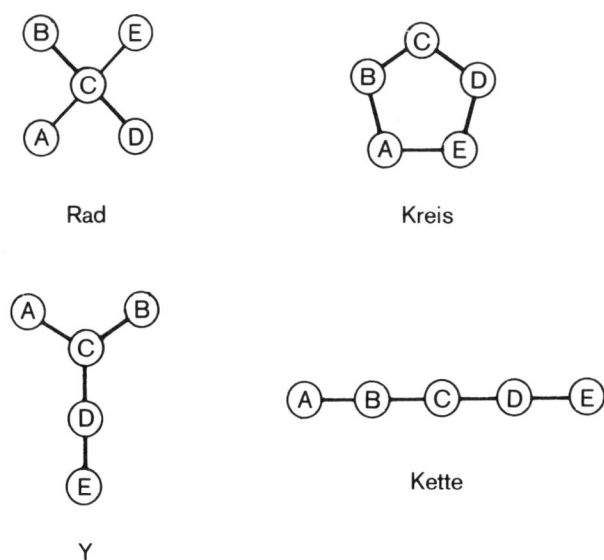

Abb. 2. 2: Verschiedene Kommunikationsnetze in Gruppen zu je fünf Personen. Die Kreise bezeichnen jeweils ein Gruppenmitglied, die Linien stellen Kommunikationskanäle dar. (Nach H. J. Leavitt: Some effects of certain communication patterns on group performance. In *Journal of Abnormal and Social Psychology* 1951, 46, 38—50.)

zentralisiertes Kommunikationsgesetz, bei dem die Person C, der „Nabel", im Zentrum des Informationsflusses steht. Der Kreis stellt ein völlig dezentralisiertes Netz dar, bei dem alle Mitglieder gleichermaßen zentral sitzen und jeder mit seinem Nachbarn kommunizieren kann. Die Y-Formation ist ein gemäßigt zentralisiertes System, bei dem die Person C wiederum im Mittelpunkt steht und Person D mittlere Zentralität besitzt. Die Kette ist auch ein gemäßigt zentralisiertes Kommunikationsgesetz; C sitzt zentral, B und D nehmen eine gemäßigte, A und E eine Randposition ein. Leavitt fand heraus, daß die Kreis- und Kettengruppe weniger effizient als die Rad- und Y-Gruppe ist, da sie mehr Botschaften benötigten, um zu Lösungen zu kommen. Nach dem Experiment wurden die Versuchspersonen gefragt, wieviel Spaß ihnen die Teilnahme an dem Versuch bereitet hätte. Diejenigen, die im Kreissystem gearbeitet hatten, zeigten die größte Zufriedenheit, wahrscheinlich weil diese Zentralitätsform sie zu gleichberechtigten Teilnehmern an der Aufgabe machte. Die Teilnehmer an den zentralisierten Kommunikationsmustern, v. a. der Radstruktur, stuften sich selbst als sehr unzufrieden ein. Effiziente Gruppenleistung und Gruppenzufriedenheit gehen also nicht immer Hand in Hand. Die Gruppenzufriedenheit kann u. U. im Interesse der Gruppeneffizienz geopfert werden.

Obwohl sich herausstellte, daß ein zentrales Kommunikationsnetz wie z. B. das Rad zu einer schnelleren und genaueren Problemlösung führte als ein weniger zentralisiertes Netz, wie z. B. der Kreis, kann dies nur für die einfachen Probleme gültig sein, die Leavitt in seinen Versuchen benutzte. Bei komplexeren Problemen verwischen sich die Unterschiede in der Leistungseffizienz zwischen den einzelnen Kommunikationsnetzen. Die Schwierigkeit der Aufgabe könnte z. B. derart zunehmen, daß die Kreisstruktur der Radstruktur überlegen ist. Bei komplexen Aufgaben richtet sich die Effizienz der Radstruktur weitgehend nach dem Organisationstalent der zentralen Figur, dem sog. „Nabel", sowie dessen Fähigkeit, Informationen weiterzuleiten: einige werden so sehr mit Informationen überfüttert, daß sie mit den übersteigerten Anforderungen an ihre Fähigkeiten nicht fertig werden und die Effizienz der gesamten Gruppe rapide absinkt. In der Wirklichkeit sind die Unterschiede zwischen den Kommunikationsnetzen weniger scharf, v. a. weil man normalerweise mehr Zeit zur Erreichung maximaler Effizienz hat; außerdem dienen Belohnungen wie Lohn und Prämien dazu, ein hohes Leistungsniveau aufrechtzuerhalten.

Die Etablierung einer Kommunikationsstruktur in einer Gruppe erhöht ihre formelle Organisationsqualität und steigert ihre Effizienz. Es gibt ein Beispiel dafür aus dem zweiten Weltkrieg. Marshall (1947) stellte fest, daß nur etwa 25 bis 30⁰/₀ der Schützen auf sich allein gestellt ihre Gewehre benutzten. Wenn man aber verbalen Kontakt zwischen ihnen herstellte oder sie zusammen an eine Stelle verlegte, wo sie gemeinsam ein schwereres Geschütz bedienen mußten, wurde das Kampffeuer intensiver. Die isolierten Individuen traten miteinander in Kommunikation und agierten innerhalb einer organisierten Gruppenstruktur. Die Kommunikation zwischen den Mitgliedern diente als Mittel zur Steigerung der Gruppeneffizienz, da sie sowohl die Gruppenkohäsion als auch die Gruppenkoordination steigerte. Dieses Beispiel unterstreicht auch die Bedeutung sozialer Interaktionen für das Ertragen der psychischen Kampfbelastung.

Eine Laboratoriumsuntersuchung von French (1944) zeigt auch die Vorteile einer strukturierten Gruppenorganisation, um mit Stressituationen fertigzuwerden. French simulierte experimentell eine Feuersituation, die erschreckend realistisch war. Als sich die Versuchspersonengruppen im Laboratorium versammelt hatten, begann plötzlich Rauch durch die Türritzen hereinzuquellen, Sirenen heulten auf und die Tür war auf einmal verschlossen. Diejenigen, die zu organisierten Gruppen gehörten, wie z. B. die Sportmannschaft von Harvard, die mehr als ein Jahr zusammen trainiert und gelebt hatte, zeigten mehr Angst und waren der Panik näher als z. B. eine unorganisierte Gruppe von Harvard-Studenten, die sich vorher nie getroffen hatten. Die organisierten, kohäsiven Gruppen zeigten jedoch auch mehr Führung, reagierten einheitlicher und entwickelten schneller einen „Schlachtplan" als die unorganisierten Gruppen. Obwohl sich Organisation und Struktur im allgemeinen für die Gruppeneffizienz bezahlt machen, laufen überorganisierte Gruppen leicht Gefahr, derart an Flexibilität einzubüßen, daß sie mit neuen Situationen, die eigenständiges und schöpferisches Denken erfordern, nicht fertig werden.

Rollenstruktur

Die Rollen- oder Arbeitsstruktur ist das Aufgaben- oder Verantwortlichkeitsmuster der Mitglieder innerhalb einer Gruppe; sie stellt die Arbeitsteilung oder Rollenverteilung der Gruppe dar. In hochorganisierten Arbeitsgruppen betrifft sie die Aufgabenspezialisierung, während sie sich in informellen relativ unstrukturierten Gruppen auf die Rollendifferenzierung unter den Mitgliedern bezieht, die die Erreichung der Gruppenziele ermöglichen soll. Die Spezialisierung der Rollen geschieht deshalb, weil die Lösung der alltäglichen Probleme eine kooperative Funktionsdifferenzierung innerhalb der Gruppe notwendig macht.
Bales und Slater (1955) untersuchten die Rollendifferenzierung in unstrukturierten Problemlösungsgruppen. Einige Gruppenmitglieder neigen dazu, die Rolle des Aufgabenführers zu übernehmen, während andere als sozial emotionale Spezialisten fungieren. Die Rolle des Aufgabenführers besteht darin, sich darauf zu spezialisieren, die Ideen zu liefern und die Interaktionen einzuleiten, die zur Lösung des Problems führen. Der sozial-emotionale Spezialist agiert als eine Art Gruppenvermittler, der die Moral der Gruppe aufrechterhält und verhindert, daß Ärger und Aggression die Gruppenarbeit unterbrechen. Den anderen Mitgliedern gegenüber ist er herzlich und hilfsbereit, er reißt Witze und gibt Kommentare, die die Spannung und Erregung mindern. Gewöhnlich werden diese Rollen von verschiedenen Personen auf-

geführt, z. T. weil eine Person, die andere gut zur Arbeit anleiten und anhalten kann, nicht immer das Talent dazu hat, den anderen Ruhe und Gelassenheit einzuflößen. Beide Rollen lassen sich nicht immer unter einen Hut bringen. Normalerweise wird die Einstellung beiden Personen gegenüber, die die jeweilige Rolle spielen, unterschiedlich sein, d. h. gewöhnlich ist der sozial-emotionale Spezialist beliebter als der Aufgabenführer.

Ein anderes Problem der Arbeitsteilung innerhalb von Gruppen besteht in der Notwendigkeit, die Arbeit so zu organisieren, daß einerseits eine höchstmögliche Aufgabenspezialisierung und damit Leistung ermöglicht wird, ohne daß andererseits aber das Interesse an der Arbeit und die Zufriedenheit mit ihr herabgemindert werden. Während die Aufgabenspezialisierung die Effizienz der Arbeitsgruppe bis zu einem gewissen Punkte erhöhen kann, besteht die Gefahr, daß Überspezialisierung den einzelnen der Zufriedenheit beraubt, die er durch die Verfolgung seiner Aufgabe von Anfang bis Ende erlangt. Wenn dieser Punkt erreicht ist, wird die Arbeitsleistung aufgrund der wachsenden Unzufriedenheit der Arbeitenden sinken.

Während die Gruppenstruktur die regelmäßigen Gefühls-, Wahrnehmungs- und Handlungsmuster widerspiegelt, die die Interaktionen zwischen den Gruppenmitgliedern charakterisieren, bezeichnet der Gruppenprozeß die sich im Laufe der Zeit verändernden Beziehungen zwischen den Strukturelementen. Für jede Gruppenstruktur gibt es einen entsprechenden Gruppenprozeß. Der Freundschaftsprozeß befaßt sich mit der Art und Weise, in der sich Gruppenmitglieder gegenseitig akzeptieren und ablehnen, wodurch die Kohäsion und Solidarität der Gruppe aufrechterhalten wird. In einer neugebildeten Gruppe von Fremden kennzeichnet er die Art, wie sich Freundschaften entwickeln. Änderungen dieses Prozesses lassen sich durch unterschiedliche soziometrische Strukturen darstellen, wie sie zu zwei verschiedenen Zeitpunkten bestehen. Der Machtprozeß ist auch einer jener sozialen Einflußprozesse, durch den Gruppen zu Entscheidungen gelangen, ihre Ziele formulieren, Normenkonformität erreichen und Abweichungen von diesen Normen bestrafen. Der Kommunikationsprozeß beinhaltet die Art und Weise, in der Informationen, Botschaften und Meinungen zwischen den Mitgliedern übertragen werden. Schließlich befaßt sich der Rollenprozeß mit den sich verändernden Aufteilungen der Rollen und Verantwortlichkeiten unter den Gruppenmitgliedern. Ein Beispiel dafür bildet die Familie mit ihrer differenzierten Rollenaufteilung und den sich verändernden Rollenerwartungen, wenn die Kinder allmählich heranwachsen, heiraten und schließlich das Haus verlassen. Der Zweig der Sozialpsychologie, der sich mit diesen Vorgängen innerhalb von Kleingruppen befaßt, ist als „Gruppendynamik" bekannt, und einige ihrer Gedanken und Befunde werden später in diesem Kapitel behandelt.

Gruppenstruktur und Führung

Das Auftreten steter Führung in festgefügten Gruppen hängt von der Entwicklung stabiler soziometrischer Macht-, Kommunikations- und Rollenstrukturen ab. Diese Beziehung gilt in verschiedener Hinsicht. Da der Führer in der Kommunikationsstruktur eine zentrale Stellung innehat, gebührt ihm bei der Einleitung und Durchführung von Gruppentätigkeiten ein Vorrang, wodurch die Rollenstruktur etabliert wird und ihm die Möglichkeit offensteht, seine Führerrolle zu verfestigen. Durch die lange Ausübung der Führung wird dieser Person die Aufgabe zuteil, die Macht- und Kommunikationsstrukturen der Gruppe zu institutionalisieren. Ein starker, charismatischer Führer, zu dem sich die Gruppenmitglieder hingezogen fühlen, wird außerdem den sich herausbildenden Freundschaftsmustern innerhalb der Gruppe den nötigen Raum belassen.

Es besteht ein Streit über die Eigenart der Beziehung zwischen Führer und Gruppe. Diese Kontroverse läuft auf die Frage hinaus, ob eine Person aufgrund ihrer ererbten Anlagen zum Führer wird oder ob sie aufgrund der aktuellen Bedürfnisse der Gruppe in der Führerrolle hineingezwängt wird. Die Antwort auf diese Frage entscheidet über die Richtigkeit der Theorie vom „großen Mann" (great man theory) und der sogenannten Situationstheorie der Führung. Die Theorie vom großen Mann besagt, daß Führung im wesentlichen eine ererbte Qualität der Führerpersönlichkeit ist. Nur wenige Menschen sind mit dem Geschick und den Charaktereigenschaften ausgestattet, sich von den anderen abzuheben, die Führerrolle anzunehmen und die Gruppe an ihre Ziele heranführen zu können. Die Situationstheorie behauptet dagegen, daß Führung eine Funktion der Erfordernisse der besonderen Situation ist. Da sich die Gruppenbedürfnisse ständig verändern, werden solche Gruppenmitglieder, die den neuen Bedürfnissen am besten entsprechen, zu Führern gemacht. Wenn sich die Gruppe auf einen Kampf vorbereitet, wird sie ihr aggressivstes Mitglied zum Führer berufen, und wenn sie sich auf Verhandlungen einstellt, wird sie ihren fähigsten Vermittler zum Führer machen. In beiden Theorien stecken natürlich Wahrheitselemente, die Theorie vom großen Mann hat aber zweifellos die geringere Beweiskraft. Es ist immer noch unmöglich, von den Charaktermerkmalen einer Person her vorauszusagen, ob jemand einmal zum Führer einer Gruppe werden wird, und es gibt Beweise dafür, daß Änderungen der Gruppenbedürfnisse häufig von dem Auftauchen eines neuen Führers begleitet sind, der diese Bedürfnisse am besten befriedigen kann. Es spricht trotz allem einiges dafür, daß bestimmte Persönlichkeitsmerkmale, wie z. B. Selbstsicherheit, Verantwortungsbewußtsein und Intelligenz die Entwicklung einer Person zum Führer tendenziell unterstützen.

Eng verbunden mit dieser Problematik ist die Frage, ob eine Person zum Führer wird, weil es ihr gelingt, ihre Werte der Gruppe aufzuzwingen, oder ob jemand zum Führer wird, weil er die Werte der Gruppe am besten realisiert. Oder anders gefragt: Folgt die Gruppe dem Führer, oder formt sie sich ihren Führer? Die wahrscheinlich beste Antwort auf diese Frage ist die Erkenntnis, daß das Gruppenverhalten teilweise eine Funktion der Eigenschaften ihres Führers ist und daß der Führungsstil des Führers zum Teil eine Funktion der Eigenart der Gruppe ist.

Untersuchungen an Kindergruppen im Vorschulalter (Merei, 1949) erbrachten, daß das aggressive, dominierende Kind eine Reihe von Strategien entwickelt, um die Herrschaft in einer unbekannten Gruppe an sich zu reißen. Zuerst schließt es sich den Werten und Traditionen der Gruppe an, folgt den beliebtesten Spielgewohnheiten und bedient sich des speziellen „Gruppenjargons". Dann veranlaßt es die Gruppe, Dinge zu tun, die sie ohnehin getan hätte. So deutet dieses Kind seine Ansprüche als Führer an. Wenn seine Position sich allmählich verfestigt hat, führt es kleine Änderungen bei den Gruppenspielen ein, bis die Gruppe das tut, was es gerne möchte, und schließlich hat es die Macht als tatsächlicher Führer übernommen. Obwohl sich der Führer bei Erwachsenengruppen in gewissem Maße den Normen der Gruppe beugen muß, verbleibt ihm auch hier ein gewisser Spielraum, um die Gruppennormen zu ändern. Hollander (1960) hat beschrieben, mit welchem Erfolg Führer ihre Gruppen verändern können, ohne von ihnen ausgeschlossen zu werden, was mit einer weniger fähigen Person ja leicht geschehen kann. Im Grunde schafft sich der Führer einen Vorrat an „idiosynkratischem Kredit", eine Art positiver Bilanz an günstigen Eindrücken und „guten Taten", durch die er seine Führerqualität und sein Vermögen, die Gruppenerwartungen erfüllen zu können, unter Beweis gestellt hat. Schließlich erlaubt ihm eine derartige Vertrauensanhäufung, die sein neu erworbener Status und sein Ansehen als Führer widerspiegelt, sich vom Konformitätsdruck loszulösen und Neuerungen in der Gruppe einzuführen. So gewinnt der Gruppenführer paradoxerweise durch die Unterwerfung unter die Gruppennormen einen Ruf, der es ihm im späteren Gruppenleben erlaubt, von der

Norm abzuweichen oder sie gar abzuändern. Dies unterstreicht jedoch die Subtilität des Verhältnisses zwischen Führer und Gruppe. Fluktuationen der Gruppenbedürfnisse und Gruppeneigenarten hängen eng mit dem Fall alter Führer und dem Aufstieg neuer Führer zusammen. Während der neue Führer das Vertrauen der Gruppe zu erringen und seine Glaubwürdigkeit als Führer zu festigen sucht, ist er gleichzeitig in der Lage, neue Ideen und neue Gewohnheiten in die Gruppe einzuführen.

Gruppennormen

Gruppen pflegen ihren Mitgliedern Kontrollen aufzuerlegen, um die erlaubte Reichweite ihres Verhaltens, ihrer Einstellungen und Beziehungen regulieren zu können und um die Kontinuität der Gruppe zu gewährleisten. Als Nebenprodukt der Interaktionen innerhalb der Gruppe entstehen Normen, aus denen eine von allen geteilte Sicht von der Welt oder, anders ausgedrückt, Gruppeneinstellungen und Gruppenwertvorstellungen entspringen. Wenn die Norm oder der Standard sich einmal etabliert hat, üben sie einen verhaltenseinschränkenden Einfluß auf die Mitglieder aus, denn sie erzeugen nicht nur den Druck, die Norm zu beachten, sondern auch Hemmungen, sie zu durchbrechen. Gemeinsame Normen stellen eines der hervorstechendsten Merkmale von Gruppen dar. Nach McGrath (1964) umfassen Gruppennormen a) den Bezugsrahmen der für den Menschen relevanten Objekte, b) Vorschriften über die richtige Einstellung oder das richtige Verhalten diesen Objekten gegenüber, c) affektive Gefühle hinsichtlich der Richtigkeit dieser Einstellungen und der Toleranz gegenüber Normenverletzungen und d) positive und negative Sanktionen, durch die richtiges Verhalten belohnt und Fehlverhalten bestraft wird.

Festinger (1950) behauptet, daß zwei Faktoren für die Entstehung von Gruppennormen verantwortlich sind. Erstens liefert die Gruppe dem einzelnen den Bezugsrahmen für das Verständnis seiner Umwelt, ohne das er nicht auskommt. In ihrem Verstehensdrang versuchen Menschen besonders dann ihre Meinungen zu validieren, d. h. auf Richtigkeit hin zu überprüfen, wenn sich die Ansichten nicht am Kriterium der objektiven Wirklichkeit überprüfen lassen. In solch einem Falle liefert die Gruppe eine Art sozialer Wirklichkeit, die auf gegenseitige Übereinstimmung gegründet ist. Die Suche nach dem Verstehen verführt die Mitglieder zu dem Glauben, daß die gesellschaftliche Wirklichkeit durch die Normen repräsentiert wird und jede

Abweichung davon untragbar ist, da sie die Stabilität der Glaubensgrundlage unterminiert. Zweitens ist ein gewisser Grad an Uniformität vonnöten, wenn die Gruppe überleben und ihre Ziele erreichen will. Die Kontrolle und die Koordination der Normen, die das Verhalten der Mitglieder steuern, kann daher die Kontinuität und den Erfolg der Gruppe fördern.

Konformität in bezug auf Gruppennormen

Wenn das Individuum zum Mitglied einer von ihm positiv bewerteten Gruppe werden will, wird es im allgemeinen seine Denk- und Handlungsweisen und Gefühle in Richtung auf die Gruppennormen verändern. Bei dieser Veränderung spielen die Faktoren Interaktionshäufigkeit, Unsicherheit über richtiges Verhalten und Gruppendruck eine wesentliche Rolle. Ein Gruppenmitglied muß einen Teil seiner Individualität aufgeben, wenn die Gruppe erhalten bleiben soll und ihre Ziele im gemeinsamen Vorgehen erreichen will. Auf diese Weise entsteht der Gruppendruck, der die Gruppenkonformität unter den Mitgliedern herbeiführt.

Die Gruppennormen erhalten ihre Ausgestaltung sowohl durch formellen als auch informellen Druck, der über die Kommunikation zwischen den Gruppenmitgliedern weitergeleitet wird. Tatsächlich bezieht sich ein Großteil der Kommunikation zwischen den Gruppenmitgliedern auf den Druck zur Konformität. Schachter (1951) stellte weiterhin fest, daß eine direkte Beziehung zwischen der Abweichung einer Kommunikationsform von der Gruppennorm und ihrer Gesamtdauer besteht. Wenn es der Gruppe nicht gelingt, den Abweichenden zur Ordnung zu rufen, besteht die große Gefahr, daß sie ihn von sich stößt. Außerdem wird die Anziehungskraft der Gruppe auf das Mitglied dem Abweichungsversuch entgegenwirken. Back (1951) stellte fest, daß Gruppen mit hoher Kohäsion oder Anziehung versuchen, einen größeren Einfluß über ihre abweichenden Mitglieder zu erringen als Gruppen mit niedriger Kohäsion. Die direkte Kommunikation mit dem Abweichler läßt einen sozialen Druck entstehen, der ihn zur Konformität mit den Gruppennormen zwingt. Wenn dies fehlschlägt, verläßt diese Person die Gruppe oder sie wird dazu gezwungen. In vielen Gruppen wird dem Abweichler allerdings nicht die Möglichkeit gewährt, zur Gruppennorm zurückzukehren, sondern er wird unverzüglich von der Gruppe ausgeschlossen. Eigenartigerweise scheint die Vertreibung von Abweichenden anstelle des Versuches, ihn zur Gruppennorm zurückzubewegen, eher bei heterogenen als bei im großen und ganzen homogenen Gruppen vorzukommen (Gerard,

1953). In den meisten Gruppen zeigen die Mitglieder jedoch eher regelmäßige Interaktionsmuster — ein Beweis für die Wirksamkeit sozialer Normen.

Bezugsgruppen

Personen reagieren auf Gruppen in selektiver Weise. Nicht alle Gruppen, deren Mitglied man ist, beeinflussen das Verhalten: andererseits können aber Gruppen, denen man nicht angehört, einen starken Einfluß auf das Verhalten ausüben. Jene Gruppe, mit der sich das Individuum identifiziert und die sein Verhalten beeinflußt, ungeachtet, ob es ihr angehört oder nicht, wird Bezugsgruppe genannt. Sie hat für das Individuum zwei Funktionen — einmal dient sie ihm als Vergleichsmaßstab und zum anderen bildet sie eine Quelle für Normen. Gruppen, die Vergleichs- oder Bewertungsfunktionen haben, bieten der Person den Standard oder den Vergleichsmaßstab, mit dem sie sich selbst und die anderen einschätzen kann. Die Gruppe besteht normalerweise aus einer Reihe von Mitgliedern, an denen der einzelne sich und sein Verhalten abmessen kann. Die Selbsteinschätzung im Hinblick auf ökonomischen Status, intellektuelle Fähigkeit, sowie körperliche Attraktivität geschieht nach dem Vergleich mit den übrigen Mitgliedern innerhalb der Bezugsgruppe (Hyman, 1942).

Die Einstellung gegenüber Entbehrung und Belohnung basiert größtenteils auch auf dem Vergleich mit der Situation der übrigen innerhalb der Gruppe, die eine ähnliche Position einnehmen. Ein Beispiel dafür bildet die Einstellung amerikanischer Soldaten verschiedener Einheiten während des zweiten Weltkrieges in Bezug auf ihr Beförderungssystem (Stouffer, u. a., 1949). Die Luftwaffensoldaten waren gegenüber dem Beförderungssystem kritischer eingestellt als die Mitglieder der Militärpolizei. Die Beförderungschancen der Luftwaffensoldaten lagen jedoch über 50%, während die Chancen der Militärpolizisten nur etwa 33% betrugen. Die unterschiedliche Einstellung zur Beförderung erscheint nur dann paradox, wenn man die Tendenz, seine eigene Situation mit der Situation der anderen innerhalb derselben Einheit zu vergleichen, nicht in Betracht zieht. Nicht beförderte Luftwaffensoldaten sahen, daß die Mehrzahl ihrer Kameraden schon befördert worden war, empfanden daher Bitterkeit und Frustration und standen dem Beförderungssystem sehr kritisch gegenüber. Die Militärpolizisten verglichen sich andererseits mit der großen Mehrheit ihrer nicht beförderten Kameraden in ihrer eigenen Einheit und waren daher im Vergleich zufriedener mit dem

Beförderungssystem. Die Diskrepanz zwischen dem, was man erreichen möchte und dem, was man tatsächlich erreicht, ist für derartige Gefühle verantwortlich. In diesem Beispiel diente die Bezugsgruppe als Vergleichsmaßstab, um die Größe der relativen Deprivation abzuschätzen. Schließlich kann die Vergleichsfunktion der Gruppe auch als Schrittmacher für die Statushierarchie angesehen werden, indem sie einen Standard liefert, dem der einzelne zu entsprechen, oder den er, wenn möglich, zu übertreffen versucht. In großen Firmen benutzen Angestellte oft ihre Kollegen als Bezugsgruppe im Wettbewerb um Status und Ansehen. Hier sind einige Beispiele dafür, wie Bezugsgruppen im Kampf um Statussymbole wirken:

„Vor einigen Jahren eröffnete eine Firma aus Dallas einen Zweigbetrieb, wobei sie drei nagelneue Vizepräsidenten einsetzte, die in völlig gleich ausgestatteten Büroräumen residierten. Alles verlief in Ruhe und Frieden, bis eines Tages einer der Vizepräsidenten sein Spesenkonto dazu benutzte, seinen Füllfederhalterständer durch einen für zwei Füllfederhalter zu ersetzen. Innerhalb von 4 Tagen hatten es alle drei soweit gebracht, einen dreiständrigen Füllerständer auf dem Tisch stehenzu haben. Dann gingen sie dazu über, größere und schwungvollere Namensschilder an ihre Bürotüren anzubringen und andere Dinge zu ändern, bis der Präsident der Firma Einhalt gebot, und allen wieder einfache Füllfederhalterständer vorschrieb. Eine größere Ölfirma in Chikago beschwor vor einigen Jahren eine schwere Krise herauf, als sie neue Polstersessel bei einigen ihrer Angestellten ausprobieren wollte. Die übrigen Büroangestellten fühlten sich derart zurückgesetzt, daß einer von ihnen, um sein Gesicht zu wahren, einen Sessel von seinem eigenen Geld erwarb und in seinen Büroraum schmuggelte." (Aus „Time", 24. 1. 1965, Seite 80).

Somit wirkt die Bezugsgruppe in ihrer Vergleichsfunktion sowohl als Vergleichsmaßstab für die Selbsteinschätzung als auch als Grundlage für Zielsetzungen und Erwartungen. Soziale Vergleiche, die dem Individuum zugänglich sind, ermöglichen ihm in Wettbewerbssituationen die Einsicht, ob es Erfolg oder Mißerfolg gehabt hat und liefern ihm den Anreiz, es noch einmal besser zu versuchen oder ganz einfach aufzugeben.

Das zweite hervorstechende Merkmal der Bezugsgruppe ist ihre normative Funktion. Die Gruppe bildet für den einzelnen die Quelle seiner Wertvorstellungen und Ansichten, nicht nur weil sie die Möglichkeit für Belohnungen und Sanktionen hat, sondern auch, weil Nichtmitglieder, die ihr gerne angehören möchten, ihren Verhaltens- und Glaubensnormen folgen müssen. Solche Gruppen werden auch Identifikationsgruppen genannt, da ihre normative Funktion, durch die ja die Standards herausgebildet werden, weitgehend von dem Ausmaß der Identifikation der Individuen mit diesen Normen abhängt.

Untersuchungen über Einstellungsänderungen bei College-Studenten bezeugen die Wichtigkeit der College-Gemeinschaften und Klubs als Bezugsgruppen zur Förderung liberalerer und weniger autoritärer Einstellungen (Newcomb, 1958). Frisch eingesetzte Soldaten, die während des 2. Weltkriegs zu Kampfgruppen der Veteranen verlegt wurden, benutzten ihre Einheit als Bezugsgruppe, und bevor sie auch nur einen Kampf überlebt hatten, übernahmen sie unbesehen die Einstellung ihrer Einheit, daß der Kampf die Hölle sei (Merton und Kitt, 1950). Der einzelne braucht aber nicht Mitglied der Gruppe zu sein, damit sie als normative Bezugsgruppe wirken kann. So wurde festgestellt, daß Mütter aus der Mittelklasse Kinderärzte und sonstige Experten als Bezugsgruppe in ihrer Einstellung gegenüber der Kindererziehung benutzten, während Mütter aus der Arbeiterklasse dazu neigen, der Einstellung ihrer eigenen Mütter zu folgen (Bronfenbrenner, 1961). Es gibt selbst Hinweise dafür, daß junge Männer, die gerne zur Mittelklasse gehören möchten, die für die Mittelklasse typischen Normen, politischen Ansichten und sexuellen Verhaltensweisen übernehmen. So erbrachte der Kinsey-Report, daß diese Aufwärtsstrebenden wie die übrigen jungen Männer aus der Mittelklasse relativ häufig onanierten und relativ wenig Geschlechtsverkehr hatten (Kinsey, Pomeroy und Martin, 1948). Die normative Macht der Bezugsgruppen läßt sich auch aus dem Beispiel der „Abrutscher" ersehen. Menschen, die sozial absteigen, übernehmen selbst das für die Arbeiterklasse charakteristische Sexualverhalten mit seiner hohen Rate an vorehelichem Geschlechtsverkehr, bevor sie tatsächlich zu dieser Klasse gehören.

Positive und negative Bezugsgruppen

Obwohl die Bezugsgruppe normalerweise eine Gruppe ist, von der man anerkannt und akzeptiert werden möchte (positive Bezugsgruppe), gibt es Beispiele, in denen das Individuum von einer Gruppe beeinflußt wird, die es ablehnt (negative Bezugsgruppe). Negative Bezugsgruppen motivieren das Individuum zur Übernahme von Einstellungen, die im Gegensatz zu denen der Gruppe stehen. Kinder, die gegen ihre Familie rebellieren und sie als Mitgliedsgruppe ablehnen, nehmen oft eine zu ihren Eltern konträre politische Position ein (Newcomb, 1958). Dies erinnert stark an den Fall des Antikonformisten, dessen Zwang zur Rebellion ihn dazu motiviert, die Diskrepanz zwischen sich und der Gruppe zu vertiefen, indem er Normen übernimmt, die den Unterschied noch weiter verschärfen (siehe auch Kapitel 3).

Sherif (1948) schrieb, daß „die negative Ausrichtung von sozialen Einstellungen auf die eine Gruppe in vielen Fällen (wenn nicht in allen) einen positiven Bezug zu einer anderen Gruppe bedingt oder umgekehrt, so daß die Einstellungen die erwartete Verstärkung erfahren" (S. 154). Der junge Mann, der seine konservative Familie ablehnt, indem er nach links tendierende Ansichten vertritt, kann seine Rebellion dadurch verstärken, daß er sich einer Aktivistengruppe anschließt. Eine Bezugsgruppe muß jedoch nicht notwendigerweise eine absolut positive oder negative Rolle spielen. Je nachdem, um welchen Bereich von Handlungen oder Haltungen es sich handelt, kann es sich z. B. im Hinblick auf politische Ansichten um eine positive Bezugsgruppe handeln, hinsichtlich des Sexualverhaltens um eine negative Bezugsgruppe und um überhaupt keine Bezugsgruppe hinsichtlich des Geschmacks über Kleidung und Autos. Einige Bezugsgruppen sind ziemlich spezifisch und berühren den einzelnen nur in sehr engem Rahmen. Andere Gruppen, wie z. B. die Familie, wirken umfassender. Auch werden unterschiedliche Bezugsgruppen zu verschiedenen Zeiten wirksam, wobei die Wahl der besonderen Bezugsgruppe davon abhängt, welcher Aspekt bewertet werden soll (bei der Vergleichsfunktion) oder welches Einstellungssystem am Werke ist (bei der normativen Funktion).

Mehrfache Bezugsgruppen

Da eine einzelne Gruppe nicht imstande ist, allen Bedürfnissen und Zielen einer Person zu entsprechen, gehört jedes Individuum mehreren Gruppen an oder möchte ihnen angehören. Manchmal vertreten die sich überlappenden Gruppen stark divergierende Normen, die das Individuum aufgrund seiner ihm aufgezwungenen geteilten Loyalität in Konflikte verwickeln. Gewöhnlich wird der Konflikt zwischen inkompatiblen Forderungen dadurch aufgelöst, daß eine „normative Bezugsgruppe" der anderen vorgezogen wird, oder daß das Individuum den Diktaten der Gruppe folgt, die ihr momentan bewußter ist oder als stärker erscheint. Eine andere mögliche Lösung bildet die Loslösung von beiden Bezugsgruppen mit gleichzeitigem Anschluß an eine neue Gruppe, die eine Reihe von Kompromißnormen anzubieten hat. Wenn jedoch keine zufriedenstellende Lösung möglich ist, wird die Person, die dem Druck seitens der beiden Bezugsgruppen ausgesetzt ist, unsicheres und inkonsequentes Verhalten zeigen.
Die Situation, zwischen zwei sich widerstreitenden Bezugsgruppen gefangen zu sein, führt zu einem Grenzdasein, zur Marginalität. Einwanderer in der

zweiten Generation, Vorarbeiter sowie Unteroffiziere bei der Armee bilden Beispiele für sogenannte Marginalpersönlichkeiten (marginal men). In Ihrem Verhalten können sie unter den Druck sich widerstreitender Gruppen geraten, weil sie nicht in der Lage sind, den Konflikt von sich aus zu lösen, indem sie sich einer dieser beiden Gruppen endgültig anschließen; sie werden von beiden Gruppen zurückgewiesen. Ein Beispiel für die Wirkung sich widerstreitender Gruppen war während der amerikanischen Präsidentschaftswahlen im Jahre 1960 zu beobachten. So befanden sich die katholischen Wähler, die der Republikanischen Partei angehörten, in zwei gegensätzlichen Bezugsgruppen. Ihre Mitgliedschaft zur katholischen Kirche ließ sie John F. Kennedy bevorzugen, während ihre Angehörigkeit zur Republikanischen Partei sie auf Richard Nixon verpflichtete. Viele entzogen sich diesem Konflikt, indem sie überhaupt nicht wählten, was sie davor bewahrte, eine Wahl zu treffen, die im Gegensatz zu einer ihrer Bezugsgruppen stand. Diese Art der Problemlösung, die auch „aus dem Felde gehen" genannt wird, ermöglicht es der Person, sich der Konfliktsituation zu entziehen.

Der Begriff der Bezugsgruppe wird oft sowohl zur Erklärung des Einflusses der Nicht-Mitglieds- und Mitgliedsgruppen auf das Verhalten als auch zur Unterscheidung zweier wichtiger Gruppenmerkmale, nämlich der vergleichenden und der normativen Funktion, herangezogen. Der Begriff ist als Mittel der Voraussage jedoch sehr beschränkt. Wie können wir etwa im voraus bestimmen, welche Bezugsgruppe in einer gegebenen Situation gewählt werden wird? Was entscheidet darüber, ob eine Bezugsgruppe gewählt wird, deren Mitglied das Individuum ist, und nicht etwa eine, deren Mitgliedschaft es nicht besitzt? Der Begriff ist an und für sich indeterminiert. Wie kann es überhaupt Bezugsgruppen für die Vergleichsfunktion geben, wenn der Vergleichsmaßstab oft nur aus Vergleichskategorien besteht (wie z. B. Universitätsstudentinnen oder Männer aus der Mittelklasse), die als geschlossene Gruppe überhaupt nicht in Erscheinung treten? Bestimmt außerdem die Bezugsgruppe in ihrer Vergleichsfunktion wirklich die Selbsteinschätzung des Individuums, oder führt die individuelle Selbsteinschätzung zur Wahl einer bestimmten Bezugsgruppe? Wie groß kann bei der normativen Funktion die Wichtigkeit von Normen und Werten sein, wenn das Individuum oft nicht einmal die Mitgliedschaft besitzt, sich auch nicht darum bemüht, sich nicht mit der Gruppe identifiziert, keinen Sanktionen seitens der Gruppe unterliegen kann und dennoch den Gruppennormen willig folgt, wie etwa im Falle der Mütter, die dem Ratschlag der Kinderärzte strikt Folge leisten? Das Bezugsgruppenkonzept wird sehr unscharf, wenn es unterschiedslos auf derartige Fälle normativen Verhaltens angewendet wird. Die Unterstützung einer bestimmten Einstellung beruht nicht immer auf Identifikationen mit der normativen Bezugsgruppe. In Kapitel 6 wird zu sehen sein, daß Einstellungen und Wertvorstellungen sehr verschiedene Grundlagen haben können, von denen die Bezugsgruppe nur eine bildet. Das Bezugsgruppenkonzept ist dennoch sinnvoll, da es die Aufmerksamkeit auf die wichtige Unterscheidung zwischen Mitgliedschaftsgruppen und psychologischen Gruppen lenkt. Man kann z. B. die Mitgliedschaft einer Gruppe besitzen und trotzdem relativ unbeeinflußt davon bleiben, während eine Gruppe, der man überhaupt nicht angehört, einen starken psychologischen Einfluß ausüben kann. Das Bezugsgruppenkonzept ist dazu angetan, diese und damit verbundene Erscheinungen zu erklären.

Soziale Anziehung in Gruppen

Weiter oben in diesem Kapitel wurde die Frage erörtert, warum die Menschen sich von Gruppen angezogen fühlen und warum sie die Gesellschaft anderer suchen. Dieser Abschnitt untersucht die Gründe, warum sich Leute innerhalb von Gruppen voneinander angezogen fühlen und sich freundschaftliche Beziehungen entwickeln. Wie kommt es dazu, daß Mitglieder sich neu bildender Gruppen einander mögen? Und wenn sie einmal soweit sind, welches sind die Folgen der Anziehung für die Gruppe und für ihre Mitglieder?
Es gibt einen Aphorismus, der lautet „Gleich und gleich gesellt sich gern". Newcomb (1961) entwickelte eine Theorie, die besagt, daß Menschen mit ähnlichen Einstellungen sich zueinander hingezogen fühlen. Er postulierte einen „Zug zur Symmetrie" (strain toward symmetry) in den zwischenmenschlichen Beziehungen, d. h. Personen, die ähnliche Einstellungen gegenüber wichtigen sozialen Objekten, wie z. B. Kindern, Autos und Musik haben, fühlen sich voneinander angezogen. Newcomb setzte einen Bekanntschaftsprozeß unter 17 Studenten an der Universität Michigan in Gang, die einander völlig fremd waren und die gemeinsame Unterkünfte mehrere Monate lang teilen mußten. Er machte die Voraussage, daß mit dem Einsetzen der Interaktionen die Fremden Einsicht in die Einstellungen jedes einzelnen gewännen und sich daraus Bindungen zwischen solchen Studenten entwickeln würden, die ähnliche Einstellungen zu wichtigen Fragen hätten. Übereinstimmend mit seiner Voraussage fand Newcomb heraus, daß die wahrgenommene Ähnlichkeit der Einstellungen der bedeut-

samste Faktor für die interpersonelle Anziehung war. Sowohl Persönlichkeits- als auch Einstellungsähnlichkeit ist eine wichtige Grundlage für die Anziehung. Es gibt starke Hinweise darauf, daß Personen, die sich voneinander angezogen fühlen, ähnliche Persönlichkeitszüge besitzen.

Es gibt auch die gegenteilige Ansicht, daß eine gewisse Unähnlichkeit zwischen den Menschen für ihre gegenseitige Anziehung verantwortlich ist. Winch (1958) argumentiert, daß das Prinzip der Komplementarität das Anziehungsphänomen, vor allem zwischen Ehepartnern, erklärt. Das Sprichwort „Gegensätze ziehen sich an" entspricht der Theorie von den komplementären Bedürfnissen. Winch trägt zwei Gründe vor, warum erfolgreiche Freundschaften und Ehen aus solchen Partnern bestehen müssen, deren Bedürfnisse und Persönlichkeitsmerkmale einander ergänzen. Zunächst findet jeder Partner das Verhältnis vorteilhaft, weil er seine Bedürfnisse in einer Weise ausdrücken kann, die für den anderen Partner einen Gewinn bedeutet. Der Ehemann z. B., der gerne dominieren möchte, und die Ehefrau, die sich gerne unterordnet, fühlen sich voneinander angezogen. Sadisten und Masochisten können sich eines ähnlichen Verhältnisses erfreuen. Des weiteren fühlen sich Menschen von Personen angezogen, die Qualitäten besitzen, die sie selbst früher gern gehabt hätten, deren Ausbildung ihnen jedoch mißlang. Eine Frau, die gerne Aggressivität zeigen möchte, sich aber zu gehemmt dazu fühlt, kann sich zu einem Mann hingezogen fühlen, der starke Aggressionen zeigen kann.

Im Laufe der Zeit hat sich eine Kontroverse über die Verdienste der Ähnlichkeits- bzw. Ergänzungstheorie entwickelt. Es scheint offensichtlich, daß unter bestimmten Umständen in einigen Beziehungen der Komplementarität gegenüber der Ähnlichkeit der Vorzug gegeben wird, zu anderen Zeiten jedoch auch das Gegenteil möglich sein kann. In der Ehe und vielleicht auch als Folge der Ehe mögen bei den Partnern komplementäre Bedürfnisse im Vordergrund stehen, während bei Freundespaaren oder gar Verlobten das Prinzip der Ähnlichkeit weitaus starker sein wird. Kinder und Heranwachsende, denen es an Selbstvertrauen mangelt, ziehen jemanden, der ihnen ähnelt, einer anders gearteten Person vor. Im allgemeinen wird die Ähnlichkeit die bedeutendere Bestimmungsgröße für die Anziehung zwischen Menschen sein, es erscheint jedoch einleuchtend, daß die jeweilige Bedeutung der beiden Prinzipien von dem Zweck und dem Entwicklungsstadium des Verhältnisses sowie der Bedeutung und der Intensität der ähnlichen bzw. unähnlichen Charaktereigenschaften abhängt. So kann bei einem Paar die Anziehung einmal auf der Ähnlichkeit bestimmter Eigenschaften, wie z. B. Rasse, Wertvorstellungen und Einstellungen und zum anderen auf der Komplementarität anderer Eigenschaften, wie z. B. Persönlichkeitsbedürfnissen beruhen. In gewissem Sinne beinhaltet das Prinzip der Ähnlichkeit schon das Prinzip der Komplementarität, denn wenn Ehepartner sich auf ein Herrschafts-Unterordnungsverhältnis einigen, benötigen sie zumindest ein gewisses Maß an Einstellungsähnlichkeit, um zu dem Schluß zu kommen, daß ein solches Verhältnis wünschenswert ist.

Die Austauschtheorien (exchange theories) der Anziehung (Thibaut und Kelley, 1959; Homans, 1961) versuchen, Freundschaften in Gruppen auf der Basis von Aufwand und Ertrag für die interagierenden Mitglieder zu erklären. Ein Ertrag ist jegliche Bedürfnisreduzierung oder Befriedigung, die sich aus der Beziehung herleitet. Die Kosten umfassen Unannehmlichkeiten, die man durch das Verhältnis erleidet, wie z. B. Übermüdung, Langeweile, Angst und Furcht vor Verlegenheit.

„Ein Mensch wird von einem Gegenseitigkeitsverhältnis erwarten, daß ... der Reinertrag eines jeden im proportionalen Verhältnis zu seinem Aufwand steht, d. h. je größer der Einsatz, um so größer der Gewinn" (Homans, 1961, S. 75).

Einfacher ausgedrückt, wird ein Partner ein Verhältnis wahrscheinlich dann auflösen, wenn der daraus gezogene Gewinn den Einsatz nicht übersteigt. Es gibt zwei Vergleichsgrößen, an denen jeder Partner seinen Kosten-Nutzen-Vergleich anstellen kann. Da ist zunächst das *Vergleichsniveau*, das einen Durchschnittswert darstellt, und auf Erfahrungen aus der Vergangenheit sowie dem Vergleich früherer Verhältnisse basiert. Eine Frau, die z. B. gute Behandlung von ihrem ersten Ehemann gewohnt war, ist der Ansicht, daß sie eine zumindest gleich gute Behandlung von ihrem zweiten Ehemann erwarten kann. Die zweite Vergleichsbasis, die zur Messung der Wertigkeit eines Verhältnisses herangezogen wird, bildet das *Vergleichsniveau für Alternativen,* das auf einem Vergleich der Kosten-Nutzen-Analyse in alternativen Gruppen beruht. In dem oben zitierten Beispiel wird die Frau auch dann den zweiten Ehemann akzeptieren, wenn er brutal ist, falls die einzige Alternative darin besteht, zu ihrem ersten Ehemann zurückzukehren. Thibaut und Kelley (1959) gehen von der Annahme aus, daß „das Sich-Hingezogen-Fühlen von einer Person zu einer Gruppe von deren Bewertungsergebnis in bezug auf das Vergleichsniveau abhängt" (Seite 24). Obwohl die Austauschtheorie etwas über das Problem der gegenseitigen Abhängigkeit von Personen zum Gegenstand hat, bewegt sie sich weniger um die Frage des Anziehungsursprungs, sondern richtet ihr Interesse vielmehr auf die Anziehungsdynamik, die immer dann akut wird, wenn Aufwand und Ertrag in der Beziehung zum anderen im Laufe der Zeit flukturieren. Vermutlich erklärt die Austauschtheorie mehr die kalkulierten und auf Gewinn gerichteten Aspekte der gegenseitigen Anziehung von Personen.

Vorgeschichte und Konsequenzen der Anziehung

Es besteht Übereinstimmung darüber, daß Anziehung immer dann entsteht, wenn ein Gruppenmitglied dem anderen Vorteile oder Mittel zur Bedürfnisbefriedigung gewähren kann, oder wenn die Person als potentieller Bedürfnisbefriediger perzipiert wird. Es scheint, daß Anziehung eine Funktion vieler Eigenschaften zweier Personen ist. Die Möglichkeit, mit jemandem in Kontakt zu treten und mit ihm zu interagieren (physische Nähe), bildet eine der Voraussetzungen für die Entstehung der Anziehung. Ein weiterer Faktor, der der Anziehung zugrunde liegt, ist die Ähnlichkeit der beiden Partner in bezug auf Status und Beliebtheit (wählt der eine Partner einen beliebteren, wird er zurückgestoßen; wählt er einen unbeliebteren, schmälert er seine eigenen Chancen). Anziehung tritt auch dann auf, wenn zwei Personen gemeinsam Mitglied einer erfolgreichen Gruppe sind oder eine schwierige Situation gemeinsam meistern. Die Anziehung bringt eine Reihe von Konsequenzen für das Gruppen- und Individualverhalten mit sich. Menschen, die sich voneinander angezogen fühlen, verleihen ihren Aggressionen mit größerer Gelassenheit Ausdruck, reagieren erfreut auf Situationen, bei denen der andere zugegen ist, und neigen dazu, ihre Selbsteinschätzungen und sozialen Wahrnehmungen zu verändern, um sich dadurch in ihren jeweiligen Haltungen aneinander anzugleichen. Eine ausführliche Erörterung der Konsequenzen der Anziehung zwischen Gruppenmitgliedern würde den Rahmen dieses Kapitels sprengen. Zweck dieser Besprechung war es, die vielen Faktoren aufzuweisen, die sich mit dem Phänomen der interpersonellen Anziehung innerhalb kleiner sozialer Gruppen verbinden.

Zusammenfassung

Dieses Kapitel befaßte sich mit den Eigenschaften kleiner informeller Gruppen. Die Gruppe ist von grundlegender Wichtigkeit für das Sozialverhalten, da sie eine der am längsten andauernden und durchgängigsten Kontakte bildet und da die engen emotionalen Bindungen, die für Gruppen charakteristisch sind, die Grundlage für Gewohnheiten, Wertvorstellungen und Einstellungen formen, die im Umgang mit anderen Menschen gelernt werden. Von Kindheit an finden im Rahmen der Gruppe die psychischen Grundbedürfnisse ihre Befriedigung. Die sozialen Bedürfnisse wie Gesellung, Lob, Anerkennung, gegenseitige Unterstützung und das Zugehörigkeitsgefühl werden von Kindheit an innerhalb der Gruppe befriedigt. Eine starke Identifikation mit der Gruppe wird das Individuum dazu motivieren, Härten und Schmerz auf sich zu nehmen, um das Ansehen der Gruppe zu schützen.

Das Funktionieren der Gruppe als Ganzem wird von verschiedenen Strukturänderungen beeinflußt, die die Art und Effizienz berühren, mit der die Gruppe ihre Ziele verfolgt. Die Freundschafts-, Macht-, Kommunikations- und Arbeits- oder Rollenstrukturen sind die bedeutendsten Bestimmungsgrößen für das Funktionieren der Gruppe. Eine stabile Gruppenstruktur hängt eng mit dem Auftauchen eines starken charismatischen Führers zusammen. Die Führung wird der Gruppe nicht aufgezwungen, sondern sie entspringt vielmehr aus der Gruppe, wobei der Führer sich anfangs ihren Normen unterwirft und es ihm später, wenn er seine Fähigkeiten unter Beweis gestellt hat, erlaubt wird, kleinere Änderungen einzuführen. Eine Abweichung von den Gruppennormen, die „eine von allen geteilte Sicht von der Welt" bedeuten, führt die anderen Gruppenmitglieder dazu, einen Druck zur Konformität auf den Abweichenden auszuüben und wenn dies fehlschlägt, ihn von der Gruppe zu verstoßen. Nicht alle Mitgliedsgruppen beeinflussen das Verhalten, während umgekehrt oft das Verhalten von Nicht-Mitgliedsgruppen stark berührt wird. Es wurde die Unterscheidung zwischen der vergleichenden und normativen Funktion der Bezugsgruppen getroffen, Gruppen, mit denen sich das Individuum identifiziert und die sein Verhalten beeinflussen. Das Kapitel schloß mit der Erörterung einiger Ursprünge und Folgen der Anziehung zwischen Mitgliedern kleiner Gruppen.

Kapitel 3
Die Ergebnisse sozialer Interaktionen

Die gegenseitige Abhängigkeit der Menschen führt zu einer Reihe von sozialen Prozessen, die der Gruppenarbeit förderlich sind. Konformität im Hinblick auf Gruppennormen, Zusammenarbeit zwischen den Mitgliedern der Gruppe und Verantwortungsgefühl für das Wohl der anderen sind nur drei der Ergebnisse menschlicher Interaktionen. Da diese Interaktionsformen von grundlegender Bedeutung für die soziale Existenz sind, hat die Gesellschaft die Tendenz, sie als kulturelle Werte zu institutionalisieren und ihnen durch den Sozialisierungsprozeß eine Plattform zu verschaffen. So wird ein Individuum herangebildet, das im wesentlichen ein kooperationsbereiter und sozial verantwortungsbewußter Konformist ist.

Manchmal scheinen diese Werte, möglicherweise wegen der überall zu beobachtenden sozialen Veränderungen und teilweise aufgrund falscher Sozialisierungspraktiken ihre Bedeutung zu verlieren, oder sie werden zumindest derart in ihrer Form verändert, daß ihre Aufgabe im zwischenmenschlichen Bereich verzerrt wird. Dann entsteht statt Stabilität und Harmonie Streit, Feindschaft und ein Gegeneinander in den zwischenmenschlichen Beziehungen. Dieses Kapitel befaßt sich mit drei besonders interessanten Problemen der Gegenwart, nämlich dem psychologischen Druck zu sinnloser Konformität und blindem Gehorsam, den Vorbedingungen und Konsequenzen des Zusammenbrechens gesellschaftlicher Verantwortung sowie den Bedingungen, die zu destruktivem Wettbewerb unter voneinander abhängigen Menschen führen. Es ist hier nicht beabsichtigt, diese Probleme erschöpfend zu analysieren, sondern durch Laboratoriums- und Felduntersuchungen über soziale Interaktionen wenigstens einige Aspekte dieser sehr wichtigen sozialen Fragen zu beleuchten.

Konformität

In Sinclair Lewis' (1922) veröffentlichtem Roman „Babbitt" wird der Held George F. Babbitt dargestellt, ein Immobilienhändler in der fiktiven amerikanischen Stadt Zenith. Babbitts Idol ist der, wie er ihn nennt, „standardisierte amerikanische Bürger" mit Haaren auf der Brust, einem ständigen Lächeln im Gesicht und einer Addiermaschine im Büro. Babbitt ist ein ergebenes Mitglied der „Elks" (einer konservativen Vereinigung von Kaufleuten), der Handelskammer und der Presbyterianischen Kirche. Er benutzt alle gängigen Ausdrücke und Aussprüche seiner Zeit und bildet seine Meinung nach den herrschenden Leuten in Zenith. Als unschicklichste Handlung pflegt er sein Gesicht im Gästehandtuch seines eigenen Badezimmers abzuwischen, wenn er ärgerlich ist. Der Name „Babbitt" ist inzwischen in der englischen Alltagssprache zu einem Ausdruck für eine selbstzufriedene Person geworden, die sich willig an die Vorstellungen und Ideale der Mittelklasse anpaßt.

Es ist nur zu verständlich, daß sich die Psychologen mit dem Problem der Konformität und Interdependenz befassen. Man braucht sich nur die unzähligen Beispiele blinden Gehorsams den staatlichen Behörden gegenüber in Deutschland vor und während des 2. Weltkrieges oder den Höhepunkt des McCarthyismus während der fünfziger Jahre in den Vereinigten Staaten zu vergegenwärtigen, als politische Gegenmeinungen streng unterdrückt wurden. Solomon Asch (1952), dessen Überlegungen wir weiten Aufschluß über das Konformitätsverhalten verdanken, vertritt die Meinung, daß die geistige Abhängigkeit von Menschen in der Gesellschaft eines der entscheidenden Dilemmas unserer Zeit sei. Er stellt fest, daß Unabhängigkeit und die Weigerung, sich dem sozialen Druck zu beugen, sowohl gesellschaftliche als auch persönliche Folgen haben können.

„Die unabhängige Handlung ist vom sozialen Standpunkt aus gesehen wertvoll, da sie die einzige Möglichkeit darstellt, Fehler zu korrigieren und den sozialen Prozeß neuen Erfordernissen anzupassen... unabhängig zu sein bedeutet, von der Echtheit der eigenen Erfahrungen überzeugt zu sein." (1952, Seiten 495—497).

Es gibt eine ganze Anzahl experimenteller Anordnungen, mit denen die Wirkung des Gruppendrucks zur Konformität untersucht worden ist. Der Versuch von Asch ist jedoch wahrscheinlich der bekannteste. Eine Gruppe von sieben Universitätsstudenten wurde in einen Unterrichtsraum geführt. Den Versuchspersonen wurde mitgeteilt, daß ihre Aufgabe darin bestünde, Striche gleicher Länge herauszufinden. An der linken Seite der Tafel befand sich eine weiße Karte mit einem einzigen Strich darauf, der Standardlinie. An der rechten Seite der Tafel befand sich eine zweite Karte, auf der drei verschieden lange Striche zu sehen waren, dies waren die sog. Vergleichslinien. Einer der Striche auf der rechten Karte war genauso lang wie der Strich auf der linken (s. Abbildung 3. 1).

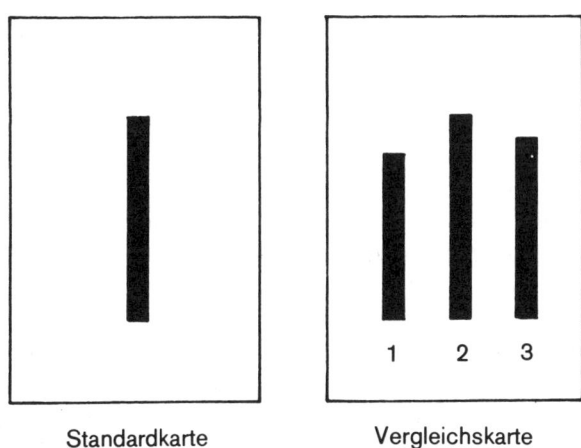

Standardkarte   Vergleichskarte

Abb. 3. 1: Aufgabe, die in Aschs Konformitäts-Experimenten zum Gruppendruck verwendet wurde. Die Versuchsperson wird gebeten, anzugeben, welche der Vergleichslinien auf der rechten Karte die gleiche Länge hat wie die Linie auf der linken Karte. Bei einer der Schätzungen sagt die Majorität, Linie 1 sei so lang wie die Standardlinie. (Nach Solomon E. Asch, Social Psychology, Copyright 1952. Wiedergabe mit Genehmigung des Verlages Prentice-Hall, Inc., Englewood Cliffs, New Jersey.)

Wenn man eine Person fragt, welcher der Striche auf der Vergleichskarte genauso lang wie der Strich auf der Standardkarte ist, werden nur sehr wenige Schätzfehler gemacht. Was geschieht nun, wenn sich jemand in der Gesellschaft von sechs anderen wiederfindet, die auch angewiesen werden, ihre Schätzungen laut vorzunehmen? Normalerweise sollte das keinen Unterschied machen. In der Asch-Situation war das jedoch anders, denn jeder der sechs anderen war ein Verbündeter des Versuchsleiters, ohne daß die „naive" Versuchsperson etwas davon wußte. Mit anderen Worten: Mit Ausnahme der naiven Versuchsperson bestand die Gruppe nur aus Strohmännern („stooges").

Vor Versuchsbeginn und bevor die Versuchsperson erschien, war mit den sechs Komplizen sorgfältig durchgesprochen und durchgeübt worden, bei welchen Schätzungen sie einstimmig falsche Antworten geben sollten. So sagten sie z. B. in der Situation, die in Abb. 3. 1 abgebildet ist, daß Strich 1 die gleiche Länge wie die Standardlinie aufwiese. Die unglückliche Versuchsperson befand sich nun plötzlich und unerklärlicherweise in Opposition zur gesamten Gruppe, und zwar nicht nur einmal, sondern mehrere Male im Verlauf des Versuches. Wahrscheinlich zum erstenmal in ihrem Leben sah sich die Versuchsperson einer Situation gegenübergestellt, in der das Verhalten der gesamten Gruppe in klarem Gegensatz zur Beweiskraft ihrer eigenen Sinnesorgane stand. Die Versuchsperson sah sich dem Problem gegenübergestellt, entweder mit der Mehrheit nicht übereinzustimmen und das zu sagen, was sie auch auf sich gestellt geäußert hätte, oder ihr eigenes Urteil anzuzweifeln und der Gruppe zuzustimmen. Es ist sehr aufschlußreich zu beobachten, was in einer derartigen Konfliktsituation geschieht.

In Aschs erster Versuchsreihe wurden 123 naive Versuchspersonen mit zwölf kritischen Schätzungen getestet. Von der Gesamtzahl der abgegebenen Schätzungen waren 37% falsch, d. h. 37% der Urteile der naiven Versuchspersonen stimmten mit den (objektiv falschen) Schätzungen der einstimmigen Mehrheit überein. Es wurden allerdings beachtenswerte individuelle Unterschiede in den Reaktionen auf den Mehrheitsdruck beobachtet, die von völliger Unabhängigkeit bei einzelnen bis zur absoluten Unterwerfung bei allen Schätzungen bei anderen reichten. Immerhin gab ein Drittel aller Versuchspersonen dem Mehrheitsdruck in mindestens der Hälfte der Schätzungen nach. Nach jeder Sitzung interviewte Asch die naiven Versuchspersonen. Keine von ihnen gab an, daß sie die Schätzungen der Mehrheit überhaupt nicht beachtet hätte. Tatsächlich neigten die meisten Versuchspersonen dazu, ihre eigenen Urteile anzuzweifeln und sich zu korrigieren, um sich nicht der Lächerlichkeit preiszugeben.

Konformität im Laboratorium und im Alltag

Es mag verwirrend klingen, daß viele Universitätsstudenten mit normaler Sehfähigkeit angeben können, daß ein 20 cm langer Strich 24 cm lang sei, nur weil 6 andere Studenten dies behaupten. Bei der Beurteilung dieses Befundes muß man jedoch berücksichtigen, daß ein Unterschied zwischen einer künstlichen Laboratoriumsatmosphäre und dem wirklichen Leben besteht. Die Asch-Situation löst wahrscheinlich mehr Konformitätsverhalten aus, als es im tatsächlichen Leben vorkommt, weil es im Laboratorium eine Reihe von Faktoren gibt, die die Unabhängigkeit erschweren. Im alltäglichen Leben kann sich das Individuum dazu entschließen, überhaupt kein Urteil abzugeben, wenn es nicht sicher ist oder von der Problematik nichts versteht, aber im Laboratorium wird es dazu gezwungen, entweder klein beizugeben oder zu widersprechen. Es kann nicht beliebig lange mit seinem Urteil zurückhalten. Es kann sich weder den anderen Gruppenmitgliedern mitteilen und den Konflikt in offener Diskussion zu lösen versuchen, noch kann es das Laboratorium verlassen, um einen sachverständigen Rat über den Zustand seiner Augen einzuholen oder zu erfahren, wie man am besten die Länge von Linien schätzt. In gewissem Sinne ist die ganze Aufgabe im Versuch auch banal, und die Versuchsperson wird wahrscheinlich wenig Gedanken darüber verlieren, ob es sich „gehört", sich beim Schätzen von Strichlängen einer Mehrheit zu beugen, wohingegen sie vielleicht bei Fragen mit höherer Ich-Beteiligung (z. B. bei politischen Meinungen) dem Gruppendruck starken Widerstand entgegensetzen würde. Das Asch-Experiment stellt ohne Zweifel eine der wenigen Situationen im Leben eines Menschen dar, in der sechs Personen einstimmig seinem Urteil widersprechen. In Wirklichkeit haben die meisten Leute Partner, auch wenn sie eine Minderheit bilden, die ihre Meinung teilen und ihnen soziale Bestätigung gewähren.

Es gibt andererseits verschiedene Aspekte der Asch-Situation, die einen wegen der Häufigkeit der Anpassung ziemlich nachdenklich machen können. Die zu beurteilenden Stimuli sind ohne Zweifel einfach und unzweideutig. Im Gegensatz zu Meinungsunterschieden zwischen Gruppenmitgliedern im wirklichen Leben gibt es hier eine objektiv richtige Antwort. Die „Gruppe" besteht nur aus bunt zusammengewürfelten Leuten ohne Beziehung. Da keine fortdauernde Mitgliedschaft zu dieser „Gruppe" möglich ist, sollte die Furcht vor Zurückweisung wegen abweichender Schätzungen keinen allzu großen normativen Druck auf den einzelnen ausüben. Es muß jedoch darauf hingewiesen werden, daß sich das Individuum in seiner eigenen Gruppe von Freunden sicherer fühlt, abweichendes Verhalten in Erwägung zu ziehen, ohne das Risiko einer totalen Zurückweisung einzugehen. In solch einer Gruppe kann das Individuum damit rechnen, eine gewisse Reserve an „Abweichungskredit" zu besitzen, die sich nur dann erschöpft, wenn es seine Zustimmung zu einer Reihe von wichtigen Fragen verweigert. Dies ist jedoch bei einer Versammlung von Fremden in einem Laboratorium nicht der Fall. Wenn sich auch darüber streiten läßt, ob Laboratoriumsuntersuchungen über Konformität in ihrer Bedeutung für das alltägliche Leben über- oder unterschätzt werden, läßt sich trotz allem nicht leugnen, daß die Vp in die Asch-Situation echt verstrickt ist und sich in einer Konfliktsituation befindet. Die Gültigkeit der Befunde Aschs kann man daher kaum herunterspielen.

Nachdem Asch das grundlegende Phänomen nachgewiesen hatte, führten er und eine Reihe anderer Forscher verschiedene Modifikationen dieses Grundexperimentes durch, um die Bedingungen zu untersuchen, die Konformitätsverhalten hervorrufen. Die Eindeutigkeit der Reizbedingungen wurde dadurch abgeändert, daß man die Längen der Vergleichslinien so veränderte, daß sich die Diskriminierung schwieriger gestaltete. Man fand heraus, daß größere Unklarheit zu noch größerer Konformität mit der Mehrheitsmeinung führte. Es spielte kaum eine Rolle, ob die Mehrheit aus drei, sechs oder fünfzehn Komplizen bestand. Bei einer Mehrheit von nur zwei Personen machte sich die Konformität weniger bemerkbar, und wenn sich die Versuchsperson nur zu einer einzigen Person in Opposition befand, beugte sie sich der anderen Meinung kaum. Wenn die naive Versuchsperson einen Partner zur Seite bekam, d. h. noch einen Teilnehmer, der mit ihr übereinstimmte, sank die Tendenz zur Konformität auf 10%. Dieser Befund gestattet wichtige Schlußfolgerungen, denn die Schranke der Konformität wird durchbrochen, wenn die nichtübereinstimmende Versuchsperson soziale Bestätigung von einem Partner erfährt. Bei weiteren Variationen zog sich der Partner mitten im Experiment zurück und begann, sich der Mehrheit anzuschließen. Welcher Gestalt muß nun die Unterstützung durch den Partner im frühen Stadium des Versuches sein, um die Versuchsperson, wenn sie später auf sich alleine gestellt ist, gegen den Gruppendruck zu immunisieren? Nach dem Partnerverlust gingen die meisten Versuchspersonen wieder dazu über, ihre Übereinstimmung mit der Mehrheit zu bekunden. Andere Experimente zeigten, daß die Höhe der Konformität mit der Anziehungskraft der Gruppe und der Stärke des ausgeübten Gruppendrucks anstieg.

Durch die Asch-Experimente wurde die Frage aufgeworfen, ob die Benutzung amerikanischer Studenten als Versuchspersonen ein unrealistisches Bild über die Konsequenzen des Konformitätsdruckes gibt. Das innere Klima und die institutionellen Werte einer bestimmten Gesellschaft können nämlich Konformitätstendenzen beeinflussen. Um eine Antwort auf diese Frage zu finden, verglich Milgram (1961) französische und norwegische Studenten in einer modifizierten Versuchsanordnung des Asch-Experimentes. In Übereinstimmung mit dem (damals) vorherrschenden Mangel an Einigkeit im politischen Leben Frankreichs zeigten die französischen Studenten weniger Konformität als die norwegischen, deren Gesellschaft sehr kohäsiv ist. Es scheint, daß das Klima in einer Gesellschaft merklich die Konformitätstendenzen beeinflußt, obwohl festgestellt wurde, daß die interkulturellen Unterschiede nicht so dramatisch sind, wie man anfangs annahm. Eine interkulturelle Studie von Whittaker und Meade (1967) erbrachte, daß die Häufigkeit des konformen Verhaltens in den USA, Brasilien, dem Libanon und Hongkong gleich ist. Nur Bantu-Versuchspersonen aus Rhodesien, die einem Stamm angehörten, der extrem strenge Sanktionen gegen Nonkonformisten verhängte, zeigten eine signifikant höhere Konformität. Daher geben Aschs Untersuchungen mit amerikanischen Versuchspersonen kein übertriebenes Bild von der allgemeinen Stärke des Konformitätsverhaltens unter Studenten wieder.

Arten der Konformität und Nonkonformität

Vor über 60 Jahren traf der Soziologe Cooley (1909) die Feststellung, daß es keine scharfe Trennungslinie zwischen Konformität und Nonkonformität gibt. Der Nonkonformist marschiert nämlich deswegen nicht im Schrittrhythmus der Prozession, weil er sich nach einer anderen Musik richtet. Offensichtliche Nonkonformität mit einer bestimmten sozialen Norm kann Konformität mit einer anderen, weniger klar zutage tretenden Norm bedeuten. Cooleys Konzept der „versteckten Konformität" könnte heute auf die Hippies angewandt werden, die im Hinblick auf die Gesellschaft zwar Nonkonformisten, aber in bezug auf ihre Eigengruppe strenge Konformisten sind. Das ist aber nur die eine Seite der Geschichte, denn Konformität kann noch ganz andere Formen annehmen (Willis, 1963). So hat Gegenkonformität oder Antikonformität die Bedeutung einer aktiven Opposition gegen die Gruppe. Die Abweichung von der Gruppe ist voller Gewalt und Feindseligkeit. Bei seiner Rebellion versucht der Gegenkonformist, den Graben zwischen sich und der Gruppe zu vertiefen, wobei er sie als negative Bezugsgruppe benutzt. In diesem Sinne ist der Gegenkonformist nicht unabhängig von der Gruppe. Unabhängigkeit bedeutet andererseits, die Gruppennorm zu mißachten oder sie nach eigenem Gutdünken abzulehnen. Der „Unabhängige" ist weder ein konsequenter Konformist noch ein konsequenter Gegenkonformist. Er bildet sich seine eigene Meinung und ist in diesem Sinne unabhängig von der Gruppe. Er ist der wahre *Non*konformist. Das Wesen der Konformität ist das Nachgeben auf den Gruppendruck, aber sie kann die verschiedensten Formen annehmen und auf anderen Beweggründen als auf Gruppendruck beruhen. Um jedoch überhaupt konformes Verhalten zeigen zu können, muß das Individuum die Gruppennormen wahrnehmen und sich ihrer bewußt sein. Normative Konformität liegt immer dann vor, wenn sich das Individuum unter drohender Zurückweisung oder der Aussicht auf Belohnung dem direkten Gruppendruck beugt. Diese

Art von Druck kann nur in solchen Gruppen vorkommen, in denen die Mitglieder für das Individuum eine bedeutende Rolle spielen. Normative Konformität kann ihrerseits zwei verschiedene Formen annehmen: opportune Konformität und echte Konformität. Opportune Konformität oder äußere Anpassung wird durch die Androhung von Strafe herbeigeführt. Dies kann sehr gefährlich sein, denn das Individuum wird nur solange der Gruppe folgen, wie diese ihre Drohung aufrechterhalten kann: Im Inneren wird sich der einzelne aber immer in Opposition zur Gruppe befinden. Sein Ziel ist es, einer andauernden unerfreulichen Erfahrung ein Ende zu setzen. Ein Beispiel für opportune Konformität ist das der Marrano-Juden in Spanien, die über fünf Jahrhunderte hinweg insgeheim dem Judentum verbunden blieben, obwohl sie nach außen hin dem katholischen Glauben angehörten. Echte Konformität liegt immer dann vor, wenn sich der Mensch sowohl öffentlich als auch privat in Übereinstimmung mit der Gruppe befindet. Die Übereinstimmung ist stabil und dauert an, selbst wenn der unmittelbare Gruppendruck von ihm genommen wird. Sie ist das Ergebnis der Verinnerlichung der Gruppenwerte. George F. Babbitt ist das Beispiel eines echten Konformisten. Es gibt eine Reihe von Kriterien, anhand derer man feststellen kann, ob der Einfluß der Gruppe nur öffentliche Anpassung ohne verpflichtendes Engagement produziert. Eines von diesen ist die Beobachtung, daß das Individuum auf eine Frage merklich anders reagiert, wenn die Gruppe nicht mehr zugegen ist. Informationskonformität kommt dann vor, wenn die Situation unklar oder mehrdeutig ist, und da die Person unsicher ist, wendet sie sich an andere, um die angemessene Reaktion zu erfahren. Hier wird die Konformität von der sozialen Wirklichkeit motiviert, da sich das Individuum richtig verhalten möchte, um die Vorstellung von sich als achtbarer Persönlichkeit zu bewahren. Ein Beispiel dafür ist die Neigung von Studenten, sich von den Randbemerkungen anderer in Büchern beeinflussen zu lassen, wenn sie schwierige Beurteilungen treffen sollen.

Man spricht von Einschmeichlungskonformität, wenn eine Person immer versucht, den Beifall der anderen zu finden, um dadurch akzeptiert zu werden. Sie stellt zwar eine Art opportuner Konformität dar, aber sie ist weniger durch drohende Zurückweisung, als durch das Bedürfnis nach sozialer Anerkennung motiviert, d. h. der Gruppendruck spielt für die Entscheidung zur Konformität keine Rolle. Jones (1964) berichtet, daß Studenten, die man anweist, sich beliebt zu machen, häufig Konformitätstaktiken einschlagen, bei denen sie solche Meinungen äußern, die den Ansichten jener ähneln, die sie beeindrucken möchten. In den meisten sozialen Situationen gilt jedoch die normative Vorschrift, die diese sklavische Konformität nicht erlaubt.

Man vermeidet deshalb meistens, diese Konformitätstaktik zu übertreiben, da sie sich gegen einen selbst richten und eher Abneigung als Akzeptierung hervorrufen kann.

Wer sind die Konformisten?

Persönlichkeitstests an Versuchspersonen zeigen, daß mehrere Persönlichkeitsmerkmale mit Konformitätsverhalten einhergehen. Der Konformist scheint intellektuell weniger leistungsfähig, weniger reif in seinen sozialen Beziehungen, weniger selbstbewußt, rigider und autoritärer und mit stärkerem Bedürfnis nach sozialer Anerkennung ausgestattet zu sein als der Nonkonformist (Crutchfield, 1955; Crowne und Marlowe, 1964). Wenn die Neigung zur Konformität ein grundlegendes Persönlichkeitsmerkmal ist, sollte der Konformist nicht nur in einer, sondern in verschiedenen Situationen Konformität zeigen. Es gibt Hinweise dafür, daß Menschen in verschiedenen experimentellen Situationen einen gewissen durchgehenden Trend zur Konformität zeigen. Es hat den Anschein, daß das Konformitätsverhalten das Ergebnis der Wechselwirkung zwischen bestimmten Persönlichkeits- und Situationsfaktoren ist, wobei die Befunde nahelegen, daß, wenn überhaupt, die Hauptverantwortung für die Entstehung der Konformität mehr bei den Situationsfaktoren und weniger bei den Persönlichkeitsfaktoren zu suchen ist (Back und Davis, 1965).

Der Nutzen der Konformität

Abweichende Meinungen finden im allgemeinen Anklang, während Konformität eher auf Mißachtung stößt, und dennoch bringt sie neben dem Vorteil, das Angebrachte zu tun, einen nicht zu unterschätzenden Anpassungswert mit sich. Bei Kindern ist die Konformität aus Gründen der Sozialisierung wichtig, Konformität in bezug auf die eine Gruppe gestattet es dem Individuum, sich dem Druck einer anderen Gruppe zu widersetzen, und das Verhalten gestaltet sich geordneter und voraussagbarer, wenn die Menschen sich darin einig sind, die Gruppennormen zu respektieren. Zajonc (1966) weist schließlich darauf hin, daß Konformität wie Nachahmung Überlebenswert hat. Im Falle drohender Gefahr ist das Mitglied vielleicht nicht persönlich bedroht. Der einzelne braucht nur auf das Verhalten der anderen zu reagieren und befindet sich so in einer günstigeren Lage, als wenn er sich entscheidet, der Dinge zu harren, die da auf ihn zukommen.

Gehorsam

Während das Wesen der Konformität darin besteht, sich dem Gruppendruck zu beugen, befaßt sich die Frage des Gehorsams insbesondere mit der Reaktion auf Autoritäten. In bezug auf die Konformität kann Gehorsam zuträglich und sozial erwünscht sein, seine Wirkung kann allerdings auch grausam und zerstörerisch sein, wie am Beispiel der Nazi-Offiziere und der Leiter der Konzentrationslager im Dritten Reich abzulesen ist. Milgram (1965), auf den eine Versuchsanordnung zur Erforschung des Gehorsams zurückgeht, vertritt die Ansicht, daß es für die zwischenmenschlichen Beziehungen wahrscheinlich kein brennenderes Problem gibt als die Frage, wie Menschen, deren Verhalten normalerweise einwandfrei ist, unter der Anleitung oder dem Befehl anderer unmenschliche oder gar bestialische Handlungen begehen können.

Um dem Wesen des Gehorsams auf die Spur zu kommen, ermittelte Milgram die Reaktionen von Versuchspersonen auf die Aufforderung, einem anderen Schmerzen zuzufügen. Das Opfer wurde von einem Versuchsgehilfen dargestellt, dem ständig stärkere elektrische Schocks für jeden Fehler verabreicht werden sollten, den er während einer Lernaufgabe beging. Sollte nun die Versuchsperson gehorchen oder ihren Gehorsam verweigern, wenn man ihr befahl, dem Opfer einen äußerst gefährlichen Elektroschock zu versetzen? Es muß hinzugefügt werden, daß mit langsam intensiver werdenden Elektroschocks das „Opfer" überzeugend stöhnte, über Herzbeschwerden klagte und schließlich in Todesangst aufschrie. Man könnte annehmen, daß nur wenige Menschen sich dazu bereitfinden, einem anderen einen schmerzhaften Elektroschock zu versetzen, nur weil ein Herr im weißen Kittel ihm die Aufforderung dazu gibt. Doch 62% der Versuchspersonen (männliche Erwachsene) beugten sich schließlich dem Befehl, obwohl sie laute Protestschreie aus dem Nachbarraum vernahmen. Diese Untersuchung ist weniger eine eindringliche Demonstration der Tatsache, daß Menschen unter Umständen das tun, was man ihnen befiehlt, sondern sie eröffnet vielmehr den Weg, jene Bedingungen zu identifizieren, die den Gehorsam regulieren. In einer Variante dieser Versuchsanordnung befand sich das Opfer (das tatsächlich keine Schocks bekam) im selben Raum nur etwa einen halben Meter von der Versuchsperson entfernt. Bei dieser Bedingung leisteten etwa 40 % der Versuchspersonen dem Versuchsleiter Gehorsam. In einer anderen Variante mußte die Versuchsperson die Hand des Opfers auf eine Kontaktplatte drücken, um ihr den Stromstoß versetzen zu können. Hier gehorchten nur 30% dem Versuchsleiter. Der Prozentsatz der gehorsamen Versuchspersonen war unter den Bedingungen, bei denen das Opfer „psychologisch" nahe war, weitaus geringer als in den Fällen, bei denen das Opfer im Nebenraum saß (siehe auch Abbildung 3.2.). In weiteren Experimenten untersuchte Milgram

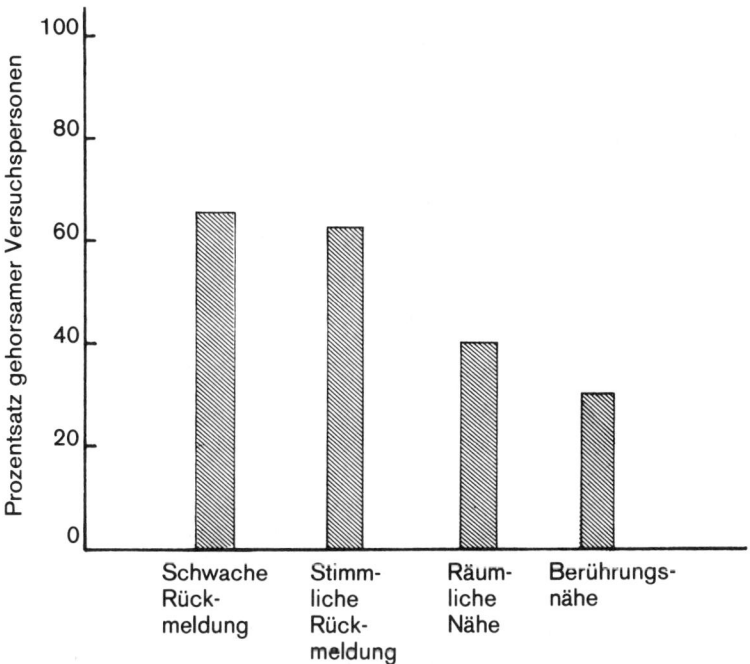

Abb. 3. 2: Prozentsatz der Versuchspersonen, die unter vier verschiedenen Bedingungen in Milgrams Experimenten zum Autoritäts-Gehorsam ihre Opfer mit Elektroschocks bestraften. Es zeigen sich Unterschiede zwischen den Bedingungen bezüglich der „psychologischen" Nähe zwischen Versuchsperson und Opfer. Die Bereitschaft zum Gehorsam nimmt mit der Nähe zum Opfer ab. (Nach S. Milgram, Some conditions of obedience and disobedience to authority. In *Human Relations* 1965, 18, 57—76.)

die Wirkung von zwei Partnern auf die Versuchsperson, die auch dem Opfer Stromstöße versetzen sollten, das Experiment dann aber mittendrin abbrachen. Wenn das geschah, folgten 90% der Versuchspersonen dem Beispiel und verweigerten dem Versuchsleiter den Gehorsam, was als Beweis dafür gelten kann, daß soziale Unterstützung dem Individuum die Möglichkeit einräumt, sich den Forderungen der Obrigkeit zu widersetzen. Wie aus den Asch-Experimenten hervorging, reduzierte die Anwesenheit von Partnern den Anteil der Konformisten auf 10%. Daß bei den Milgram-Untersuchungen die Präsenz von Partnern den Anteil der gehorsamen Versuchspersonen ebenfalls auf 10% herabsetzte, scheint zu beweisen, daß soziale Unterstützung das Widerstandsverhalten stärkt.

Die Befunde von Milgram sind sicherlich aufrüttelnder als die von Asch. Nicht nur, daß mehr Leute nachgaben, sondern der Akt der Konformität ist an und für sich schwerwiegender. Fast ohne Ausnahme ließen sich unbescholtene und verantwortungsbewußte Menschen von den Lockungen und Drohungen der Autorität (die von einem Mann im weißen Kittel repräsentiert wurde) einschüchtern und ließen sich ohne Widerrede auf eine Handlung ein, deren Härte und Verantwortungslosigkeit sie eigentlich erkennen mußten. Milgram folgerte daraus, daß die heutige soziale Erziehung nicht dazu angelegt ist, böswillige Obrigkeiten daran zu hindern, Akte der Brutalität und Unmenschlichkeit auszulösen.

„Ein nicht unwesentlicher Teil der Menschen folgt blindlings allem, was man ihnen aufträgt, ohne nach den Folgen zu fragen, solange für sie nur feststeht, daß der Befehl von einer legitimen Autorität stammt" (Milgram, 1965, Seite 75).

Sowohl Aschs Konformitätsexperimente als auch Milgrams Untersuchungen über Gehorsam zeigen eindeutig, daß die meisten Leute dem Druck des sozialen Einflusses nachgeben. Sie sind ein alarmierendes Beispiel dafür, daß selbst in relativ unbedeutenden Situationen die Macht der Gruppe und die Autorität einiger ihrer Mitglieder ein weniger starkes Mitglied dazu verleiten können, seinem Verantwortungsbewußtsein und seiner Unabhängigkeit zu entsagen und Handlungen wider sein besseres Wissen und Gewissen zu begehen.

Soziale Verantwortung

In den Zeitungen ist häufig von Fällen von „öffentlicher Teilnahmslosigkeit" zu lesen, d. h. Vorfällen, bei denen Zuschauer teilnahmslos Überfällen, Gewaltverbrechen oder Raubmorden zugesehen hatten. Eine der in diesem Zusammenhang wohl erschütterndsten Geschichten ist der Mord an Catherine Genovese, einer jungen Frau, die in Queens, New York, lebte. In der *New York Times* vom 27. März 1964 war folgendes darüber zu lesen:

„Mehr als eine halbe Stunde lang waren 38 ehrbare und unbescholtene Bürger aus Queens Zeugen eines Vorfalles, in dessen Verlauf ein Mörder in Kew Gardens Park eine Frau dreimal überfiel und niederstach. Zweimal hatten ihn die Stimmen aus der Nachbarschaft und der Schein der plötzlich aufleuchtenden Nachttischlampen unterbrochen und davongeschreckt. Jedesmal kehrte er jedoch zurück, suchte sein Opfer auf und stach wieder darauf ein. Nicht eine einzige Person kam während des Überfalls auf die Idee, die Polizei zu alarmieren, nur ein Zeuge rief die Polizei, nachdem die Frau schon tot war."

Warum riefen die 38 Zeugen nicht die Polizei in den 35 Minuten, während denen Miss Genovese überfallen wurde? Die Zeugen konnten selbst kaum erklären, warum sie nicht geholfen hatten. „Ich wollte nichts damit zu tun haben"; „Wir dachten, es handele sich um einen Streit unter Liebespaaren"; „Ehrlich gesagt, wir hatten Angst"; „Ich wollte nicht, daß mein Mann darin verwickelt würde"; „Ich war zu müde und legte mich wieder ins Bett".
Einige Sozialwissenschaftler, die versuchten, das Verhalten der Zeugen zu interpretieren, verwiesen auf das Phänomen des psychologischen Rückzugs oder der Resignation, das bei Opfern von Katastrophen festzustellen ist, auf die Erregung sadistischer und aggressiver Ersatzimpulse sowie auf die Isolierung und Entpersönlichung der Stadtbewohner. Andere glaubten, daß das Verhalten von Zuschauern, die in Notsituationen nur daneben stehen und zuschauen, nur im Zusammenhang mit der Gruppe und der Einstellung der Mitglieder den Gruppennormen gegenüber richtig gesehen werden kann. Es ist z. B. möglich, daß im Fall der Catherine Genovese jeder Zeuge in den gegenüberliegenden Wohnungen Personen und Lichter beobachtet hatte und daraus folgerte, daß auch andere Leute zusähen. Dadurch wurde es jedem einzelnen möglich, die individuelle Verantwortung von sich zu weisen. Da sich die Verantwortung nun gleichmäßig auf alle verteilte, war sie abgeschoben. Zur Überprüfung dieser Hypothese über die Teilnahmslosigkeit von Zeugen in Notsituationen simulierten Darley und Latané (1968) einen medizinischen Notfall (einen epileptischen Anfall) im Laboratorium und beobachteten die Reaktionen der Versuchspersonen, die Zeugen des Vorfalles

wurden. Während des Experimentes erschien ein College-Student, um an einer Diskussion über persönliche Probleme teilzunehmen, denen sich Studenten im allgemeinen aufgrund der Belastungen der Studiums und des Großstadtlebens gegenübergestellt sehen. Der einzelne Student wurde in einen Raum geführt, in dem sich eine Gegensprechanlage befand. Es wurde ihm erklärt, daß die Diskussion nicht von Angesicht zu Angesicht, sondern über die Gegensprechanlage geführt würde, um gegenseitige Hemmungen abzubauen und die Anonymität der Versuchspersonen zu wahren. Zuerst fing das zukünftige Opfer (in Wirklichkeit ein Versuchsgehilfe) an zu sprechen und meinte, daß er es schwer fände, sich an New York und das Studium zu gewöhnen. Sehr zögernd und mit sichtlicher Verlegenheit gab er zu verstehen, daß er zu Anfällen neige, besonders wenn er viel studiere oder vor Prüfungen stehe. Im späteren Verlauf der Diskussion, als er wieder etwas sagen sollte, machte er nur mit ruhiger Stimme ein paar Bemerkungen. Dann sprach er zunehmend lauter und zusammenhangloser. Er schien einen Anfall zu bekommen und sagte: „Ich - äh - oh - ich glaube, ich - brauche - eh - wenn ich - äh - äh jemand mir - eh, eh - eh - eh - eh - eh - eh - mir etwas - eh - ah - ah - schlecht." Die Bitten wurden zunehmend verzweifelter und dann war nichts mehr zu hören: „K-kann jemand - eh - eh - helfen - eh - uh - uh - uh (Würgen) ich - eh - eh - ich muß . . . sterben - eh - Hilfe - eh - eh - Anfall - eh" (Würgen, dann Stille). Während des Anfalles war nur das Mikrofon des Opfers in Betrieb, so daß es den Versuchspersonen unmöglich war zu erfahren, ob und welche Hilfsmaßnahmen die anderen Teilnehmer in die Wege leiteten. Es war klar zu erkennen, daß die Versuchspersonen, ob sie nun eingriffen oder nicht, den Anfall für echt und ernst hielten. Viele von ihnen waren wie versteinert, andere fluchten und einige äußerten laut ihre Verwirrung, was nun zu tun sei. Darley und Latané hielten genau fest, wie schnell die Versuchspersonen einzugreifen begannen, als ihnen klar sein mußte, daß sich das Opfer in ernsten Schwierigkeiten befand. Etwa 60% der 52 Versuchspersonen reagierten am Ende des Anfalls und verließen ihren Raum, um dem Opfer zu Hilfe zu kommen. Darley und Latané interessierten nun die Umstände, die zum Nicht-Eingreifen führen, wenn sich ein Opfer in Bedrängnis befindet. Analog der Theorie vom „Abschieben der Verantwortung" (diffusion of responsibility) in dem Genovese-Fall folgerten sie, daß mit zunehmender Anzahl der Beobachter einer Notsituation die Wahrscheinlichkeit einer Hilfsleistung abnimmt oder — falls eine Hilfeleistung stattfindet — daß sie bei größerer Beobachterzahl weniger schnell erfolgt als bei kleinerer Zahl der Anwesenden. Es wurde festgestellt, daß in Diskussionsgruppen, die sich nur aus dem Opfer und der tatsächlichen Versuchsperson zusammensetzten, 85% der Versuchspersonen dem Opfer schnell, d. h. bevor der Anfall vorüber war, zur Hilfe kamen. In Gruppen, die aus dem Opfer, der Versuchsperson und vier anderen Personen bestand, griffen nur 31% unverzüglich ein. Abbildung 3.3 zeigt, daß von Beginn der Anfälle

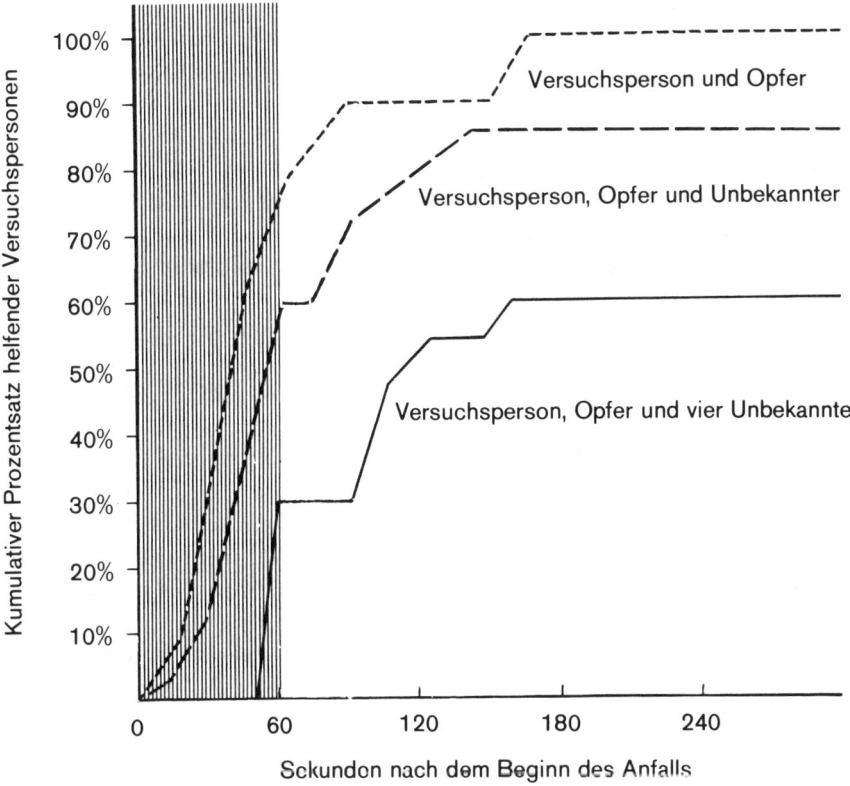

Abb. 3. 3 : Kumulierte Häufigkeiten der Hilfeleistungsreaktionen in einem Notfall. Die Versuchspersonen glaubten, Mitglieder verschieden großer Gruppen zu sein. Die schraffierte Fläche stellt die Dauer des Anfalls dar, ca. 60 Sekunden. (Nach J. Darley und B. Latané, Bystander intervention in emergencies: Diffusion of responsibility. In *Journal of Personality and Social Psychology* 1968, 8, 377—383.)

an bis vier Minuten nach den Anfällen mehr Versuchspersonen aus den Zweiergruppen als aus den Dreiergruppen und mehr Versuchspersonen aus den Dreiergruppen als aus den Sechsergruppen reagierten.

Dieses ungewöhnliche Experiment zeigt deutlich, daß die Erklärung für die sogenannte „Teilnahmslosigkeit" der Zuschauer mehr in der Reaktion der Zeugen auf andere Beobachter zu suchen ist als in den Persönlichkeitsmängeln eines „entfremdeten", entpersönlichten oder soziopathischen Individuums, das dem Leid der anderen gleichgültig gegenübersteht. Der zufällige Zuschauer wird weniger schnell in einen Vorfall verwickelt, wenn er sich in Gesellschaft einer großen Zahl von Mitzeugen befindet, denen es gleichermaßen offensteht einzugreifen. Daher sagt er sich: „Warum gerade ich?" Natürlich kann die Theorie vom Abschieben der Verantwortung nicht völlig solche wirklichen Katastrophen wie den Genovese-Fall erklären. Die Anwesenheit anderer, die genauso gut Hilfe leisten können, eröffnet dem einzelnen die Rechtfertigungsmöglichkeit, darauf hinzuweisen, daß die anderen ja auch nicht geholfen hätten. Eine weitere Erklärungsmöglichkeit besteht darin, daß die einzelnen Zuschauer sich an das Beispiel des Nicht-Eingreifens und der Nicht-Panik halten, das die schon am Tatort befindlichen Zuschauer liefern. Es kann auch sein, daß die Gruppe das Eingreifen der Umstehenden in derartigen Situationen hemmt. Für jeden einzelnen in der Menge erscheint die „soziale Situation" durch die offensichtliche Ruhe und Gelassenheit der anderen so, daß dadurch der Ernst der Ereignisse heruntergespielt wird. Die Anwesenheit der anderen, die ruhig sind und nichts tun, bestätigt dem einzelnen, daß seine Befürchtungen um die Sicherheit des Opfers unbegründet sind. Die Anwesenheit der anderen kann in dem einzelnen auch die Befürchtung hervorrufen, daß sein Einschreiten von den übrigen Umherstehenden als dumm und unpassend angesehen wird, und er mag weiterhin Angst davor haben, sich der Lächerlichkeit preiszugeben, wenn er tatsächlich eingreift und sich verkehrt verhält. Weil jeder den anderen seine eigenen Meinungen und Gefühle nicht mitteilt, trägt jedes Individuum für sich zur irrigen Annahme bei, daß Hilfe nicht gebraucht wird.

Teil einer Gruppe zu sein, die einer Gefahr ausgesetzt ist, kann aber auch das Eingreifen erleichtern. Die Anwesenheit einer Gruppe, etwa von Frauen oder Kindern, übt einen Druck auf das Individuum aus, in sozial verantwortlicher Art und Weise zu handeln und Hilfe zu leisten. Die Gruppe kann auch eine moralische Unterstützung bei jeder Handlung sein, durch die man die Not eines Opfers lindern kann. Der einzelne, der bereit ist einzugreifen, kann außerdem damit rechnen, daß die anderen ihn vor jeglichem Schaden bewahren werden, der aus der Beteiligung an der Notsituation erwachsen könnte. Kurz gesagt, erhöht die Anwesenheit anderer zwar die Fähigkeit des Individuums mit der Notsituation fertigzuwerden, aber sie scheint nicht seine Bereitschaft zum Eingreifen zu steigern. Man bedenke auch, daß in Darleys und Latanés Versuchen die Versuchsperson dem Opfer nie begegnete und es auch nie sah. Da diese Notsituation nur gehört und nicht gesehen werden kann, haftet ihr ein großes Maß an Unklarheit an, wodurch bei der Versuchsperson Mißtrauen und Verdacht entsteht. Man kann erwarten, daß Leute in einer Situation, bei der das Opfer zugegen und sichtbar ist, eher einschreiten werden, denn das Verantwortungsbewußtsein der Zuschauer würde nicht nur aufgrund der Klarheit des Notfalles, sondern auch, wie in Milgrams Untersuchungen durch die physische Nähe des Opfers aktiviert werden. Man darf weiterhin erwarten, daß sich, wenn die Zuschauer Freunde und Bekannte und keine Fremden wären, die Angst vor der Blamage nicht als Hemmfaktor auswirken könnte und eine Fehldeutung der Untätigkeit der anderen weniger wahrscheinlich wäre. Obwohl wir wenig über die Gründe für das gelegentliche Zusammenbrechen der sozialen Verantwortung wissen, stellen Untersuchungen der Interaktionen von Zeugen einen Schritt in die richtige Richtung dar. Untersuchungen wie die von Darley und Latané bringen klar zutage, daß nicht Teilnahmslosigkeit, sondern Unentschlossenheit, die durch verschiedene gegensätzliche Motive und sozialen Druck hervorgerufen wird, möglicherweise schuld an dem Nicht-Eingreifen der Zeugen in Notsituationen ist.

Die Reaktion eines Beobachters auf ein Opfer

Im Falle des Mordes an Catherine Genovese sowie in den experimentellen Simulationen epileptischer Anfälle von Darley und Latané stand es den Zuschauern frei, dem Opfer zu Hilfe zu kommen. Es ist möglich, daß in Genoveses Fall die eigene Angst um die Sicherheit die Zuschauer davor zurückschrecken ließ, ihre Hilfe anzubieten. Es gibt jedoch Situationen, in denen ein Beobachter relativ machtlos ist, einem unschuldigen Opfer zu Hilfe zu kommen. Ein Beispiel dafür bildet der Nichtschwimmer, der nur hilflos zuschauen kann, wie ein Badender ertrinkt, oder der einzelne Zeuge eines Angriffes auf einen unschuldigen Bürger, dem es wegen der Größe und Rücksichtslosigkeit der Bande nicht im geringsten einfallen würde, einzugreifen. Wie kommt nun der Durchschnittsbürger als Beobachter oder Zeuge des leidenden Opfers mit sich selbst zu Rande? In den meisten Fällen wird er wohl Mitleid oder Mitgefühl mit dem leidenden Opfer zeigen, aber manchmal neigen Leute auch dazu, die Schuld dem Unglücklichen selbst zuzuschieben oder ihn von sich zurückzuweisen, insbesondere, wenn sie sich ihrer Hilflosigkeit schämen. Sie mögen dabei zu der Überzeugung gelangen, daß sich der Schwimmer aufgrund seines Leichtsinns sein Unglück selbst zuzuschreiben habe oder daß der zu Boden geschlagene Bürger den Angriff förmlich herausgefordert habe, indem er nach Einbruch der Dunkelheit noch im Park spazieren ging.

Lerner (1965) gelangte zu der Ansicht, daß Menschen im allgemeinen zur Annahme neigen, daß zwischen dem, was Leute tun und dem, was mit ihnen geschieht, ein angemessener Zusammenhang besteht, d. h. man glaubt, daß Leute das bekommen, was sie verdienen und umgekehrt, daß sie verdient haben, was sie bekommen. Wenn sie Leiden oder Unglück sehen, glauben sie, daß das unglückliche Opfer in gewissem Sinne an seinem Schicksal selbst schuld ist. Das erklärt sich daraus, daß sie um ihres eigenen inneren Friedens willen nicht glauben können, daß die Welt vom Zufall regiert wird. Wenn man anerkennt, daß das Opfer sein Schicksal in keiner Weise verdient hat, ist man gezwungen, sich selbst die unerfreuliche Erkenntnis klarzumachen, daß es einem genauso gut hätte selbst passieren können.

Lerner und Simmons (1966) führten ein Experiment durch, um diese Hypothese zu überprüfen. Hinter einer Einweg-Glasscheibe beobachteten Studentinnen eine andere Studentin (in Wirklichkeit eine Versuchsgehilfin), die an einer Lernaufgabe teilnahm. Jedesmal, wenn die Versuchsgehilfin einen Fehler bei der Lernaufgabe machte, schien sie einen schweren und schmerzhaften Elektroschock zu erhalten. Nachdem die Versuchspersonen dem unschuldig leidenden Opfer zugeschaut hatten, wurden sie unter anderem gebeten, die Attraktivität der Studentin zu beurteilen. Weiterhin wurde ihnen zu verstehen gegeben, daß sie das Opfer in einer zweiten Sitzung noch einmal leiden sehen würden (d. h. daß das Leiden des Opfers nicht ein einmaliges Ereignis in seinem Leben war). Das Ergebnis war, daß sich die Versuchspersonen vom Opfer distanzierten und es geringschätzig beurteilten. Zurückweisung und Abwertung kam auch dann vor, wenn die Versuchspersonen erkennen mußten, daß relativ wenig in ihrer Macht stand, um dem Opfer zu helfen, und sie traten dann besonders stark auf, wenn das Opfer als „Märtyrer" wahrgenommen wurde, der für die Sache der Versuchspersonen leiden mußte. Dieses Experiment unterstützt generell die Vermutung, daß die Zurückweisung und Abwertung eines leidenden Opfers in erster Linie auf dem Bedürfnis beruht, an eine Welt zu glauben, die gerecht ist und nicht vom Zufall regiert wird. Das Bedürfnis, die „Gerechtigkeit" zu erkennen oder siegen zu sehen, verleitet den einzelnen dazu, dem Opfer zu Hilfe zu kommen, wenn es Hilfe verdient und niemand anders helfen kann. Aber wenn jemand nicht in der Lage ist, dem Opfer zu helfen, besteht die Neigung, das Opfer so zu perzipieren, als wenn es sein Leiden sich selbst zuzuschreiben und damit auch verdient habe.

Die Einstellung des Missetäters gegenüber seinem Opfer

Wenn der Beobachter gleichzeitig der Grund für das Leiden des Opfers ist, wie wird er dann innerlich mit dem Gefühl fertig, einer anderen Person Leid und Strafe zuzufügen, insbesondere, wenn es kaum eine Rechtfertigung für die begangene Tat gibt? Eine große Rechtfertigungsmöglichkeit besteht für den Missetäter darin, sich selbst einzureden, das Opfer habe wirklich verdient, was ihm zugestoßen ist. Dies wird dem Übeltäter wahrscheinlich dadurch gelingen, daß er das Opfer abwertet. Wie Tacitus sagte: „Es ist kennzeichnend für die menschliche Natur, den Menschen zu hassen, dem du Unrecht zugefügt hast." Eine Reihe von Experimenten zeigt, daß das unbequeme Gefühl nach einer Missetat oft dadurch reduziert wird, daß das Opfer angeschwärzt wird (z. B. Glass, 1964). Andere Reaktionen, die der Schädigung eines Opfers folgen können, umschließen Verharmlosung der Ernsthaftigkeit der Handlung und der Schwere der Schädigung sowie Verneinung der persönlichen Verantwortung für die schädigende Handlung durch die Überbetonung des Zwanges, sie auszuführen zu müssen. Diese Mechanismen erlauben es jenen, die sich normalerweise für das Leiden anderer verantwortlich fühlen, das Mißgeschick und Leiden wie auch die Bedingungen, die dieses Leiden herbeiführen, zu tolerieren. Eine andere Reaktion ist der Versuch, das Opfer zu entschädigen, z. B. den Schaden wiedergutmachen, selbst wenn der Betreffende sich für die Schädigung des Opfers nicht verantwortlich fühlt, trotzdem aber den Eindruck hat, daß das Opfer zu Unrecht gelitten hat (Walster und Prestholdt, 1966). Sehr aufschlußreich ist ein Befund von Berscheid und Walster (1967). Hiernach hat der Missetäter, der den Schaden wieder gutzumachen versucht, normalerweise das Gefühl, daß die Höhe der Entschädigung für das Opfer genau dem erlittenen Schaden entsprechen sollte, nicht mehr und nicht weniger. Falls es notwendig werden sollte, für die Wiedergutmachung Über- oder Unterkompensation zu leisten, sinkt die Wahrscheinlichkeit sehr stark, daß der Betreffende sich überhaupt zu einer Entschädigung bereitfindet.

Obwohl die Missetat bei den Experimenten von Berscheid und Walster relativ harmlos ist (einem Opfer wird eine verdiente Belohnung vorenthalten), demonstrieren sie recht gut den Zusammenhang zwischen der potentiellen Realisierbarkeit einer Wiedergutmachung und dem tatsächlich folgenden kompensatorischen Akt, der das Gewissen beruhigen soll. Versuchspersonen waren Frauen einer kirchlichen Hilfsorganisation, die für sich und ihren Partner entscheiden mußten, wie hoch ihr Einsatz bei einem Quiz sein sollte. Durch einen hohen Einsatz konnten sie auch einen umso größeren Gewinn machen, falls sie die Fragen richtig beantworteten, aber es bedeutete gleichzeitig, daß sie nichts gewannen, wenn nur eine Antwort verkehrt war. Gegen den Rat des Partners setzte die Versuchsperson nun unbeirrt einen sehr hohen Einsatz. Im Verlaufe des Quizes wurden dann zwei äußerst schwierige Fragen gestellt, die die Versuchsperson nicht beantworten konnte, so daß durch ihr schlechtes Abschneiden nicht nur sie selbst, sondern auch ihr Partner (das Opfer) keinen Preis gewann. In einem zweiten Experiment, bei dem die Versuchspersonen die Chance hatten, ihrem leer ausgegangenen Partner eine Prämie zukommen zu lassen, gewährten sie diese Prämie umso eher, je mehr er der Höhe des entstandenen Schadens entsprach und weder nach oben noch nach unten aus dem Rahmen fiel. Die Forscher ziehen daraus den Schluß, daß ein

„kompensatorischer Akt dann am ehesten auftritt, wenn dadurch ein Auge für ein anderes ersetzt werden kann. Handlungen, die ein Auge durch ein Glasauge oder durch drei Augen ersetzen sollen, haben eine weitaus geringere Auftretenswahrscheinlichkeit" (Berscheid und Walster, 1967, S. 436).

Das führt zu der aufschlußreichen Einsicht, daß das Opfer das erlittene Unrecht nicht aufbauschen sollte. Es besteht nämlich die große Gefahr, daß der Missetäter erkennen muß, daß die ihm offenstehenden Kompensationsmöglichkeiten nicht ausreichen, den Schaden wieder gutzumachen und es dementsprechend vorzieht, überhaupt keinen Ersatz zu leisten. Statt einem Unrecht ein weiteres hinzuzufügen, indem er eine unangemessene Entschädigung gibt, wird er zu einem anderen Mechanismus Zuflucht nehmen, um sein Gewissen wegen der begangenen Untat zu beruhigen. Diese Reaktion ist natürlich umso wahrscheinlicher, je relativ unbedeutender das begangene Unrecht ist und unwahrscheinlicher, wenn es gravierend genug ist, um Schuldgefühle hervorzurufen. Wenn nun aber der Betreffende keine Möglichkeit oder Mittel hat, dem Opfer Genüge zu tun, wie kommt er dann mit seinen Schuldgefühlen zu Rande? Ein Lösungsweg bildet die Entfaltung altruistischen Verhaltens im allgemeinen. So stellten Darlington und Macker (1966) z. B. fest, daß Versuchspersonen, die zu dem Glauben verleitet wurden, daß sie durch ihre ungenügenden Leistungen bei einer Versuchsaufgabe einer anderen Person Schaden zugefügt hatten, eher Willens waren, bei einem örtlichen Krankenhaus Blut zu spenden als eine Kontrollgruppe.

Dieser Abschnitt befaßte sich mit einigen Reaktionen auf das Unglück von anderen. Die hier angeführten Beispiele können nicht den ganzen Katalog von Reaktionen und Haltungen umfassen, die ausgelöst werden, wenn eine andere Person geschädigt oder verraten wird. In einigen Fällen kann es geschehen, daß sich der Beobachter sehr stark um das Opfer kümmert, Anzeichen großer Sorge verrät und dazu neigt, die Güte und Tugenden des Opfers überzubetonen, insbesondere, wenn das Opfer eine bedeutende Persönlichkeit darstellt, mit der sich der Betreffende identifiziert. Die Reaktionen auf die Ermordung John F. Kennedys liefern ein Beispiel für diese Tendenz. Überlebende von Katastrophen haben oft Schuldgefühle, weil das Unglück den anderen, aber nicht ihnen zugestoßen ist. Bei den Überlebenden der Konzentrationslager und des Atombombenangriffs auf Hiroshima waren nicht selten Schuldreaktionen zu beobachten. Wenn sich die Person teilweise für das Unglück des Opfers verantwortlich fühlt, wird sie den Versuch unternehmen, das Opfer zu entschädigen, um die Schuldgefühle zu entsühnen. Diese Reaktionen werden sowohl vom Status des Opfers als auch der Schwere des erlittenen Unrechts, den wahrscheinlichen Motiven des Missetäters sowie der Mittäterschaft des Opfers beeinflußt.

Allen diesen Reaktionen ist etwas gemeinsam, nämlich das Bedürfnis, das Leiden des Opfers zu verstehen und ihm einen Sinn geben zu können. Der Wiedergutmachungsakt kann so eine Bedeutung im Sinne einer Rechtfertigung erhalten, oder das Schuldgefühl wird durch eine allgemeine Kompensations- oder Sühnetat gemildert, wenn kein vernünftiger Grund für das Unrecht vorzuliegen scheint.

Altruismus — aufopferndes Verhalten

Menschen sind aber nicht nur zu Untaten, sondern auch zu unabhängigem, aufopferndem Verhalten fähig, und sie können sogar ohne sichtbaren materiellen oder sozialen Vorteil gefährliche altruistische Handlungen vollbringen. Es besteht hier nicht die Absicht, die Grundlagen des aufopfernden Verhaltens zu durchleuchten, sondern es soll hier nur das neu entstandene Interesse der Psychologie an den Situationsdeterminanten des Altruismus erwähnt werden. Man nimmt an, daß es eine Reihe von sozialen Normen für die zwischenmenschlichen Beziehungen gibt, die den Ablauf selbstlosen Verhaltens regeln, namentlich die Norm der Reziprozität (der Mensch sollte demjenigen helfen und nicht schaden, der ihn unterstützt hat), die Norm der sozialen Verantwortung (die vorschreibt, daß der einzelne denen helfen soll, die von ihm abhängen und die seine Unterstützung benötigen) sowie die soziale Austauschnorm (Menschen helfen in erster Linie, um ihrerseits Hilfe zu erlangen). Es werden zur Zeit Forschungen durchgeführt, die erhellen sollen, unter welchen Bedingungen die einzelnen Normen wirksam sind. Untersuchungen über die Norm der sozialen Verantwortung haben z. B. erbracht, daß man jemandem umso mehr zu helfen versucht, je abhängiger der Hilfsbedürftige ist, obwohl kein direkter Nutzen oder Vorteil daraus zu erwarten ist (Berkowitz und Daniels, 1963). Schopler und Matthews (1965) fanden heraus, daß College-Studenten einer anderen Person eher helfen, wenn sie zu dem Glauben verleitet wurden, daß die Abhängigkeit weniger auf „kontrollierbaren" Persönlichkeits- oder Verhaltensfaktoren beruhte als vielmehr auf unkontrollierbaren Umwelt- oder Außenfaktoren. Eine weitere Determinante altruistischen Verhaltens ist die Beobachtung dessen, was andere in ähnlicher Lage tun. Bryan und Test (1967) stellten fest, daß einer in Not befindlichen Dame (mit einer Reifenpanne) öfter geholfen wird, wenn der Hilfeleistende unmittelbar vor dem Antreffen der in Not geratenen Person ein Beispiel altruistischen Verhaltens beobachtet hatte. Die Beschäftigung der Sozialpsychologie mit den Situationsfaktoren des altruistischen Verhaltens setzt ein ermutigendes Zeichen, denn sie rückt die Möglichkeit des Menschen zu konstruktivem als auch destruktivem Verhalten ins rechte Licht. Sie zeigt, daß der Mensch sowohl zu Altruismus fähig ist, als auch die Neigung hat, seine Verantwortung abzuwälzen. Darüberhinaus reflektieren diese Bemühungen das anwachsende Interesse an den relevanten Problemen der alltäglichen Interaktionen sowie den Anwendungsmöglichkeiten komplizierter Techniken und Methoden zur Erforschung dieser Probleme.

Kooperation und Wettbewerb

Teamwork und Kooperation bedeuten für die menschliche Gesellschaft ein geplantes und wohlüberlegtes Zusammenarbeiten, um das Wohl der Gruppe und ihrer Mitglieder zu fördern. Die Interaktion zwischen zwei oder mehr Mitgliedern selbst in der einfachsten sozialen Situation erfordert die Zusammenarbeit der Interaktionsteilnehmer, um die jeweiligen Ziele erreichen zu können. Menschen, die sich unterhalten, müssen lernen, nicht alle auf einmal zu sprechen, da das Gespräch sonst schnell ein Ende findet. Leute, die durch eine Drehtür gehen wollen, müssen sich, selbst wenn sie in Eile sind, der Geschwindigkeit der anderen Leute anpassen, damit sie sich nicht die Nase eindrücken. In Warteschlangen gilt im allgemeinen das Prinzip „Wer zuerst kommt, mahlt zuerst", denn Vordrängeln, das zu völliger Unordnung führen würde, hieße, daß niemand bedient würde. Die Erwartung scheint angebracht, daß sich Menschen in Situationen, die Kooperation zur Erreichung eines gemeinsamen Zieles erfordern, so verhalten, daß die Eintracht gefördert wird und Reibungen vermieden werden. Leider ist das nicht immer der Fall, was zu der Frage berechtigt, warum einige Gruppenmitglieder zu ihrem eigenen Nutzen harmonisch zusammenarbeiten, während andere aggressiv gegeneinander arbeiten, was für alle Beteiligten nur Nachteile und Unliebsamkeiten mit sich bringt. Diese Frage berührt auch soziale Probleme wie Ehezwistigkeiten, wirtschaftliche Unruhen, aber auch internationale Konflikte.

Das „Gefangenen-Dilemma-Spiel" wird von Psychologen dazu benutzt, die Entwicklung von Vertrauen und kooperativem Verhalten in sozialen Situationen zu studieren. Hier ist die Geschichte, die den Spielablauf verdeutlichen soll: Zwei Personen werden wegen Verdacht auf bewaffneten Raubüberfall verhaftet. Sie werden in verschiedene Zellen eingesperrt und von der Polizei einzeln zu dem Fall verhört, ohne die Möglichkeit zu haben, die Sache unter sich zu besprechen. Obwohl beide der Tat stark verdächtig sind, genügen die Beweismittel nicht, um sie abzuurteilen, so daß sich die Polizei dazu entschließt, jedem Gefangenen einzeln ein Geschäft vorzuschlagen. Der Gefangene hat zwei Alternativen, die Straftat zu gestehen oder nicht zu gestehen. Wenn sie beide nicht gestehen, wird man sie wegen eines geringfügigen Vergehens, z. B. wegen unerlaubtem Waffenbesitz, nur zu einem Jahr Gefängnis verurteilen können. Wenn beide geständig sind, werden sie zwar vor Gericht gestellt, aber man wird mildernde Umstände gelten lassen und sie zu acht Jahren Gefängnis verurteilen. Wenn einer von ihnen jedoch die Tat gesteht und der andere nicht, wird der eine unverzüglich auf freien Fuß gesetzt, weil er den Beweis geliefert hat, während der andere die Höchststrafe von zehn Jahren erhalten wird. Um das Dilemma noch einmal zu rekapitulieren, kann jeder Gefangene die Straftat gestehen oder nicht gestehen. Aber die Folgen dieser Entscheidung hängen davon ab, wozu der andere Gefangene sich entschließt. Die vier möglichen Folgen sind in Tabelle 3.1 aufgeführt.

Man hat das Gefangenen-Dilemma-Spiel auch als ein Spiel mit „gemischten" Motiven (mixed motiv game) genannt, da sowohl Motivation zu Zusammenarbeits- als auch gleichzeitig zu Wettbewerbsverhalten gegeben ist.

Was soll nun ein vernünftiger Gefangener tun, gestehen oder nicht gestehen? Zum Glück für die Gesellschaft, aber zum Bedauern der Sozialwissenschaftler, die an der Untersuchung der Probleme von Zusammenarbeit und Vertrauen interessiert sind, läßt sich die Polizei nur ungern auf derartige Geschäfte mit den Verdächtigen ein. Daher können wir nur spekulieren, wie

Tabelle 3.1: Das Gefangenen-Dilemma

Kombination der Wahlen	Resultat für den Gefangenen A	Resultat für den Gefangenen B	Kommentar
1. A gibt nicht zu, B gibt nicht zu	1 Jahr	1 Jahr	Beide werden für Kooperation belohnt
2. A gibt zu, B gibt nicht zu	Freilassung	10 Jahre	Der „Petzer" wird freigelassen, während der „Gefoppte" bestraft wird
3. A gibt nicht zu: B gibt zu	10 Jahre	Freilassung	
4. A gibt zu, B gibt zu	8 Jahre	8 Jahre	Beide haben verraten und werden bestraft

Gefangene in einem derartigen Dilemma sich entscheiden würden. Beide Gefangene kämen natürlich einigermaßen gut davon, wenn sie sich weigern würden, zu gestehen. Ihr gegenseitiges Vertrauen würde mit der leichten Strafe von nur einem Jahr Gefängnis belohnt werden. Wenn aber einer überzeugt ist, daß der andere nicht gestehen wird, könnte er versucht sein, den anderen reinzulegen und seinerseits geständig zu sein. Das würde bedeuten, daß er auf freien Fuß gesetzt würde und dem anderen die volle Strafe von zehn Jahren zufiele. Brown (1965) vermutete, daß beide Gefangene bei „vernünftiger" Überlegung es nicht wagen werden, nicht zu gestehen, falls der andere doch ein Geständnis ablegen würde. Anstatt zehn Jahre Gefängnis zu riskieren, sind sie beide geständig und erhalten ironischerweise für ihr „Reinlegungsmannöver" beide acht Jahre.

Der Sozialpsychologe Deutsch (1962) war einer der ersten, der die Bedeutung des Gefangenen-Dilemma-Spiels für die experimentelle Untersuchung des kooperativen Verhaltens erkannte. Er sah in dem Spiel ein Paradigma oder Modell für die Erforschung von Zusammenarbeit oder Wettbewerb in sozialen Situationen und ließ das Spiel von College-Studenten spielen. Anstatt die Versuchspersonen wegen versuchtem bewaffneten Raubüberfall verhaften zu lassen, ließ er sie zu zweit um Geld spielen. Anstelle der schwereren oder leichteren Gefängnisstrafen riskierte jede Versuchsperson den Gewinn oder Verlust bis zu zehn Dollar. Wie im Gefangenen-Dilemma wußten beide Versuchspersonen, in welcher Situation sie sich befanden und welche Folgen ihre Entschlüsse hatten. Sie wußten, daß ihr Gewinn oder Verlust von der Wahl ihres Partners abhing. Deutschs Beobachtungen über das Verhalten der Studenten, die dem Dilemma gegenüberstehen, entweder den individuellen Gewinn oder den gemeinsamen Gewinn zu maximieren, gewährt einen Einblick in das Wesen von Kooperation und Vertrauen. Wenn man die Versuchspersonen vor dem Spiel mit einer individualistischen Orientierung versah, d. h. wenn sie den Sinn des Spieles darin sahen, ungeachtet der Gewinne des anderen möglichst viel Geld zu gewinnen, war der Prozentsatz der Entscheidungen zur Zusammenarbeit sehr niedrig ($36^0/0$). Wenn jedoch vor der Wahl Kommunikation zwischen den Spielen gestattet war (die Versuchspersonen konnten sich schriftliche Mitteilung zukommen lassen), stieg der Anteil der Entscheidungen zur Kooperation beträchtlich, nämlich auf $71^0/0$. Die Kommunikation kann natürlich nur insoweit wirksam sein, wie sie die Erwartung oder Absicht zur Kooperation explizit macht. Wenn die Versuchspersonen zum Ausdruck bringen konnten, daß sie nach einer Verletzung ihres Vertrauens beabsichtigten, Vergeltung zu üben oder die Zusammenarbeit wieder herzustellen, war der Anteil der Spieler, die sich zur Zusammenarbeit entschlossen, sehr hoch.

In anderen Experimenten beobachtete Deutsch ein häufigeres Auftreten von Zusammenarbeit und Vertrauen, wenn eine Versuchsperson das Ergebnis der anderen beeinflussen konnte (so daß durch nicht-kooperatives Verhalten nichts gewonnen werden konnte), wenn eine dritte unbeliebte Person zugegen war (wenn also beide Spieler zusammenarbeiteten, um ihren „gemeinsamen Gegner" am Erringen eines Vorteils zu hindern) oder wenn die Versuchspersonen wenig Autoritarismus zeigten (und daher weniger eng und rigide in ihrem Denken waren).

Bei dem echten Gefangenen-Dilemma ist das Spiel in dem Moment vorüber, wenn jeder Gefangene seine Wahl getroffen hat. Deutsch variierte das experimentelle Spiel dahingehend, daß er mehrere Runden spielen ließ. Man könnte vermuten, daß die Versuchspersonen am Anfang einer Serie von Spielen eher wagen, Zusammenarbeit und Vertrauen zu zeigen, da sie ja in späteren Runden eventuell Vergeltung üben oder „gleichziehen" können. Deutsch fand überraschenderweise jedoch heraus, daß zu Beginn des Spiels die Wahl zum Konkurrenzverhalten überwog und daß sie sich während des Spiels sogar noch steigerte. Viele Versuchspersonen schienen stärker daran interessiert zu sein, Vergeltung für vergangenes Unrecht zu üben als durch Zusammenarbeit für eine gemeinsame Maximierung des Gewinns zu sorgen. Dieses Verhalten scheint äußerst unvernünftig, da es dem Individuum nur selbst schadet, es verdient daher eine Erklärung. Es ist in diesem Zusammenhang wichtig zu erkennen, daß das Spiel, wie es im Laboratorium gespielt wird, eine stark konzentrierte und künstliche Simulation einer lebensechten sozialen Interaktion darstellt. In lebenswirklichen Situationen führen die Interaktionen zwischen zwei „Spielern" wie z. B. Käufer und Verkäufer, Autofahrer und Fußgänger oder Ehefrau und Ehemann zu beträchtlichem Gewinn oder Verlust, der von der Zusammenarbeit abhängig ist. Außerdem sind die Interaktionen sozial institutionalisiert und reglementiert, so daß das Mißtrauen, aus dem volle Feindschaft aufflammen könnte, auf ein Mindestmaß beschränkt bleibt. Im Laboratorium können die Versuchspersonen hingegen nur imaginäre 10 Dollars gewinnen oder verlieren. Es ist möglich, daß es den Versuchspersonen mit der Zeit zu langweilig wird, imaginäre 10-Dollar-Gewinne anzusammeln und um die Sache etwas spannender zu machen, aggressiv miteinander konkurrieren. Da kein wirkliches Geld auf dem Spiele steht, nehmen sie an, daß es der Zweck des Spieles ist, den anderen Spieler „einzusacken". Wenn diese Erklärung tatsächlich stimmt, kann man erwarten, daß, wenn beträchtliche Summen echten Geldes auf dem Spiele stehen würden, die Spieler motiviert wären, durch Kooperation soviel wie möglich zu gewinnen, anstatt zu versuchen, den anderen im Konkurrenzkampf zu übertrumpfen. Neue Untersuchungen zeigen tatsächlich, daß es weniger Ausnutzung und Mißtrauen als vielmehr einen hohen Grad an Zusammenarbeit gibt, wenn das Gefangenen-Dilemma-Spiel mit beträchtlichen Summen echten Geldes gespielt wird (Radlow, 1965; Daniels, 1967).

Obwohl sich Deutsch der Mängel experimenteller Spiele für die Erklärung sozialer Interaktionen bewußt ist, glaubt er, daß die internationale Situation in gewisser Hinsicht dem Gefangenen-Dilemma ähnelt. Viele Nationen versuchen, ihren eigenen Wohlstand oder ihre eigene Sicherheit ohne Rücksicht oder gar auf Kosten des Wohlstandes oder der Sicherheit der anderen Nationen zu steigern. Wie das Gefangenen-Dilemma-Spiel jedoch zeigt, schadet ihnen diese Strategie nur selbst. Aufgrund des gegenseitigen Vertrauensschwundes werden beide Länder zu Konkurrenten und stehen zum Schluß unausweichlich schlechter da. Deutsch vermutet, daß die Zusammenarbeit zwischen Menschen auf der Fähigkeit beruht, die eigene Situation wie die des anderen zu erfassen und zu erkennen, und daß rationales individuelles Verhalten nur dann möglich ist, wenn die Voraussetzungen für gegenseitiges Vertrauen gegeben sind. Bei den Untersuchungen über das Gefangenen-Dilemma trat immer dann gegenseitiges Vertrauen auf, wenn beiden Teilnehmern ein Anreiz zu kooperativem Verhalten gegeben wurde. In den Situationen des alltäglichen Lebens basiert das gegenseitige Vertrauen aber auch noch auf anderen Motiven. So kann es sich auf sozialisierte Motive stützen (z. B. dem Interesse an dem Wohlergehen des anderen oder dem Wunsch nach sozialer Anerkennung) oder auf das Gewissen (das von uns fordert, jemanden so zu behandeln, wie wir gerne behandelt sein möchten) oder auch auf eine externe Autorität, die normative Erwartungen oder „soziale Regeln" zur Zusammenarbeit setzt und verstärkt.

Panik

Spiele mit gemischten Motiven sind für Sozialpsychologen von besonderem Interesse. Wie bei vielen sozialen Interaktionen können hierbei die Partner je nach der Kombination ihrer Reaktionen entweder gewinnen oder verlieren oder nur einer gewinnt und der andere verliert. Ein Beispiel für eine soziale Situation, in der das Zusammenbrechen der Kooperation für fast jeden katastrophale Folgen hat, bildet in vielen Fällen das Verhalten eines Theaterpublikums beim Ausbrechen eines Brandes. Dabei zerfällt die Menschenmenge gewöhnlich in eine Masse sich heftig bekämpfender Individuen. Diese Situation könnte man auch das „Flucht-unter-Druck-Dilemma" nennen, und obwohl es dem Gefangenen-Dilemma ähnelt, ist es ein makabres „Spiel" mit besonderen Eigentümlichkeiten (vgl. Brown, 1965). Normalerweise bedarf es zur Entstehung eines Dilemmas zweier Gefangener, zum Ausbrechen einer Panik bedarf es jedoch mehrerer Personen. Das Wesen der Panik besteht im Wettbewerb um ein wertvolles, aber schwer erreichbares Ziel, wie z. B. ein kleines Rettungsboot oder ein schmaler Ausgang. Die Beobachtungen dessen, was während einer panikartigen Flucht vor sich geht, gewährt einen gewissen Einblick in die Bedingungen, die einerseits zu Kooperation und Flucht und andererseits zu Wettbewerb und selbstzerstörerischer Panik führen.

Mintz (1951) hat darauf hingewiesen, daß das Zusammenbrechen des kooperativen Verhaltens ein wichtiger Grund für das Auftreten von Panik ist. Die Gefahr einer Panik während eines Unglücks tritt immer dann auf, wenn der einzelne glaubt, daß sein individuelles Sicherheitsinteresse nicht mehr mit dem Sicherheitsinteresse der Allgemeinheit übereinstimmt. Mintz führt dazu aus:

„Wenn im Falle eines Theaterbrandes jeder den Saal geordnet verläßt, könnten alle gerettet werden, wobei das geduldig wartende Individuum durchaus nicht seine persönlichen Interessen opfert. Wenn aber das kooperative Verhaltensmuster zusammenbricht, nützen auch die gut gemeinten Ratschläge wie ‚jetzt nur nicht den Kopf verlieren, immer mit der Ruhe, alle der Reihe nach, jeder wird gerettet' nichts mehr. Wenn die Ausgänge blockiert sind, würde eine Person, die diesen Ratschlägen folgte, wahrscheinlich ein Opfer der Flammen" (S. 151).

Mintz will in seiner Argumentation darauf hinaus, daß kooperatives Verhalten nur dann von Vorteil sein kann, wenn tatsächlich alle zusammenarbeiten. Wenn nur ein paar aufhören zu kooperieren und die Ausgänge besetzen, bricht die Grundlage des kooperativen Verhaltens für die ganze Gruppe zusammen. Die anderen müssen nun einsehen, daß ihre nunmehr verminderten Chancen zu entkommen einzig und allein von ihrem eigenen selbstbezogenen und rücksichtslosen Verhalten abhängen, was zu einem hysterischen Chaos führt. Brown (1954) weist darauf hin, daß Mintz nicht erklärt, wie bei einem Feuer die erste egoistische Handlung entsteht, die zur Panik führt. Es stimmt zwar, daß die Grundlage der Zusammenarbeit entzogen ist, wenn eine Minderheit von Leuten sich weigert zu kooperieren; warum aber verweigert die Minderheit die Kooperation überhaupt? Man kann nur mit Brown (1965) vermuten, daß bei einem schnell um sich greifenden Brand das unkooperative und panikhafte Verhalten von jenen Mitgliedern des Publikums ausgeht, die sich am weitesten von den Ausgängen entfernt befinden und befürchten müssen, daß sie verloren sind, wenn sie Ruhe und Ordnung bewahren. Für diese Leute ist das Flucht-unter-Druck-Dilemma kein Spiel mit gemischten Motiven, sondern eins mit einfachem Motiv, denn Kooperation führt zum sicheren Tode, während nur verzweifelter Wettkampf noch eine gewisse Chance des Entkommens eröffnet. Mintz führte mehrere Versuche durch, um seine Hypothese zu überprüfen, daß Panik weniger eine Funktion von Gefahr und Angst ist, sondern eher aus dem Zusammenbruch der Kooperation erwächst. Er entwarf eine Laboratoriumssituation, bei der jeder Versuchsteilnehmer ein kegelförmiges Aluminiumstück aus einer Flasche herausziehen mußte (siehe Abbildung 3.4). Jeder Kegel war an einer Schnur befestigt, und man konnte durch den engen Flaschenhals nur jeweils einen Kegel aus der Flasche herausziehen. Versuchen nun alle gleichzeitig, ihren Kegel aus der Flasche zu ziehen, verkeilen sich die Kegel im Flaschenhals aufgrund mangelnder Kooperation. Durch eine Öffnung im Boden wurde langsam Wasser in die Flasche gelassen, und den Versuchspersonen wurde mitgeteilt, daß ihre Aufgabe darin bestünde, den Kegel aus der Flasche zu ziehen, bevor er naß würde. Eine Belohnung von bis zu 25 Cent wurde für das erfolgreiche Herausziehen eines trockenen Kegels in Aussicht gestellt; andererseits drohte eine Strafe bis zu 10 Cent, wenn der Kegel naß wurde. Wenn alle mitarbeiteten und eine geordnete Reihe bildeten, war jedem ein Herauskommen unter diesen Bedingungen möglich. Es kam jedoch selbst dann zum „Verheddern", wenn den Versuchspersonen vorher gestattet worden war, sich abzusprechen und einen vorläufigen Kooperationsplan zu entwickeln. In den Bedingungen ohne Anreiz wurde andererseits kein Wasser in die Flasche eingelassen, und es wurde weder Belohnung noch Strafe in Aussicht gestellt. Obwohl hier einige Versuchspersonen extra durch Lärmen und Stören eine Panik schaffen sollten, gab es beim Herausziehen der Kegel keine größeren Störungen.

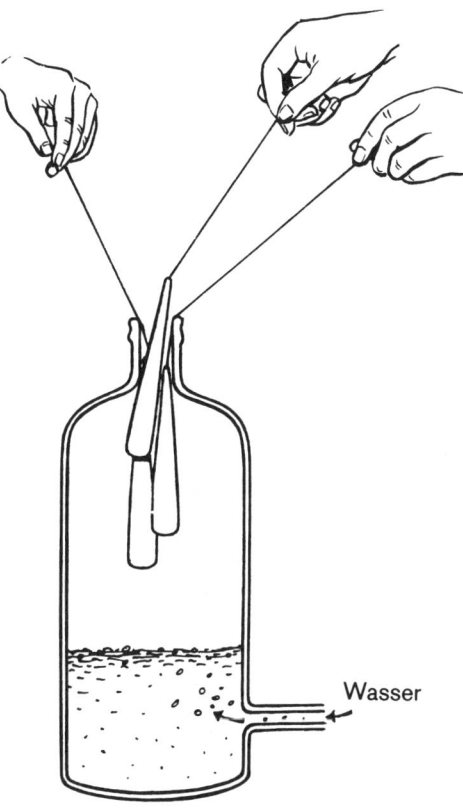

Abb. 3. 4: Vorrichtung zur Untersuchung der Wirkung von Belohnung und Strafe auf das „Panikverhalten" einer Gruppe. Um einer Geldstrafe zu entgehen, muß jedes Gruppenmitglied seinen Kegel aus der Flasche gezogen haben, bevor dieser durch das steigende Wasser naß geworden ist. Gelingt es der Gruppe nicht, einen geordneten „Fluchtplan" zu entwickeln, kommt es zur „Panik" und zum Verkeilen der Kegel im Flaschenhals. (Nach A. Mintz, Non-adaptive group behavior. In *Journal of Abnormal and Social Psychology* 1951, 46, 150—159.)

Nach den Versuchsergebnissen von Mintz scheinen die Aussichten für eine Kooperation zwischen Menschen mit individuell unterschiedlichen Interessenlagen schlecht zu sein. Sie scheinen vielmehr die Einsicht zu erhärten, daß der Wettkampf um Belohnung und Vermeidung von Strafe fast unausweichlich selbstmörderisches Durcheinander und Rempeleien (Panik) im Gefolge hat. Diese Befunde haben eine gewisse Ähnlichkeit mit denen von Deutschs Gefangenen-Dilemma-Spiel. Die tatsächlichen Belohnungen, die auf dem Spiel stehen, existieren nur in der Vorstellung oder sind gering. In den Untersuchungen über das Gefangenen-Dilemma stieg der Anteil der Kooperation jedoch erheblich, wenn echte, nennenswerte Beträge auf dem Spiel standen. Würde nun die Drohung mit empfindlichen Strafen in der Flucht-Dilemma-Situation die kooperativen Tendenzen in ähnlicher Weise beeinflussen? Rein intuitiv könnte man erwarten, daß eine Erhöhung der Anreize in der Panik-Situation die Tendenz zum eigennützigen Verhalten eher verstärken wird, und zwar deshalb, weil das Wesen der Panik-Situation darin besteht, daß die Beteiligten nicht in der Lage sind, eine geordnete Reihe für die Flucht zu bilden. Leute am Ende der Warteschlange erkennen realistisch, daß ihre Fluchtchancen gering sind, wenn sie sich an die Reihenfolge halten. Sie glauben, daß sich ihre Chancen verbessern, wenn sie versuchen, sich nach vorne zu drängeln. Die Versuchung zu drängeln und damit der Anstoß zur Panik ist umso größer, je höher der Einsatz ist. Ein weiterer Unterschied zwischen beiden Dilemmas besteht darin, daß im Gefangenen-Dilemma alle vier möglichen Folgen feststehen und von jedem Spieler voll verstanden werden. Da jeder Spieler seine Reaktionsweise unabhängig bestimmen kann, gibt es keine Reihenfolge oder Warteschlange, die das Endergebnis beeinflussen könnten und durch die einer von beiden ins Hintertreffen geraten könnte, wenn er sich zur Kooperation entschließt.

Eine Versuchsreihe von Kelley und seinen Mitarbeitern (1965) warf einiges Licht auf die durch soziale Wettbewerbssituationen hervorgerufene Panik. In einer Variante des Flucht-Dilemma-Spiels mußte eine Anzahl von Versuchspersonen eine einzige schmale Tür benutzen, um innerhalb eines begrenzten Zeitraumes einer drohenden Gefahr zu entkommen. Wenn die Flucht mißlang, drohten ein oder mehrere Elektroschocks als Strafe. Es konnte nur jeweils eine Person entkommen. Die Panik-Situation wurde durch eine elektrische Schaltvorrichtung simuliert. Wenn zwei oder mehrere Versuchspersonen gleichzeitig ihren Schaltknopf für Flucht drückten, konnte keiner von ihnen entkommen und allen drohte weiterhin der Elektroschock. Eine Versuchsperson konnte nur dann entkommen, wenn sie als einzige den Fluchtweg besetzt hielt (d.h. für einen Zeitraum von 3 Sekunden als einzige den Schaltknopf gedrückt hatte). Auf diese Weise schuf Kelley eine Art Flaschenhals-Situation, die der von Mintz ähnelte, nur mit dem Unterschied, daß er echte Angst hervorrief, indem er die Beteiligten einer tatsächlichen Gefahr aussetzte. In diesem Experiment fand Kelley heraus, daß, wenn sieben Versuchspersonen weniger als eine Minute zur Flucht zur Verfügung stand, dies nur einem von dreien gelang. Wenn den Versuchspersonen aber ein Mittel zur Koordination ihrer Reaktionen zur Hand gegeben wurde, nämlich ein gelber „Höflichkeitsschalter", mit dem sie ihre Bereitschaft angeben konnten, den anderen bei der Flucht den Vortritt zu lassen, lag die Zahl der Entkommenen wesentlich höher (76%). Dies steht etwas im Widerspruch zu Mintz' Vermutung, daß fehlende Koordination eine fast unausweichliche Folge der den Wettbewerb motivierenden Belohnungsstruktur ist. Wie in den Experimenten von Deutsch wird hier ersichtlich, daß die Kommunikationsmöglichkeit zu Kooperationszwecken die Zusammenarbeit stärkt. Kelleys gelber Höflichkeitsknopf hat die gleiche Funktion wie Deutschs Notizenaustausch: der Versuchsperson wird die Existenz einer kooperativen Norm signalisiert. Durch ihr bloßes Vorhandensein wird kooperatives Verhalten in gewissem Grade virulent und sogar erwartet.

Kelley führte seine Experimente in erster Linie durch, um Mintz' Annahme zu überprüfen, daß Angst und Gefahr keine wesentlichen Bestandteile des Panik-Verhaltens sind. In weiteren Experimenten stellte er fest, daß erhöhte Gefahr und Drohung des Nicht-Entkommenkönnens die Blockierungen und das Durcheinander anwachsen ließ. Emotionale Angst- und Besorgnisreaktionen vereitelten tendenziell die Kooperationsbemühungen und hinderten viele Versuchspersonen daran, vor dem Zeitlimit zu entkommen. Da fühlbare negative Anreize, wie z. B. drohende Elektroschocks, die Zahl der Blockierungen erhöhte, wäre es interessant, die Wirkung wesentlicher positiver Anreize (nennenswerte Belohnungen) auf das Fluchtverhalten zu beobachten. Die Panik müße hier auch groß sein, wie ja das Phänomen der Panikkäufe und -verkäufe an der Börse zeigt.

Wenn sich Mintz' Versuchspersonen nun aber in keiner echten Gefahr befanden und wenn die Bestrafungen für mißlungene Fluchtversuche so geringfügig waren, warum entstanden dann eine derartige Unordnung und ein derartiges Durcheinander, wie sie für lebensechte Paniksituationen so kennzeichnend sind? Kelley (1968) folgert, daß „panikartiges" Verhalten nicht unbedingt ein Zeichen für eine echte Panik sein muß. Die Blockierungen, die von Mintz' Versuchspersonen verursacht wurden,

„spiegeln wahrscheinlich eher einen seiner Natur nach aggressiven Wettbewerb, wie er in einer Warteschlange an einer Eintrittskasse oder am Ausgang eines Parkplatzes nach einem Fußballspiel zu beobachten ist, als eine aus einer extremen Gefahrensituation erwachsende und auf Angst begründete Panik wider" (Seite 404).

Kelley übersieht allerdings die Tatsache, daß es tatsächlich eine Belohnung für das Wettbewerbsverhalten gibt — weniger Wartezeit in der Autoschlange. In ihrer Endanalyse haben sowohl Mintz als auch Kelley wahrscheinlich recht, und ihre jeweiligen Interpretationen des Panik-Verhaltens bilden keinen Widerspruch. Auf der Ebene von Mintz' Argumentation läßt sich feststellen, daß die aufbrechenden Angstgefühle die insgeheim bestehende gemeinsame „Einstellung", daß eine Warteschlange wohl das vernünftigste ist, zunichte machen, wodurch von einigen wenigen ein eigennütziges Wettbewerbsverhalten in Gang gebracht wird. Mit Mintz kann man sagen, daß das von einigen Personen angefachte Wettbewerbsverhalten die Belohnungsstruktur der anderen verändert, woraus allgemeines Durcheinander und Chaos resultieren.

Einer der Hauptgründe, die Mintz dazu bewegte, bei der Beurteilung der Panik das Gewicht von der Rolle der Gefahr zu der Bedeutung der Belohnungsstruktur zu verlagern, ist die Beobachtung, daß keine Panik aufkommt, wenn es keine Chance zum Entkommen mehr gibt. Bei U-Boot- oder Bergwerksunglücken, bei denen die Menschen derart abgeschnitten sind, daß ein Kampf um den Ausgang sinnlos wäre, kommt es fast nie zur Panik. In solchen Situationen kann anti-soziales Wettbewerbsverhalten keinen Vorteil bringen. Die Beteiligten ergeben sich in ihr Schicksal, für sie ist das „Spiel" vorbei.

Spiele und Wirklichkeit

Experimentelle Spiele lassen sich als Mittel zur Untersuchung solcher sozialen Verhaltensweisen wie Verhandeln, Zusammenarbeit, Wettbewerb und „Panik" einsetzen. Typischerweise besteht das Spiel aus einer Interaktion zwischen zwei oder mehreren Leuten mit unterschiedlichen Interessenlagen, die sich genau festgelegten Verhaltensregeln unterwerfen. Das Gefangenen-Dilemma und das Flucht-Dilemma bilden nur zwei Beispiele von experimentellen Spielen, die bei der Durchleuchtung des kooperativen Verhaltens zur Anwendung kommen. Ein anderes, sehr bekanntes Versuchsspiel ist das „Lastwagen"-Spiel (trucking game), das den Prototyp des Konflikts zwischen Robin Hood und Little John beinhaltet, die sich auf halbem Wege beim Überqueren einer Wasserfurt auf einem schmalen Baumstamme begegnen. Das „Hühner"-Spiel ist ein weiteres Spiel, das sich wiederum durch eine besondere Konfliktsituation auszeichnet. Die Spieler gleichen zwei Autofahrern, die sich auf Kollisionskurs befinden und die Wahl zwischen der klugen „Hühner"-Strategie des Beiseitegehens und der gewagten Alternative haben, den Angreifer durch unbeirrtes Geradeausfahren zu bluffen. Sozialpsychologen betrachten die Versuchsspiele als Nachzeichnung menschlicher Konflikte, bei denen die Beteiligten zwischen dem eigenen Vorteil und dem gemeinsamen Nutzen zu wählen haben. Ihr Interesse konzentriert sich dabei auf das Denken und Handeln von Menschen in Situationen, in denen Zusammenarbeit von Nutzen ist und es dennoch realistische Gründe für Konkurrenzverhalten gibt. Obwohl experimentelle Spiele viele Merkmale mit tatsächlichen Verhandlungs- und Konfliktsituationen gemeinsam haben, stellen sie ein schier unlösbares Gültigkeitsproblem dar. Haben experimentelle Spiele nicht einen Aspekt der Zusammenarbeit zum Gegenstand, der im wirklichen Leben gewöhnlich überhaupt nicht auftritt? Kooperation und Wettbewerb werden im alltäglichen Leben durch Normen reguliert, und Konflikte entstehen nur deshalb, weil die Normen verletzt werden oder zusammenbrechen. Bei den Laboratoriumsspielen gibt es tatsächlich aber keine Normen, die das Verhalten steuern, so daß das eigentliche Problem in der Entwicklung einer Reihe von Normen zur Regulierung der Interaktionen besteht. Ein weiteres Problem liegt in der psychologischen Wirklichkeitsnähe des experimentellen Spiels. Lassen sich Menschen in der zeitlich begrenzten, künstlichen Atmosphäre des Laboratoriums in gleicher Weise wie im wirklichen Leben motivieren? Wenn die Versuchssituation keine Anreize bietet oder keine länger andauernden schwerwiegenden Folgen für die Teilnehmer mit sich bringt, kann man mit Recht bezweifeln, ob die Versuchspersonen sich tatsächlich in ähnlicher Weise wie im wirklichen Leben verhalten werden. In solchen Fällen mögen die Psychologen zwar von dem Spiel gefesselt sein, als Mittel zur Untersuchung von Wettbewerbsinteraktionen können Spiele jedoch untauglich sein, da eine Analogie zu gewöhnlichen Alltagssituationen nur bedingt vorliegt. Eine naheliegende Alternativmethode, die von solchen lästigen Validitätsproblemen frei ist, bietet sich in der Beobachtung natürlicher in Konflikt befindlicher Gruppen sowie der Untersuchung der Entwicklung kooperativen Verhaltens bei Kindern an.

Durch Untersuchungen in natürlichen Umgebungen kann der Künstlichkeit der Laboratoriumsatmosphäre entgangen werden. Die von Sherif und seinen Mitarbeitern (1961) durchgeführten *Robbers' Cave*-Feldexperimente sind klassische Studien über die Entwicklung von Wettbewerb und Zusammenarbeit innerhalb von lebensechten Gruppen. Zweiundzwanzig sich völlig fremde Jungen wurden in einem Sommerlager zusammengebracht. Die Jungen wurden in zwei gleich große Gruppen eingeteilt, die „Klapperschlangen" und die „Adler". Während der ersten beiden Tage war kein Kon-

takt zwischen den Gruppen gestattet, so daß sich ein starker Gemeinschafts-
geist innerhalb der Gruppen entwickeln konnte. Nachdem sich eine Art
Gruppensolidarität herausgebildet hatte, wurden Kriegsspiele und athle-
tische Wettkämpfe eingeführt, um Rivalität zwischen den Gruppen entstehen zu lassen. Diese entspann sich so rapide zwischen den Klapperschlangen
und den Adlern, daß sich die Gruppenmitglieder innerhalb weniger Tage
gegenseitig beschimpften, sich des Betruges beschuldigten und eine Reihe von
Überfällen veranstalteten, bei denen sie gegenseitig ihre Flaggen verbrannten.
Nachdem die Forscher erfolgreich eine Konfliktsituation zwischen den Gruppen geschaffen hatten, bemühten sie sich darum, die Spannungen wieder abzubauen. Dabei gingen sie so vor, daß sie Situationen schufen, in denen die
Kooperation zwischen den beiden Gruppen erforderlich wurde, um Probleme zu lösen, die für beide Gruppen dringend waren. So wurde z. B. die
Wasserversorgung für das Lager derart unterbrochen, daß zur Behebung
dieser Notsituation die Hilfe aller gebraucht wurde. Oder der Versorgungs-
lastwagen des Lagers blieb im Schlamm stecken und konnte nur wieder in
Gang kommen, wenn ihn beide Gruppen gemeinsam an einem Seil wieder
herauszogen. Oder beide Gruppen mußten ihr Geld zusammenlegen, um
einen beliebten Film zur Vorführung im Lager ausleihen zu können. Indem
die Gruppen gemeinsame Aufgaben bekamen, zu deren Lösung Zusammenarbeit unabdingbar war, kam es zu einer raschen Abnahme der Feindseligkeiten, wobei der Kontakt zwischen den beiden Gruppen gleichzeitig zu-
nahm. Die Schlußfolgerung aus der Robbers'-Cave-Untersuchung lautet, daß
Wettstreit und Feindseligkeiten zwischen rivalisierenden Gruppen innerhalb
der Gesellschaft reduziert und die gemeinsame Arbeit gefördert werden können, wenn es gelingt, die Gruppen zur Erreichung einer Reihe von gemeinsamen Zielen zusammenzubringen. Hierbei muß natürlich unterstellt werden, daß das kooperative Bemühen zur Lösung der Aufgabe führt. Wenn die
Zusammenarbeit nämlich nicht zum Ziele führt, könnte das im Endeffekt
den Konflikt verschärfen, anstatt die Spannungen abzubauen.

Zusammenfassung

Dieses Kapitel beschrieb die im Laboratorium angewandten sozialpsychologischen Methoden, die Einblick in wichtige soziale Probleme wie den Konflikt zwischen Konformität und Unabhängigkeit, Zusammenbrechen der sozialen Verantwortung oder selbstzerstörerischen Wettbewerb zwischen von-

einander abhängigen Individuen gewähren. Menschen sind in der Lage, ihre persönlichen Ansichten und Urteile zu unterdrücken, um mit einer Gruppennorm übereinzustimmen, die offensichtlich verkehrt ist; falsche Autoritäten können sie dazu verlocken, einem unschuldigen Opfer weh zu tun; ohne sichtbaren Grund verneinen sie manchmal die Verantwortung, einer in Not befindlichen Person zu helfen, und nicht selten lassen sie es zu einem destruktiven Wettkampf kommen, wenn es zum Nutzen aller einer gemeinsamen Anstrengung bedürfte. Der Vorteil einer experimentellen Untersuchung dieser Verhaltensweisen spiegelt sich in einem größeren Verständnis ihrer Entstehungsbedingungen wider. So ist z. B. das Individuum mit einem Partner an seiner Seite, der ihm, wie in der Asch-Situation (S. 76 ff.), soziale Unterstützung leistet, durchaus in der Lage, dem Druck der Gruppe zur Konformität zu widerstehen. Ihn ähnlicher Weise wird das Individuum in der Milgram-Situation (S. 84 ff.) in die Lage versetzt, sich den Forderungen einer Autoritätsfigur zu widersetzen, wenn man ihm einen unabhängigen Partner zur Seite stellt. In anderen sozialen Situationen, z. B. wenn eine Person in Not ist, kann die Anwesenheit anderer jedoch verantwortungsbewußten Handlungen oder sozialen Verantwortlichkeitsgefühlen Abbruch tun. Forschungsergebnisse über das soziale Verhalten in Spielsituationen führen zu dem unerfreulichen Schluß, daß die Menschen lieber gegeneinander wetteifern als füreinander arbeiten. Wenn aber nennenswerte Anreize auf dem Spiele stehen, entfalten sie Fähigkeiten zur Zusammenarbeit, die man nicht für möglich gehalten hätte, wenn man z. B. das Verhalten in nichtssagenden Versuchsspielen beobachtet. Die Kommunikationsmöglichkeit zur Erklärung von Absichten und zum Ausdruck von Vertrauen half in der Studie von Deutsch (S. 97 ff.) und in den Experimenten von Kelley (S. 104 ff.), selbstzerstörerischen Wettbewerb zu verhindern und sogar die Zusammenarbeit bei Problemen zu fördern, zu deren Lösung es wie im Robbers'-Cave-Experiment einer gemeinsamen Anstrengung bedurfte. Die meisten Menschen sind sowohl zu Unabhängigkeit als auch zu Konformität, zu Verantwortungsbewußtsein als auch zu Verantwortungslosigkeit und zu Kooperation als auch zu Wettbewerb fähig. Welchem Verhaltensmuster sie aber Folge leisten, hängt in beträchtlichem Maße von der Art der sozialen Situation ab.

Kapitel 4
Verhalten bei Anwesenheit anderer

Die Menschen sind sich im allgemeinen der Anwesenheit anderer bewußt. Zur Erfassung und Einschätzung der sozialen Wirklichkeit und ihrer eigenen Fähigkeit zur Wirklichkeitsbewältigung stützen sie sich auf Informationen und Hinweise der anderen. Das Selbstverständnis einer Person, das die Selbstachtung und das Selbstbild umschließt, ist gewöhnlich ein Spiegelbild dessen, was die anderen von ihr denken. Entscheidungen zur freiwilligen Ableistung eines Dienstes oder großzügige Spenden an eine Hilfsorganisation, Flucht vor einem Wirbelsturm oder Besuch eines bestimmten Filmes werden weitgehend davon bestimmt, was die anderen darüber denken und sagen. Unsere Einstellung gegenüber einem Theaterstück bleibt von der Tatsache nicht unberührt, daß der Theatersaal nur zu einem Viertel besetzt ist. Nur im leeren Fahrstuhl gähnen wir ungehemmt die Wand an oder kratzen uns gedankenverloren am Kopf. Selbst in Anwesenheit einer Gruppe von Fremden, die wir vielleicht nie wiedersehen, bemühen wir uns, einen „guten" Eindruck zu hinterlassen. Daß Menschen auf das Urteil ihrer Mitmenschen achten und daß sie darauf reagieren, was die anderen tun und sagen, ist eine derart alltägliche Beobachtung, daß leicht die Gefahr besteht, sie als Selbstverständlichkeit anzusehen.

Wie in Kapitel 3 zu sehen war, läßt es den einzelnen durchaus nicht unberührt, was die anderen denken und tun, wenn er sich dem sozialen Druck nach Konformität und Gehorsam entzieht. Wie in Kapitel 3 außerdem zu erfahren war, kann die Anwesenheit anderer das Eingreifen eines Individuums in einem Notfall hemmen. Diese Effekte beruhten größtenteils auf der Macht der Gruppe, positive und negative Sanktionen zu erteilen. Dieses Kapitel befaßt sich mit, wie man sie nennen könnte „minimalen sozialen Situationen", weniger formellen Situationen also, bei denen das Verhalten des einzelnen von der bloßen Anwesenheit anderer oder der Kenntnis von der Anwesenheit anderer beeinflußt wird. Es werden Beispiele zitiert, wie die Anwesenheit von anderen, selbst wenn es Fremde sind, die Lernleistung, die Erregung und den Abbau von Angst, die Verlegenheit, die Stress-Toleranz und die Interpretation emotionaler Erfahrungen beeinflußt. Der zwischenmenschliche Umgang und die Art seiner Regulierung durch Dimensionen der interpersonellen Distanz und des Blickkontaktes werden beleuchtet. Das Kapitel endet mit einer Erörterung über den Einfluß der anderen auf das Verhalten des einzelnen in größeren sozialen Gebilden wie z. B. in Massen und Warteschlangen. Hierbei liegt der Schwerpunkt auf der Anwesenheit der anderen Leute und ihrem Einfluß auf das Verhalten der Individuen.

Soziale Leistungsaktivierung

Die Frage der sozialen Leistungsaktivierung stellt eines der ältesten Probleme der Sozialpsychologie dar. Unterscheidet sich die Leistung eines Individuums innerhalb einer Gruppe von der eines Individuums, das alleine agiert? Die soziale Leistungsaktivierung (Social Facilitation) befaßt sich mit der Wirkung der Anwesenheit anderer auf die Aufgabenerfüllung eines Individuums, das in keinem Abhängigkeitsverhältnis zu den anderen steht, z. B. in der Schulklasse oder im Betrieb. F. H. Allport (1924) war nach einigen Deutschen wie Meumann, Schmidt und Moede (1920) einer der ersten Sozialwissenschaftler, der dieses Problem anging. Er nannte eine Gruppe, die in dieselbe Tätigkeit verwickelt ist, eine co-agierende Gruppe, und er vermutete, daß die Anwesenheit von anderen, die dieselbe Tätigkeit verrichten, die Qualität und die Intensität der Arbeit eines jeden Individuums verbessern würde. Die Ergebnisse der frühen, von Allport durchgeführten Untersuchungen (1924) erbrachten, daß die Anwesenheit anderer eine antreibende Wirkung auf das Individuum zu haben scheint, die es dazu veranlaßt, mit größerer Intensität oder Motivation zu arbeiten. Sie scheint aber auch möglicherweise wegen der Ablenkung seine Exaktheit zu beeinträchtigen. Aufgrund dieser variierenden Resultate folgerte Allport, daß „es die offenen Reaktionen sind, wie z. B. das Schreiben, die durch einen Mitarbeitenden als Stimulus eine Aktivierung erfahren. Die geistigen oder impliziten Gedankenreaktionen werden (hingegen) mehr behindert als aktiviert" (1924, Seite 274). Die meisten Menschen haben die Erfahrung gemacht, sich in der Gesellschaft anderer dazu gedrängt zu fühlen, härter zu arbeiten und zu wetteifern, mehr zu produzieren und ihre Talente unter Beweis zu stellen. Andererseits leidet man in Anwesenheit anderer oft an Konzentrationsmangel und geringer Schaffenskraft. Allport konnte keine zufriedenstellende Erklärung für diesen offensichtlichen Widerspruch finden, und das Problem der sozialen Leistungsaktivierung bzw. sozialen Leistungsminderung verschwand für viele Jahre von der Bildfläche.

Erst kürzlich hat Zajonc (1966) das Problem der sozialen Leistungsaktivierung erneut in Angriff genommen und eine bestehende Lösung angeboten. Er postuliert, daß die Anwesenheit anderer entweder in co-agierender Umgebung oder vor einem Publikum das Erlernen neuer Reaktionen unterdrückt und die Abgabe früher erlernter Reaktionen erleichtert. Zur Erhärtung seiner Hypothese lieferte Zajonc beeindruckendes Beweismaterial. Sein teilweise eingehendes Beobachtungsmaterial sammelte er bei co-agierenden Gruppen von Ameisen, Küchenschaben, Goldfischen und Sittichen (die sich alle in Labyrinthen befanden), von Grünfinken, Albinoratten, College-Studenten, graduierten Studenten, Medizinstudenten sowie wehrpflichtigen Soldaten.

Zajonc schlußfolgerte, daß die Anwesenheit anderer antriebserregende Eigenschaften hat, d. h. daß andere Menschen das Individuum motivieren oder aktivieren können. Es ist aber ferner eines der Grundprinzipien der allgemeinen Psychologie, daß erhöhter Antrieb die Vorkommenswahrscheinlichkeit von dominanten Reaktionen im Verhaltensrepertoire des Individuums erhöhen. Dementsprechend wird die Erregung aktivierender Antriebe, die von der Gegenwart anderer herrührt, beim Individuum dazu führen, daß die Neigung zu den wahrscheinlichsten Reaktionen erhöht wird. Beim Erlernen einer komplexen Aufgabe ist die wahrscheinlichste Reaktion meistens die verkehrte. Zajonc stellt dazu fest, daß die bloße Anwesenheit anderer den Lernprozeß stört und zu anhaltender Dominanz einer inkorrekten Reaktion führt. Wenn aber das Individuum die Lösung einer Aufgabe erlernt hat, ist die dominante Reaktion natürlich die richtige, und folglich wirkt sich die Anwesenheit anderer für den Leistungsablauf dann förderlich aus. Zajonc schließt daran einige halb ernst gemeinte Ratschläge an.

„Die Ergebnisse weisen darauf hin, Arbeitsgemeinschaften und andere gemeinschaftliche Lernhilfen mit kritischen Augen zu betrachten. Gleichzeitig legen sie nahe, Prüfungen möglichst in großen Gruppen und vor zahlreicher Zuhörerschaft abzulegen. Das letztere hat allerdings nur dann Gültigkeit, wenn der Student seine Materie einigermaßen sicher beherrscht. Die Wirkung des Publikums auf das Examen könnte sonst fatal sein" (Zajonc, 1966, Seite 27).

Die Variable der Publikumsangst („Lampenfieber") ist eine der Gründe dafür, daß Zajonc' „Ratschlag" hinsichtlich der erleichternden Wirkung einer großen Zuhörerschaft auf die Leistung infrage gestellt werden muß. Der bloße Gedanke, sich vor ein großes Publikum hinstellen zu müssen, genügt einigen Leuten, um das große „Zittern" zu bekommen.

Experimente, die zur Überprüfung der Zajonc-Hypothese unter anderem im Kölner Institut für Sozialpsychologie durchgeführt worden sind (Lück, 1969), haben gezeigt, daß gerade dem Aspekt der Leistungsbewertung durch „die anderen" eine besondere Bedeutung zukommt. Aktivierung oder Leistungsaktivierung tritt nicht quasi-mechanisch bei einfacher Anwesenheit anderer ein, sondern hängt erwiesenermaßen davon ab, ob die Zuschauer als kompetent zur Leistungsbeurteilung erlebt werden.

Angst vor Publikum

Die soziale Leistungsaktivierung scheint ihrer Art nach einer der einfachsten sozialen Effekte zu sein, der sich von der schieren physischen Präsenz anderer ableitet. Die passive, lautlose Präsenz einer Zuhörerschaft kann merklich das Verhalten beeinflussen, indem sie das Lernen beeinträchtigt, den Leistungsablauf hingegen erleichtert. Die Versammlung von Zuschauern oder Zuhörern hat wiederum andere nennenswerte Effekte auf das Sozialverhalten, die auf der Bühne oder bei einer öffentlichen Rede besonders sichtbar werden. Manchmal nehmen die Reaktionen auf ein Publikum die Form eines unbedingt Auf-sich-aufmerksam-Machens oder des Exhibitionismus an. Öfters besteht die Reaktion jedoch in der sogenannten „Publikumsangst" oder Befangenheit.

Das Publikum dient zur Selbsteinschätzung oder zur potentiellen Verstärkung oder Bestrafung des individuellen Verhaltens. Je nach der Verstärkungsgeschichte des einzelnen in Publikumssituationen (ob nämlich seine Reden akzeptiert oder ausgebuht wurden) kann die Anwesenheit von Zuhörern allgemein zuträgliche oder abtragliche Eigenschaften annehmen. Das erklärt auch, warum Menschen, die sich einer günstigen Aufnahme sicher sind, ihr Publikum geradezu suchen und von ihm angeregt werden. Andere, die weniger günstige Erfahrungen gemacht haben, sind ängstlich vor Publikum und versuchen, derartige Umgebungen zu vermeiden oder sich von ihnen zurückzuziehen, um ihre Angst zu reduzieren.

Paivio (1965) hat dieses Problem ausführlich untersucht und einige der Befunde über Publikumsangst zusammengetragen. Lampenfieber oder gefühlsmäßige Belastungen lassen sich am häufigsten vor einem großen Publikum beobachten, insbesondere nach einer negativen Beurteilung oder einem

„Reinfall". Im Gegensatz zu Zajonc' Postulat über die Wirkung der Gegenwart anderer läßt sich beobachten, daß die Reaktionen eines kritischen Publikums sowohl für das motorische Lernen als auch für den Leistungsablauf schädliche Auswirkungen haben können. Ein reagierendes Publikum kann negative Folgen für das Leistungsgeschehen haben, da es Ablenkung und Angst hervorruft, die beide den Leistungsablauf stören können. Fehlende körperliche Distanz oder zu intensive Blickkontakte können auch leistungsunterbrechend wirken. Argyle (1967) berichtet von einem Experiment, bei dem amerikanische Studenten gebeten wurden, vor einer Zuhörerschaft von 25 Leuten eine Ansprache zu halten. Je näher die Studenten vor ihrem Publikum standen, umso unbehaglicher fühlten sie sich und umso mehr Sprechfehler unterliefen ihnen. Die Sprecher fühlten sich am wohlsten und machten die wenigsten Fehler, wenn sie dunkle Brillen trugen oder hinter dem Publikum standen. Vielleicht verursachte die Brille bzw. die entferntere Position eine Reduzierung oder Eliminierung des Blickkontaktes und damit den Eindruck auf Seiten des Sprechers, die Zuhörerschaft sei gelangweilt, kritisch oder gar eingeschlafen. Aber zu wenig Rückkopplung durch die Zuhörerschaft kann ebenso störend wirken wie zuviel. Der Sprecher braucht zumindest einige Informationen oder etwas „Feedback" über die Erwartungen und Reaktionen seines Publikums, um entscheiden zu können, was er als nächstes sagen soll. Ohne diese Informationen macht sich die Tendenz bemerkbar, zögernd und gehemmt zu sprechen. Der Beweis, daß fehlender Blickkontakt in sozialen Situationen leistungsunterbrechend wirken kann, wurde durch ein Experiment von Wapner und Alper (1952) erbracht. Wenn man Studenten bat, sich vor einem unsichtbaren Publikum zu „produzieren", waren sie in ihren verbalen Reaktionen zögernder als vor einem sichtbaren Publikum.

Verlegenheit und Selbstachtung

Überlegen Sie einmal einen Augenblick lang, was so das Peinlichste wäre, was Ihnen jemals zustoßen könnte. Die Vorstellung, man stünde mit einer vorbereiteten Rede vor einem Publikum, aber die Worte blieben im Halse stecken? Oder: Bei einem festlichen Dinner schüttet man der Kellnerin die Suppe über's Kleid. Oder: Man liest einer Klasse eine Abhandlung vor und stellt mittendrin plötzlich fest, daß man vergessen hat, die Hose zuzuknöpfen.

In allen drei Situationen widerfährt dem einzelnen ein Gefühl der Verlegenheit, weil er sich scheinbar ungeschickt oder ungehörig benommen hat. Um einen Zustand der Verlegenheit hervorzurufen, bedarf es gewöhnlich dreier Elemente: a) Die Anwesenheit einer anderen Person oder anderer Personen, b) einer Situation, in der sich der einzelne bewußt ist, daß sich das negative Interesse und das kritische Urteil anderer auf ihn richtet, c) eine Fehlhandlung, die ihn als ungeschickt, von geringem Rang und Ansehen oder als Mensch mit schlechter Kinderstube und schlechten Manieren ausweist.

Wesen und Natur des Publikums sind sowohl für die Vergrößerung als auch die Verringerung der Verlegenheit ausschlaggebend. Mag es sich um eine verpatzte Ansprache, verschüttete Suppe oder auch eine offenstehende Hose handeln, die Peinlichkeit ist dann besonders groß, wenn eine große Zuhörerschaft zugegen ist, insbesondere, wenn es sich um Leute von höherem Rang handelt, deren Achtung von dem unglücklichen Sünder besonders geschätzt wird. Gewöhnlich ist die Verlegenheit in Gegenwart von Freunden nicht so groß wie in Gegenwart von Fremden, weil der Betreffende weiß, daß die Freunde bereit sind, den Faux pas als untypischen und einmaligen Vorfall abzutun. So kann er einen Teil seines Rufes bewahren. Andererseits muß er aber befürchten, daß Fremde diesen niederschmetternden Vorfall als Beweis seiner absoluten Ungeschicklichkeit und Inkompetenz verallgemeinern könnten. Bei anderen Gelegenheiten hingegen, bei denen das soziale Fehlverhalten schwerwiegend genug ist, um den gesamten Ruf der betreffenden Person zu ruinieren, wenn sie z. B. beim Mitgehenlassen des Silberbestecks im Hotel ertappt wird, wird das Scham- und Verlegenheitsgefühl vor Fremden nicht so groß sein wie vor Freunden.

Manchmal kann die Anwesenheit anderer sogar dazu angetan sein, Verlegenheit zu verhindern oder zu vertreiben. Dies geschieht meistens, wenn der Betreffende durch sein Fehlverhalten oder seine Ungeschicklichkeit die Aufmerksamkeit der anderen auf sich zieht. Ein besonnener und taktvoller Gastgeber kann es der betreffenden Person ermöglichen, ihr Gesicht zu wahren, indem er den Fehltritt als absichtlichen Scherz hinstellt, indem er so tut, als ob nichts geschehen sei oder indem er die Aufmerksamkeit der Gesellschaft auf etwas anderes lenkt. Deshalb kann die Anwesenheit einer dritten Person bei bestimmten Gelegenheiten (z. B. bei dem ersten zufälligen Wiedersehen eines erst kürzlich geschiedenen Ehepaares) dazu beitragen, daß das durch die Peinlichkeit der Situation entstandene Gefühl der Verlegenheit verringert wird.

Sich gegenseitig steigernde oder „sich aufschaukelnde" Verlegenheit kann dann entstehen, wenn der Betreffende eine andere Person in Verlegenheit bringt, wenn er z. B. als Gast in einem fremden Haus die Toilette betritt und feststellt, daß sie von einer Dame besetzt ist. Andere ihr „Gesicht" verlieren zu lassen und sie in eine peinliche Situation zu bringen, kennzeichnet den Betreffenden als ungeschickt und ordinär, selbst wenn es nicht ausschließlich seine Schuld war. Da er sich teilweise für die Verlegenheit des Opfers mitverantwortlich fühlt, wird er seinerseits verlegen. Gegenseitige Verlegenheit kommt auch dann vor, wenn der Betreffende mit dem Opfer mitfühlt, wie z. b. ein Zuschauer mit einem drittklassigen Schauspieler auf der Bühne (der sich seiner Fähigkeiten bewußt ist). Die ansteckende Natur der Verlegenheit läßt sich am besten auf Gesellschaften beobachten, auf denen einer Person ein *faux pas* unterläuft. Die anderen Gäste, denen klar wird, daß ihre Anwesenheit die Verlegenheit katalysiert und intensiviert hat, werden ihrerseits nun zutiefst verlegen und beeinträchtigen die Stimmung der Gesellschaft, wodurch sie das Unbehagen des Betreffenden nur vergrößern (vgl. Goffman, 1956). Dasselbe gilt natürlich auch für eine öffentliche Ansprache eines linkischen und befangenen Redners. Die allgemeine Verlegenheit erklärt sich bei solch einer Begebenheit aus der Tatsache, daß aufgrund der schlechten Leistung des Redners die Veranstaltungen ihren Wert verliert und „billig" erscheint.

Sorge um soziales Ansehen

„Was werden die anderen denken?" ist eine Frage, die einen Großteil unseres Verhaltens motiviert. Was die Nachbarn meinen und denken, beeinflußt die Lautstärke eines Streites, die Dauer einer Party und den Zustand des Rasens im Vorgarten. Die tatsächliche oder angenommene Anwesenheit anderer veranlaßt den einzelnen, sich so zu benehmen, daß sein Ruf gewahrt bleibt. Die Gegenwart von anderen, selbst wenn es Fremde sind, läßt ihn Schmerzen ertragen und Belastungen aushalten.

Eine Gruppe von amerikanischen Psychologen (Seidman, Bensen, Miller und Meeland, 1957), die im Dienste der US-Armee standen, untersuchten die Fähigkeit von Menschen, Elektroschocks zu ertragen a) alleine und b) in Gegenwart eines anderen, der auch Elektroschocks erhielt. Für beide Bedingungen wurde die Elektroschock-Toleranz von 133 Versuchspersonen, Wehrpflichtigen, die gerade ihre Grundwehrübungen abgeleistet hatten, untersucht. In der Bedingung „allein" war nur der Versuchsleiter zugegen. In der Bedingung „zusammen" wurde eine zweite Versuchsperson in den Raum

116

gebracht und gut sichtbar an den Stromkreis angeschlossen. Den Wehrpflichtigen wurde mitgeteilt, daß ihre „Partner zur selben Zeit einen Elektroschock von gleicher Intensität erhielten", obwohl sie tatsächlich von den Stromstößen verschont blieben. In beiden Bedingungen konnte sich die Versuchsperson die Elektroschocks mit Hilfe eines Einstellknopfs bis zur maximalen Toleranzgrenze selbst verabreichen. Die maximale Toleranzgrenze der von den Soldaten noch ertragenen Stromstöße lag in der sozialen Situation höher als in der Situation allein. Die Autoren schlossen daraus, daß das wahrgenommene gemeinsame Ertragen von Belastungen dazu beiträgt, die Toleranzgrenze von Belastungen zu erhöhen. Wahrscheinlich ist es für einen Soldaten, der gerade seine Grundwehrübungen absolviert hat, nicht unwichtig, seinen Kameraden gegenüber als mutig zu erscheinen. Tapferkeit und Gelassenheit angesichts von Gefahr und Ungemach sind sozial erwünschte Charakterzüge, und wenn andere zuschauen, möchte man noch tapferer erscheinen, insbesondere unter Soldaten, denen diese Eigenschaften als besondere Werte nahegebracht worden sind. Aber ungeachtet der Werte, die dahinter stehen — andere in Belastungssituationen um sich zu sehen, macht es dem einzelnen leichter, die eigene Stress-Situation zu ertragen.

Einige Gründe der Gesellung

Jedenfalls scheint die Anwesenheit anderer es dem Individuum zu erleichtern, mit Ängsten und Belastungen fertig zu werden. Welches ist aber der Grund dafür, daß jemand mit anderen zusammen sein möchte, wenn er Angst hat? Schachter (1959), der diese Frage untersucht hat, beschäftigte sich weniger mit dem Problem des Gesellungsverhaltens der Menschen im allgemeinen, denn es ist offensichtlich, daß der Mensch aus einer Reihe von sozialen und nichtsozialen Gründen mit anderen zusammen sein muß (siehe auch Kapitel 2). Er beschäftigt sich vielmehr mit dem Problem, warum das Gesellungsstreben so stark auftritt, wenn sich der einzelne in einem Angstzustand befindet.
Um eine gewisse Vorstellung von der Atmosphäre der Untersuchungen Schachter's zu bekommen, stellen Sie sich vor, Sie seien eine Versuchsperson in einem seiner Experimente. Bei Ihrer Ankunft im Laboratorium werden Sie vom Versuchsleiter empfangen, der sich mit „Doktor Gregor Zilstein" vorstellt — ein ernst dreinblickender Mann mit randloser Brille und weißem Kittel, aus dessen Tasche ein Stethoskop heraushängt. „Dr. Zilstein"

weist auf eine respektable Anordnung elektrischer Apparaturen. Er erklärt, daß sich der Versuch mit der Wirkung von Elektroschocks befasse und daß Sie eine Reihe starker Stromstöße erhalten werden, wonach verschiedene physiologische Messungen vorgenommen würden. Er teilt Ihnen weiter mit, daß es eine zehnminütige Wartezeit geben werde, während der die elektrische Apparatur aufgebaut würde. Sie werden nun aufgefordert, zu entscheiden, ob Sie lieber allein oder in Gesellschaft anderer warten möchten. Wie würden Sie sich entscheiden? In Schachters Versuchen zogen es 63% der Versuchspersonen vor, mit anderen zu warten, während 9% lieber alleine warteten und 28% unentschieden waren.

Man könnte nun einwerfen, daß die Versuchsperson weniger geneigt wäre, die Gesellschaft anderer zu suchen, wenn die anderen nur um des Spaßes willen oder um die Apparatur zu bestaunen anwesend sind. In Schachters Versuchen sind die anderen natürlich nur anwesend, um allesamt eine höchst unerfreuliche Erfahrung durchzumachen. Daher ist das Motiv der Gesellung in dieser Situation unzweifelhaft von der Kenntnis beeinflußt, daß auf alle das gleiche Schicksal wartet. Schachter (1959) vermutet, daß „dem Mißlichen nicht jede Gesellschaft beliebt, sondern gerade nur die Gesellschaft des Mißlichen" (Seite 24). Der Grund liegt wahrscheinlich darin, daß andere die ängstliche Person sonst verlachen oder verächtlich machen könnten. Das größte Rätsel bleibt jedoch weiter ungelöst: Warum möchten Menschen mit anderen zusammensein, denen das gleiche Schicksal zuzustoßen scheint? Schachter nimmt zwei Gründe an, das Bedürfnis nach Angstreduzierung und das Bedürfnis nach Selbsteinschätzung. Dem Bedürfnis nach Angstreduktion kann durch die Anwesenheit der anderen entsprochen werden. Durch das Zusammensein mit anderen kann der einzelne Informationen erlangen, die ihm Schutz und Beruhigung gewähren. Er kann mit den anderen diskutieren, ob die Elektroschocks tatsächlich verabreicht werden und kann mit ihnen darüber beratschlagen, wie man dem Stromschlag eventuell entgehen kann. Das Individuum wird aber außerdem auch von dem Bedürfnis nach Selbsteinschätzung dazu motiviert, sich mit anderen zusammenzutun. Das erklärt sich vor allem daraus, daß der einzelne nur im Vergleich mit den anderen, die sich der gleichen Erfahrung unterziehen, seine eigene Reaktionen abschätzen und entscheiden kann, ob seine Angst am Platze ist, z. B. kann er feststellen, ob die anderen ruhig oder verängstigt wirken. Indem er die Reaktionen der anderen beobachtet, kann er erfahren, ob seine Furcht berechtigt oder unberechtigt ist. Das Bedürfnis nach Selbsteinschätzung (das die Funktion hat, die Unsicherheit des Individuums im Hinblick auf seine Reaktionen zu reduzieren) kann auch zur Angstreduzierung dienen, vor allem wenn der Betreffende feststellt, daß niemand außer ihm die Ruhe zu verlieren scheint, und er dadurch seine Sicherheit wiedergewinnt. Beide Motive sind jedoch als Grundlage der Gesellung psychologisch getrennt zu betrachten.

Das Motiv der Angstreduzierung setzt voraus, daß sich das Individuum mit den anderen über die Lage unterhalten kann, da es sonst keine Informationen erhalten kann, die ihm die Sicherheit zurückgeben. Andererseits beruht das Motiv der Selbsteinschätzung nicht auf verbaler Kommunikation zwischen dem Individuum und den anderen, da die bloße Beobachtung der Reaktionen der anderen genügt, um den gewünschten Vergleich zu ziehen. Die Frage, welche der beiden Motiverklärungen die richtige ist, hat zu vielen Überlegungen über den Zusammenhang zwischen Angst und Gesellung angeregt. Es scheint, daß beide Motive in ihrer Stärke nicht unterschätzt werden dürfen und daß eine endgültige Entscheidung im Streit zwischen sozialer Selbsteinschätzung und sozialer Angstreduktion nicht getroffen werden kann.

Bedürfnis nach Angstreduktion

Der Beweis für die Komponente der Angstreduktion im Gesellungsstreben läßt sich relativ einfach führen. Gerard und Rabbie (1961) teilten den Versuchspersonen ihre eigenen Reaktionen sowie die Reaktionen der anderen Versuchspersonen auf den zu erwartenden Schock mit. Würde das den Versuchspersonen genügen, um ihre eigenen Reaktionen im Vergleich zu den anderen abschätzen zu können, so daß sie deren Gesellschaft nicht mehr nötig hätten? Die Experimentatoren stellten fest, daß die Betreffenden es vorzogen, gemeinsam zu warten, selbst wenn sie die Reaktionen der anderen auf den bevorstehenden Schock kannten. Dabei scheint nicht nur die Selbsteinschätzung, sondern wahrscheinlich auch die Angstreduktion eine Rolle zu spielen.

Man kann daher vermuten, daß das Bedürfnis nach Angstreduktion bei ängstlichen Versuchspersonen am stärksten zutage tritt und daß Gesellungstendenzen bei solchen Versuchspersonen am ehesten zu beobachten sein müßten, wenn dieses Bedürfnis eine wirksame Grundlage des Gesellungsstrebens bildet. Die Versuchsergebnisse scheinen diese Vermutung zu bestätigen. Schachter (1969) fand heraus, daß experimentell in Angst versetzte Versuchspersonen am liebsten mit anderen Leuten in der gleichen mißlichen Lage warteten, die besonnener als sie selbst oder zumindest weniger gefühlsmäßig betont waren. Hierdurch wird die Erkenntnis gestützt, daß der einzelne gerne von anderen Beruhigung erfährt. Weitaus beweiskräftiger ist jedoch die Beobachtung, daß sich die Furcht tatsächlich verringert, wenn der einzelne in Gesellschaft anderer wartet. Wrightsman (1960) führte verschiedene Experimente durch, bei denen die Versuchspersonen erwarteten, schmerzvolle Injektionen zu erhalten, die unangenehme Nebenwirkungen zeitigen sollten. Nachdem die Versuchspersonen auf einer Skala angegeben hatten, wie stark ihr Unbehagen war, wurde ihnen gestattet, zusammen mit drei anderen Versuchspersonen fünf Minuten lang zu warten. Der Versuch endete dann mit einer zweiten Selbsteinschätzung der Ängstlichkeit durch die Versuchspersonen. Die Resultate zeigten, daß die Gesellung zu einer allgemeinen Reduktion der Furcht führte, die von den Versuchspersonen selbst anzugeben war.

Bedürfnis nach Selbsteinschätzung

Die Versuchsergebnisse scheinen darüber hinaus die Existenz des Bedürfnisses nach Selbsteinschätzung zu untermauern, wenn sie sich auch nur am Rande bemerkbar macht. Selbst wenn die Möglichkeit nicht besteht, die Angst wesentlich zu reduzieren, suchen die Menschen in einer beängstigenden Situation die Gesellschaft anderer auf. Schachter (1959) gestattete es seinen Versuchspersonen, zusammen mit anderen, sich ebenfalls einem Schock unterziehenden Versuchspersonen, im selben Raum zu warten, teilte ihnen jedoch mit, daß Unterhaltungen untereinander nicht gestattet waren (so daß vermutlich die Angst nicht reduziert werden konnte). Aber selbst unter diesen Bedingungen, unter denen wahrscheinlich nur das Bedürfnis nach Selbsteinschätzung befriedigt werden konnte, machte sich ein starkes Verlangen nach gemeinsamem Warten bemerkbar. Ein eindeutigerer Beweis für das Bedürfnis nach Selbsteinschätzung ist die Tatsache, daß sich Versuchspersonen am liebsten jenen anschließen, die sich in der gleichen gefühlsmäßigen Lage befinden, wobei natürlich äußerst verängstigte Versuchspersonen eine Ausnahme bilden. Zimbardo und Formica (1963) stellten fest, daß sich verängstigte Versuchspersonen am liebsten jenen anschlossen, die ihnen in ihrer Emotionalität ähnlich waren, wahrscheinlich weil solche Leute die besten Bezugspunkte für einen Vergleich mit den eigenen Angstreaktionen des Individuums bildeten, d. h. mit anderen Worten, durch die Gesellung mit anderen in der Emotionalität ähnlichen Leuten kann das Individuum die für die betreffende Situation angemessenen Reaktionen lernen.

Obwohl es keinen Beweis für die jeweilige Stärke der einzelnen Motive gibt, kann man annehmen, daß das Bedürfnis nach Angstreduktion die stärkere Triebfeder für das Gesellungsstreben bildet. Es ist kaum vorstellbar, daß Versuchspersonen, die sich auf einen Elektroschock gefaßt machen, ein starkes Bedürfnis nach Information darüber haben, wie andere damit fertig werden, sie suchen daher ihre Nähe, um festzustellen, ob ihr Angstniveau angemessen ist. Schließlich sind die gefühlsmäßige Angstreaktion und der drohende Schock nicht nur Einbildung. Es ist verständlich, daß jemand in einer nicht eindeutigen Situation, in der er befürchten muß, sich durch unangemessene Reaktionen lächerlich zu machen, die Gesellschaft anderer aufsucht, um sicherzugehen, daß seine Reaktionen angebracht sind. Ein Individuum läuft jedoch kaum Gefahr, im sozialen Vergleichsprozeß viel zu verlieren, wenn sein Angstniveau hinsichtlich eines zu erwartenden Elektroschocks unangemessen hoch oder niedrig ist. Wie der Betreffende sich auch immer verhalten mag, es ist unwahrscheinlich, daß er entweder als unreif und schwach oder als unerschütterlich und stark angesehen wird. Neuere Untersuchungen auf diesem Gebiet zeigen, daß hier noch andere Motive hineinspielen können.

Es kann sein, daß der Betreffende eine ihm emotional ähnliche Person nicht aus Vergleichsgründen vorzieht, sondern weil sie ihm einfach in der Persönlichkeit gleicht. Dementsprechend kann diese Person eine gewisse Anziehung auf ihn ausüben, so daß er gerne mit ihr zusammen der Dinge harrt, die im Laboratorium auf ihn zukommen. Miller und Zimbardo (1966) fanden heraus, daß Versuchspersonen, die gemeinsam auf die beängstigende Situation warten wollten, eine klare Präferenz für Personen zeigten, die ihrer eigenen ähnelten (wenn sie sich auch in einer emotional anderen Lage befanden). Die Neigung, mit anderen auf den Beginn des Experimentes zu warten, könnte sich auch auf die Furcht gründen, als antisozial verschrien und persönlich abgewertet zu werden. Der einzelne mag befürchten, von den anderen Versuchspersonen oder gar von dem Versuchsleiter als „Einzelgänger" etikettiert zu werden. Er mag das Gefühl haben, daß es in einem sozialpsychologischen Experiment unangebracht ist, sich als Einzelgänger zu entpuppen.

Verlegenheit und Statusverlust

Es ist oft festzustellen, daß einige Leute es vorziehen, unter drohenden Belastungen alleine und isoliert zu bleiben und sich niemandem anzuschließen.

9% der Versuchspersonen in Schachters Experimenten zur Ängstlichkeit zogen es vor, alleine zu warten, während in Gerard und Rabbies Experiment (1961) die emotional am stärksten erregten Versuchspersonen am liebsten alleine warteten und nicht gerne ihre Gefühle öffentlich zeigten. Wenn der einzelne voraussieht, daß er sich durch seine gefühlsmäßige Reaktionen in Verlegenheit bringen kann und daß die anderen seine irrationale Furcht belächeln werden, dann kann sein Wunsch nach Selbsteinschätzung von dem Bedürfnis, „das Gesicht zu wahren" und seine Furcht durch Alleinsein zu verbergen, übertroffen werden. In ähnlicher Weise können Versuchspersonen, die sehr verängstigt sind und sich anstrengen, ihre Emotionen unter Kontrolle zu bringen, befürchten, daß die Anwesenheit anderer ebenso Verängstigter ihre Furcht nicht besänftigen wird, sondern sie stattdessen schmerzlich daran erinnert, daß das Unvermeidliche auf sie zukommt.

Stellung in der Geschwisterreihe

Schachter analysierte sein Datenmaterial weiter und fand heraus, daß der Zusammenhang zwischen Ängstlichkeit und Gesellungstendenzen meist auf das Konto jener Versuchspersonen ging, die erstgeborene und einzige Kinder waren. Später geborene Kinder zeigten nicht derart starke Gesellungstendenzen, wenn sie unter Stress gestellt wurden. Schachter versuchte, diesen Effekt der Stellung in der Geburtenfolge mit dem Abhängigkeitstraining zu erklären. Mütter sind ihren Erstgeborenen gegenüber wahrscheinlich aufmerksamer und hilfsbereiter und unternehmen mehr, um Ängste und Nöte von ihnen fernzuhalten, als bei Spätergeborenen. Nachdem das erstgeborene Kind einmal gelernt hat, daß die Anwesenheit anderer (insbesondere der Mutter) furchtreduzierende Wirkungen hat, hängt es folglich von anderen ab, wenn es in Angstsituationen Beruhigung und Gelassenheit finden will. Schachter versuchte, mit Hilfe von Untersuchungsergebnissen aus dem Gebiete des Alkoholismus, der Psychotherapie sowie der Erfolgslisten von Kampffliegern seine Hypothese zu untermauern, daß frühe Kindheitserfahrungen einen Einfluß auf die Abhängigkeit haben und das Gesellungsverhalten der Erwachsenen bestimmen. Erstgeborene bedürfen stärker der Psychotherapie und benötigen längere therapeutische Prozesse als Spätergeborene, die lieber selbst ihre Probleme lösen. Weniger Kampfflieger, die Erstgeborene waren, wurden wahrscheinlich aufgrund ihrer größeren Ängstlichkeit wähend des Korea-Kriegs sog. Asse (mit fünf oder mehr Abschüssen). Spätergeborene sind andererseits unter Alkoholikern überrepräsentiert, möglicherweise weil der heimliche Akt des Trinkens es dem Individuum erlaubt, seine Probleme ohne soziale Hilfe, wie etwa der Psychotherapie, allein zu lösen. Andere Wissenschaftler interpretierten Schachters Geburten-Reihenfolge-Effekt auf der Basis der Selbstachtung und weniger im Blickwinkel der Abhängigkeit. Zimbardo und Formica (1963) stellten fest, daß sich Erstgeborene in ihrer Selbsteinschätzung tiefer einstuften als Spätergeborene, da, wie Walters und Parke (1964) dazu ausführen (die übrigens die Abhängigkeitshypothese vertreten), einmal fest etablierte Abhängigkeitsgewohnheiten in der Regel der Ausbildung einer geringen Selbstachtung starken Vorschub leisten. Das mag darin begründet sein, daß sich der Erstgeborene eher direkt mit übermächtigen und alles könnenden Erwachsenen zu identifizieren hat und daher weniger ein Gefühl der Selbstachtung entwickelt. Was hat aber die Beobachtung der stärkeren Gesellungstendenzen beim Erstgeborenen mit dem Streit sozialer Vergleich contra soziale Angstreduktion zu tun? Es könnte argumentiert werden, daß das erstgeborene Kind bezüglich des Gesellungsverhaltens ein größeres Bedürfnis nach Selbsteinschätzung als die Spätergeborenen hat, da es keine Vergleichsgruppe von Kleinkindern hat, die ihm Erfahrungen über sich selbst vermitteln. Andererseits wurde festgestellt, daß Erstgeborene eine viel stärkere Angstreduzierung als Spätergeborene erfahren, wenn sie als Versuchspersonen zusammen warten (Wrightsman, 1960). Dieser Befund bedeutet eine Unterstützung für die Angstreduktions-Hypothese. Es steht jedoch einwandfrei fest, daß sowohl das Motiv des sozialen Vergleiches als auch das Motiv der sozialen Angstreduktion wirksame Triebfedern des Gesellungsverhaltens sind.

Die Gesellungshypothese aus Angstgründen wurde hauptsächlich in Bedingungen getestet, die die Erwartung eines körperlichen Schmerzes durch Elektroschocks oder Injektionen zum Inhalt hatten. Die Furcht, die unter solchen Umständen erregt wird, ist gerechtfertigt, und vorausgesetzt, daß die Reaktionen nicht unangemessen sind, wird die Gruppe das Individuum und seine Reaktionen wahrscheinlich akzeptieren. Es gibt jedoch noch andere Quellen der Angst, die den eigenen Impulsen des Individuums entspringen und die im Beisein anderer unkontrollierte Gefühle auslösen können. In solchen Fällen wird es der einzelne vorziehen, isoliert zu bleiben. Ein Individuum, das ängstlich darauf bedacht ist, seine homosexuellen Tendenzen zu verbergen, wird lieber alleine bleiben als sich einer rein männlichen Gruppe anschließen. Eine Person, die Schuldgefühle über eine begangene Untat mit sich herumträgt, wird es vorziehen, alleine zu warten, statt zu riskieren, ihre Schuld aufzudecken. Ein Student, der eine Arbeit daneben geschrieben hat und sich nun einer weiteren Prüfung unterzieht, wird sicherlich lieber alleine warten. Was auch immer der Ursprung der Angst sein mag, es gibt wahrscheinlich eine Reihe öffentlicher Situationen, z. B. im Wartezimmer eines Zahnarztes oder einer Nervenklinik, bei denen es einige Leute vorziehen würden, in einem privaten Raum zu warten, statt mit mehreren Leuten ein Wartezimmer zu teilen.

Die Interpretation der Erfahrung

Festingers (1954) Theorie des sozialen Vergleichs postuliert, daß der Mensch den Drang hat, die Angemessenheit und Richtigkeit seiner Meinungen und Fähigkeiten zu messen. Da sich das Individuum nur im Vergleich mit anderen messen kann, wird es motiviert, sich zu anderen zu gesellen und Gruppen anzuschließen. Es gibt noch weitere Gründe, sich Gruppen zu assoziieren, aber, wie Festinger ausführt, „es scheint klar zu sein, daß der Drang nach Selbsteinschätzung einen wichtigen Faktor darstellt, der dazu beiträgt, den Menschen zum ,Herdenwesen' zu machen" (Seite 136).

Schachter hat die soziale Vergleichstheorie generalisiert, indem er postulierte, daß sich der Drang auch auf die Abschätzung von Gefühlen erstreckt. Wenn einem Individuum ein objektives Meßinstrument nicht zur Verfügung steht, wird es die Angemessenheit seiner emotionalen Zustände durch den Vergleich mit den Gefühlsreaktionen der anderen abschätzen. Schachters (1959) Untersuchungen zum Gesellungsstreben, die im vorhergehenden Abschnitt erörtert wurden, demonstrierten, daß, wenn ein Individuum in Angst versetzt wurde, die Tendenz zur Gesellung mit anderen Personen, die eine ähnliche Erfahrung durchmachen, verstärkt wurde. Eine Erklärung dafür ist, daß sich das Individuum im Unklaren darüber befindet, ob seine Angst der Situation angemessen ist, und es daher mit anderen zusammensein möchte, die die gleiche Erfahrung durchmachen, um deren Reaktion mit der eigenen zu vergleichen.

Schachter (1964) baute die soziale Vergleichstheorie auf dem Gebiet der Gefühlsreaktionen weiter aus, indem er behauptete, daß der soziale Vergleichsprozeß nicht nur das Abschätzen der Angemessenheit von Gefühlen ermöglicht, sondern auch die Erfahrung und Interpretation der Gefühle selbst beeinflußt. Hierzu führte er das Beispiel einer Person an, der ohne ihr Wissen Adrenalin gespritzt oder ein sympathomimetisches Mittel eingegeben wurde. Der Betreffende befindet sich bald in einem physiologischen Erregungszustand, der von Herzklopfen, Zittern und Erröten begleitet ist, da er aber nicht weiß, daß man ihm Drogen verabreicht hat, ist ihm völlig unerklärlich, warum er sich so eigenartig fühlt. Schachter vermutete, daß das Individuum motiviert sein könnte, seine körperlichen Empfindungen verstehen und erklären zu wollen. In der Regel wird der Betreffende seine Empfindungen im Zusammenhang mit der direkten Situation interpretieren. Wenn er sich zu dem Zeitpunkt in Gesellschaft einer schönen Frau befindet, mag er überzeugt sein, daß er sich Hals über Kopf in sie verliebt hat oder sexuell erregt ist. Wenn er an einer turbulenten Party teilnimmt, mag er, indem er sich mit den anderen vergleicht, zu dem Schluß kommen, daß er euphorisch ist. Wenn er sich in dem Augenblick mit seiner Frau streitet, denkt er vielleicht, er sei außer sich und geht vor Wut in die Luft. Oder, wenn ihm die Situation keine möglichen Hinweise auf seinen Erregungszustand liefert (er z. B. zur Arbeit fährt), kann er der Meinung sein, daß er über etwas aufgeregt ist, das ihm kurz vorher zugestoßen ist, oder daß er einfach krank ist.

Schachters Grundannahme lautete folglich, daß das Individuum, das sich in einem ihm unmittelbar nicht erklärbaren physiologischen Erregungszustand befindet, seine Empfindungen und Gefühle im Zusammenhang mit dem, was die anderen in dieser Situation tun, interpretiert. Schon vorher hatten Schachter und Singer (1962) ein einfallsreiches Experiment zur Untersuchung der Frage entworfen, inwieweit die Anwesenheit anderer die Interpretation der Gefühlserfahrung des Individuums beeinflußt. Das Experiment wurde den Versuchspersonen (College-Studenten) als eine Untersuchung über die Wirkung von Vitaminen auf den Sehprozeß vorgestellt. Es wurde ihnen mitgeteilt, daß ihnen ein Vitamin-C-Präparat, genannt „Suproxin" injiziert würde. Tatsächlich wurde ihnen aber nicht Suproxin, sondern eine leichte Dosis synthetischen Adrenalins verabreicht, ohne daß ihnen der Versuchsleiter erklärte, welche Nebenwirkungen sie zu erwarten hätten. Nach der Injektion wurde ihnen mitgeteilt, daß sie 20 Minuten warten müßten, bis das Suproxin wirken würde. Eine weitere Person (in Wirklichkeit ein Versuchsgehilfe) wurde nun in den Raum gebracht und als Versuchsperson vorgestellt, der man ebenso gerade Suproxin injiziert habe. Die Versuchsperson und der Versuchsgehilfe wurden nun 20 Minuten lang allein gelassen. In einer experimentellen Bedingung, der sog. „Euphorie"-Bedingung, benahm sich der Versuchsgehilfe kindisch und verrückt. Sobald der Versuchsleiter den Raum verlassen hatte, spielte der Versuchsgehilfe seine Rolle. Er fing damit an, Papierstückchen zu knüllen und trickreiche Basketball-Schüsse zu versuchen. Dann baute er ein Papierflugzeug und ließ es im Zimmer herumfliegen. Darauf stieg er über Berge von Akten und begann, mit einem Hula-Hoop-Reifen zu üben, der zufällig in der Zimmerecke stand. In der „Ärger"-Bedingung wurden Versuchsperson und Versuchsgehilfe gebeten, einen Fragebogen auszufüllen, während das Suproxin wirken sollte. Der Fragebogen fing mit belanglosen Fragen an, wurde aber dann zunehmend persönlicher und endete mit einer Reihe von Fragen über entsprechende sexuelle Aktivitäten. Während sich der Versuchsgehilfe durch den Fragebogen durcharbeitete und die Fragen laut vor sich hinlas, begann er, Verärgerung zu zeigen, und steigerte sich allmählich zu einem Wutausbruch, der damit endete, daß er den Fragebogen zerriß, ihn auf den Boden schleuderte und schließlich aus dem Raum polterte.

Wie erfolgreich war nun unter jeder Bedingung der Versuch, die Stimmung der Versuchsperson zu beeinflussen? Es wurde erwartet, daß sich die Versuchsperson in Ermangelung einer angemessenen Erklärung für ihren physiologischen Erregungszustand an die Stimmung des Versuchsgehilfen klammern würde (Euphorie oder Ärger) und ihre Gefühle dementsprechend deuten würde. Die Versuchsergebnisse stimmten weitgehend mit Schachters und Singers Voraussagen überein. Wenn die Versuchspersonen die Symptome nicht vorausahnten und daher keine Erklärung dafür hatten, neigten sie dazu, sich wie der Versuchsgehilfe zu benehmen und außerdem zu berichten, daß sie sich ärgerlich oder ausgelassen fühlten, je nach der experimentellen Bedingung, in der sie sich befanden. Diese Stimmungsübertragung erklärt sich nicht aus einer Gefühlsansteckung oder Suggestibilität, sondern eher aus der Neigung des Individuums, seinen physiologischen Zustand im Zusammenhang mit der sozialen Situation zu sehen, in der es sich befindet. Dies ist deutlich an den Ergebnissen der Gruppe von Versuchspersonen zu erkennen, die von vornherein über die möglichen physiologischen Nebenwirkungen des Suproxins informiert worden waren. Diese Versuchspersonen, die eine angemessene Erklärung für ihr Herzklopfen und Zittern hatten, zeigten nur sehr wenig euphorisches oder ärgerliches Verhalten und berichteten weit weniger, daß sie sich sehr ausgelassen oder verärgert fühlten. In ähnlicher Weise zeigten Versuchspersonen, denen ein Placebo verabreicht worden war und die daher keine physiologische Erregung erfuhren, nur sehr wenig Freude und Ärger, nachdem sie 20 Minuten mit dem sich redlich abmühenden Versuchsgehilfen verbracht hatten.

Dieser Versuch läßt den Schluß zu, daß die Anwesenheit anderer einen beträchtlichen Einfluß auf die Interpretation von Gefühlserregungen hat. Wenn keine objektive Erklärung für die Empfindungen möglich ist, wird das Individuum das flaue Gefühl im Magen als Angst interpretieren, wenn das Verhalten der anderen Hinweise dafür gibt, daß sie Angst haben; oder es wird als Freude interpretiert, wenn die anderen ausgelassen scheinen. Individuen ermessen oder interpretieren im sozialen Vergleichsprozeß ihre eigenen verwirrenden und mehrdeutigen Erfahrungen im Hinblick darauf, was die Umstehenden tun und wie sie sich verhalten.

Distanz zwischen Personen und Blickkontakt

Während die Menschen einerseits gerne mit anderen zusammen sind, mit ihnen warten und von ihnen Beruhigung erfahren, möchten sie andererseits auch gerne eine gewisse körperliche Distanz zwischen sich und den anderen aufrechterhalten. In Bussen und Zügen bemühen sie sich, nicht in Berührung mit den anderen zu geraten und möglichst einen freien Sitzplatz zwischen sich und den übrigen zu lassen. Im Kino, auf Parkbänken und bei Cocktailparties wird die Unterhaltung ein wenig eigenartig, wenn jemand zu nahe kommt. Diese Distanz, die der einzelne gewöhnlich zwischen sich und den anderen hält, wird „Intimsphäre" oder „Persönlicher Raum" genannt. Er variiert je nach dem Grad der Bekanntschaft zwischen den Beteiligten (Freunde und Bekannte sitzen und stehen enger beisammen als Fremde), je nachdem ob es sich um verbale oder andere Kommunikation handelt (Gesprächspartner dulden eher körperliche Nähe als Leute, die sich nicht in Unterhaltung befinden), oder entsprechend dem kulturellen Hintergrund (Lateinamerikaner und Leute aus dem Mittleren Osten stehen enger beisammen als Nordamerikaner oder Mitteleuropäer). Obwohl die Intimsphäre keine klar umrissene Grenzen kennt, kann das Eindringen und Zunahetreten einer Person eine Reihe voraussagbarer Reaktionen auslösen, wie Gefühle des Unbehagens, Unruhe, Rückzug oder sogar „Flucht", jedoch selten Proteste wie „Sie treten mir zu nahe". Der Anthropologe E. T. Hall (1959) führt dazu aus, daß „wir die Intimsphäre wie Sex behandeln, es gibt sie, aber wir sprechen nicht darüber" (Seite 147). Man kann daraus folgern, daß die Intimsphäre wie Sex eine höchst persönliche Angelegenheit ist, über die sich nicht offen verhandeln läßt. Das Fehlen von Protesten gegen das Eindringen in den persönlichen Raum läßt sich der Tatsache zuschreiben, daß ein solcher Akt ein ungeschriebenes, kaum formuliertes Gesetz verletzt, so daß für das Opfer die Gefahr einer noch größeren Verletztheit und Verlegenheit besteht, sollte der Eindringling die guten Manieren gänzlich verletzen.

In einer neueren Studie über die Wirkung des Eindringens in die Intimsphäre beobachten Felipe und Sommer (1966) die Reaktionen von Studentinnen, zu denen sich eine Fremde am Tisch einer Universitätsbibliothek zu nahe setzte. Die Versuchsleiterin wählte sich als „Opfer" eine Studentin aus, die an einem langen Tisch alleine saß. Obwohl die Versuchsleiterin zwischen elf Stühlen wählen konnte, setzte sie sich auf den Stuhl direkt neben der Versuchsperson und tastete sich dann langsam vorwärts, bis nur noch eine Distanz von etwa 10 cm zwischen den beiden bestand. Das sonderliche Vordringen hatte einen merklichen Störeffekt auf das Opfer. Viele schienen sich „in ihr Haus zurückzuziehen", indem sie ihre Arme hochzogen und den Kopf versteckten und sich abwendeten, um Blickkontakt zu vermeiden, oder indem sie Wälle von Büchern, Taschen und Mänteln vor sich aufbauten. Andere zogen sich mit ihrem Stuhl zurück, um einen sicheren Abstand wiederherzustellen. Dreißig Minuten nach dem Eindringen hatten die meisten

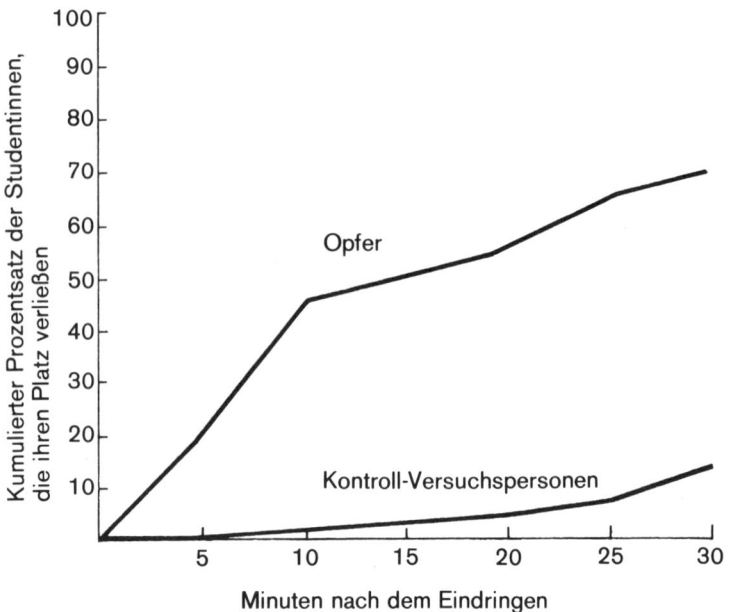

Abb. 4. 1: Kumulative Prozentsätze der Opfer, die ihren Platz am Tisch in einer Bücherei verließen, nachdem ein Unbekannter in ihren persönlichen Raum eingedrungen war. Die Studentinnen der Kontrollgruppe verließen ihren Arbeitsplatz unter normalen Umständen. (Nach Nancy H. Felipe und R. Sommer, Invasion of personal space. In *Social Problems* 1966, 14, 2, 206—214. Wiedergabe mit Genehmigung der Society for the Study of Social Problems.)

Opfer den Tisch fluchtartig verlassen und ihn völlig dem Eindringling überlassen. Nur ein geringer Teil der Kontrollgruppe, die sich alleine oder nur in Gesellschaft einer zweiten Person am Tisch befand, verließ den Raum innerhalb der halben Stunde (siehe Abb. 4.1). Fluchtreaktionen waren noch häufiger zu beobachten, wenn der Eindringling eine dominante hochgestellte Persönlichkeit war oder der Ort des Geschehens eine Parkbank nach Einbruch der Dunkelheit und der Eindringling ein Mitglied des anderen Geschlechts war. Wenn das Opfer jedoch in die Enge getrieben wird und ihm keine Möglichkeit offensteht, sich zurückzuziehen, wird es wahrscheinlich Reaktionen der Abwehr und des Kampfes zeigen.

In einer weiteren Untersuchung beobachtete Sommer (1965), auf welchen Platz sich Leute hinsetzten, wenn sie zur Teilnahme an einer Diskussionsrunde an einen Tisch gebeten wurden, an dem schon jemand saß. Nur eine Minderheit (34%) entschied sich für Stühle, die der anderen Person gegenüberstanden, und es gab eine Präferenz für Stühle, die entweder an der gleichen Seite oder „über Eck" standen. Diese bevorzugten Positionen erlaubten es der Versuchsperson, mit dem anderen frei zu interagieren, ohne ihn direkt zu Gesicht zu bekommen und ständigen Blickkontakt pflegen zu müssen. Eine der häufigsten Maßnahmen gegen das Eindringen in die Intimsphäre bei einem Gespräch besteht darin, eine Seite-an-Seite-Position oder rechtwinklige Position zu dem anderen einzunehmen, um den Blickkontakt mit dem anderen zu minimieren. Die Häufigkeit der Blickkontakte, die Menschen in einem Gespräch im allgemeinen zu tolerieren gewillt sind, steht in engem Zusammenhang mit der körperlichen Distanz zwischen ihnen. Die Reduktion des Blickkontaktes kann als Anpassungsmechanismus dienen, der das Maß der Intimität bei zwischenmenschlichen Begegnungen regelt. So läßt sich z. B. eine Reduktion des Blickkontaktes beobachten, wenn der Gesprächsgegenstand zu intim oder persönlich wird (Exline, 1963), wenn zu viel gelächelt wird (Kendon, 1967) oder wenn die körperliche Nähe zu gering ist (Argyle und Dean, 1965). In der Studie von Argyle und Dean mußten die Versuchspersonen an Kurzdiskussionen mit Versuchsgehilfen teilnehmen, die darauf trainiert waren, die Versuchspersonen aus einer Entfernung von 50 cm, 1,50 m und 3 m anzustarren. Die Zeitspanne, in der die Versuchspersonen den Blickkontakt erwiderten, wurde festgehalten. Es wurde festgestellt, daß die Länge der Blickkontakte mit zunehmender körperlicher Nähe abnahm (siehe Abb. 4.2). In jeder Entfernung erwiderten Frauen mehr Blickkontakte als Männer. ·

In ähnlicher Weise wechselten Paare gleichen Geschlechts mehr Blicke als Paare verschiedenen Geschlechts; ein Phänomen, das zweifellos auf Fremde beschränkt ist, die sich nur kurz in einem sozialpsychologischen Laboratorium treffen!

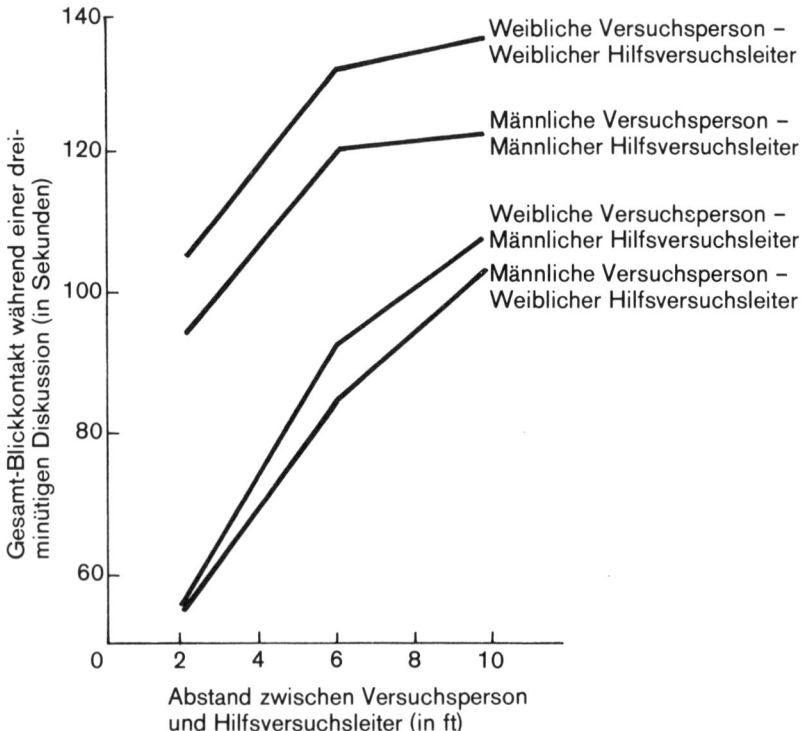

Abb. 4.2: Beziehung zwischen Blickkontakt und körperlicher Nähe, die bei Diskussionen zwischen Versuchsperson und einer Hilfsversuchsperson auf jeweils 50 cm, 1,50 m oder 3 m festgesetzt wurde. Jede Diskussion dauerte drei Minuten. (Nach M. Argyle und Janet Dean, Eye-contact, distance and affiliation. In *Sociometry* 1965, 28, 289—304. Wiedergabe mit Genehmigung der American Sociological Association.)

Um die Beziehung zwischen Blickkontakt und „Intimität" zu erklären, entwarfen Argyle und Dean eine Konflikttheorie der Gesellung. Demnach gibt es einen Gleichgewichtspunkt akzeptabler Intimität während einer Konversation zwischen Fremden. Dieser Gleichgewichtspunkt ist für jede soziale Beziehung und jedes Stadium dieser Beziehung unterschiedlich. Zu geringe Intimität (ungenügender Blickkontakt, mangelnde körperliche Nähe, fehlendes Lächeln) führt zu Unzufriedenheit, da bestimmte Bedürfnisse der Gesellung nicht befriedigt werden. Zuviel Intimität (übersteigerter Blickkontakt, zu große körperliche Nähe, Intimität des Gesprächsgegenstandes) flößt Befürchtungen ein, da sich beide zu früh enthüllen können und riskieren, zurückgewiesen zu werden. Wenn das Gleichgewicht einer Dimension gestört ist (z. B. zu intensiver Blickkontakt stattfindet), versuchen die beiden wahrscheinlich dieses Gleichgewicht durch Anpassung der übrigen Dimensionen wiederherzustellen (z. B. durch Verringerung der körperlichen Distanz, weniger Lächeln oder durch Verlagerung des Gesprächsgegenstandes auf ein weniger intimes Thema). Man kann vermuten, daß Fremde, die unversehens in ein „intimes" Gespräch geraten, auf Distanz gehen werden, um die Spannung abzubauen.

Die Konflikttheorie der Gesellung befaßt sich, wenn auch nicht ausdrücklich, nicht mit den Verhaltensweisen, die unterhalb des „Gleichgewichtspunktes" der Intimität liegen. Menschen, die gerade Bekanntschaft schließen, versuchen gewöhnlich nicht, einen Mangel an Lächeln oder Blickkontakt dadurch zu kompensieren, daß sie das Gespräch intimer gestalten oder näher zusammenrücken. Das würde das Ende der Beziehungen bedeuten. Zwei zu weit voneinander getrennte Personen versuchen in der Regel nicht, die fehlende Nähe durch Brüllen intimer Dinge über die Straße hinweg auszugleichen. Der sog. Gleichgewichtspunkt läßt sich eher als emotionale Toleranzschwelle vorstellen, jenseits derer sich das Individuum bedroht fühlt, so daß es den Versuch unternehmen wird, die Beziehung durch Reduzierung der Vertrautheitsmerkmale, wie z. B. körperliche Nähe und Blickkontakt, auf ein erträgliches Maß zurückzuschrauben.

In den zwischenmenschlichen Beziehungen dienen der Blickkontakt zusammen mit dem Gesichtsausdruck und der persönlichen Distanz noch anderen Funktionen als der Intimitätskontrolle und -regulation. Mit Hilfe des Blickkontaktes verständigen sich die Menschen insgeheim über die Qualität ihrer Beziehung. Ein lang anhaltender Blick (und enges Zusammenrücken auf einer Parkbank) kann sexuelle Anziehung signalisieren. Ein strenger, strafender Blick auf einen Untergebenen (der als bedrohend oder einschüchternd gedeutet wird) zwingt den Untergebenen, beiseite zu schauen, und bekräftigt so die Herrschafts-Unterwerfungsbeziehung. Menschen mit unstetem Blick, die die Augen abwenden, wird oft zugeschrieben, daß sie „was zu verbergen" haben. Exline u. a. (1961) fanden heraus, daß Versuchspersonen, die bei einem Test gemogelt hatten, den Versuchsleiter später weniger anschauten als nicht-mogelnde, möglicherweise, weil sie ihre inneren Schuldgefühle verdecken und den zurückweisenden Blicken der anderen aus dem Wege gehen wollten.

Das typische Verhalten von beschämten oder verlegenen Leuten besteht in dem Versuch, den Blicken der anderen Leute auszuweichen, ihnen nicht unter die Augen zu kommen und somit unauffällig zu bleiben. Das Fehlen einer visuellen Rückkopplung gestattet dem Betreffenden außerdem, sein Fehlverhalten zu verdrängen („aus den Augen, aus dem Sinn"). Milgram (1965) berichtet, daß Versuchspersonen, die in den Glauben versetzt wurden, daß sie unschuldigen Opfern Elektroschocks verabreichten, oft den Blick von der Person abwandten, indem sie nicht selten den Kopf auffällig und seltsam zur Seite drehten. Schließlich hat der Blickkontakt bei sozialen Interaktionen noch eine Informationsfunktion. Er läßt jedes Individuum wissen, wie es auf den anderen wirkt und ob es mit ihm reden möchte (Kendon, 1967). In einem Restaurant sucht der Gast den Blick des Kellners, um ihn wissen zu lassen, daß er bestellen möchte. Hier dient der Blickkontakt als Signalinstrument. Wenn sich zwei Fremde auf der Straße begegnen, schauen sie sich gewöhnlich aus den Blickwinkeln an, bis sie etwa 2 bis 3 m voneinander entfernt sind, um so auszukundschaften, auf welcher Seite des Bürgersteiges jeder gehen soll (Goffman, 1963). In der Öffentlichkeit, wie z. B. in Bussen, Aufzügen und auf Bürgersteigen bedeutet ein über das zur Steuerung der Aufmerksamkeit notwendige Maß hinausgehender Blickkontakt einen Bruch der ungeschriebenen Norm des „zivilen Nichtbeachtens". Eine derartige Übertretung beschwört Verlegenheit herauf, und im Gegensatz zu übersteigerter körperlicher Nähe, fordert sie scharfe Bemerkungen seitens des Opfers heraus.

Obwohl niemand weiß, wie intensiv ein Blickkontakt sein darf, und welche körperliche Nähe zwischen Leuten während eines unterhaltsamen Gespräches bestehen sollte, werden unausgesprochen die Spielregeln befolgt, die einen für jeden gleichermaßen zufriedenstellenden Kompromiß erlauben. Wenn dies nicht der Fall ist, findet die Interaktion bald ihr Ende, da störende sexuelle oder feindselige Gefühle erregt werden. Es ist nicht bekannt, wie diese ungeschriebenen sozialen Normen erlernt werden. Kindern wird von ihren Eltern beigebracht, Körperbehinderte oder Verunstaltete nicht anzustarren. Es ist auch wahrscheinlich, daß der Mensch durch Erfahrung lernt, daß übersteigerte Jovialität und Intimität zur Zurückweisung führen, so daß sich diese sozialen Normen durch einen subtilen Anpassungsprozeß herausbilden können. In westlichen Gesellschaften unterscheiden sich diese Normen für die beiden Geschlechter, so tolerieren Frauen geringere körperliche Nähe und intensiveren Blickkontakt eher als Männer (Argyle und Dean, 1965; Sommer, 1965). Es kann jedoch angenommen werden, daß hierbei mehr als kulturelle Normen eine Rolle spielen. So gibt es z. B. interessantes Untersuchungsmaterial, das darauf hinweist, daß die Aufrechterhaltung einer persönlichen Sphäre wie auch die Vermeidung exzessiven Blickkontaktes dem Menschen und niederen Tieren gemeinsam sind, so daß die Abwendung des Blickes biologische Bedeutung haben könnte. Vogelkundler haben den „Flugabstand" zwischen Vögeln gemessen und beobachtet, daß Vögel die Tendenz haben, eine bestimmte Distanz untereinander einzuhalten, und sich gegenseitig angreifen, wenn der Eindringling ein Gleichgestellter ist, sich jedoch abwenden, wenn das Tier dominant ist. Der dominante Vogel in einer Schar hat den größten Blickraum. Ein unterlegener Vogel erkennt die Überlegenheit des anderen an, indem er seinen Blick abwendet, wodurch er den Angriff des anderen hemmt. Hühner haben in der Regel in einem engen Stall den Blick nach außen gewandt, während sie möglichst nahe am Drahtgeflecht stehen, um dem durch ständigen Blickkontakt erzeugten Stress zu entgehen. Bei Tieren regeln Blicke die Raumaufteilung, die außerdem die Funktion haben, Gebiets- und Statusverhältnisse innerhalb der Gruppe aufrechtzuerhalten. Hutt und Ounsted (1966) berichten, daß autistische Kinder[1] ihren Blick von anderen Kindern abwenden. Blickabwendung kann bei Menschen eine ähnliche Funktion wie bei einigen Tieren die „Demutshaltung" haben, die zur Aggressionshemmung eines Angreifers dient. Eine Abwendung des Blickes oder des Kopfes ist häufig während der Pause auf den Schulhöfen zu beobachten und bedeutet die Absage einer Herausforderung zum Kampf. Das Unvermögen autistischer Kinder, am Blickkontakt teilzunehmen, läßt sich auch mit der Gleichgewichtstheorie von Argyle und Dean erklären. Da sich autistische Kinder in einem chronischen Erregungszustand befinden, kann die Blickabwendung zu einer gewissen Reduktion der Erregung beitragen. Diese Erklärung ist umso wahrscheinlicher, da autistische Kinder andere Leute ansehen, vorausgesetzt, der Zwischenraum ist genügend groß.

In diesem Abschnitt wurde aufgewiesen, daß durch den Gebrauch der persönlichen Sphäre Meinungen und Einstellungen mitgeteilt werden können. Der zur interpersonellen Distanz direkt in Beziehung stehende Blickkontakt fungiert als Regulator für das Maß der Intimität in den zwischenmenschlichen Beziehungen unter Freunden und Fremden. Eine Verletzung der den Blickkontakt und die persönliche Sphäre beherrschenden Normen führt zu Spannungen und Störungen im Sozialverhalten.

---

[1] Autismus = Ichbezogene Denkart oder Einstellung, die durch persönliche Wünsche und Phantasien ohne Berücksichtigung der Umweltsrealität gekennzeichnet ist.

Eine Menschenmenge verhält sich oft anders als die einzelnen Individuen, wenn sie alleine sind. Eine Menge kann z. B. Furcht zu ungehemmter Panik steigern. Sie kann durch ihr passives Vorbild den Ernst eines Ereignisses umdeuten und die Umstehenden zu Untätigkeit verleiten. Ihre Mißbilligung kann das Individuum schmerzlich darauf aufmerksam machen, welchen auffälligen und törichten Eindruck es macht. Sie kann den Zuschauer dazu beeinflussen, beim Niederschlagen des Schiedsrichters mitzuhelfen, der Polizei Schimpfworte entgegenzuschleudern, einen potentiellen Selbstmörder zum Springen zu veranlassen oder während eines Beatkonzerts in hysterisches Kreischen auszubrechen.

Wie die Ansammlung von großen Menschenmengen auf engem Raum das Verhalten beeinflußt, ist immer noch eine ungelöste Frage. Nach der „Ansteckungs"-Theorie (Blumer, 1946) werden Menschen in einer Menge durch Interstimulation, einer Ausbreitung von Emotionen von einem Menschen zum anderen, in eine Art Erregungszustand versetzt. Soziale Ansteckung

„zieht Individuen an und infiziert sie, obwohl viele von ihnen ursprünglich als gleichgültige Zuschauer und Umherstehende abseits stehen. Zuerst mag es sich nur um Neugierde oder schwaches Interesse an dem zu Beobachtenden handeln. Während sie langsam vom Geiste der Erregung gepackt werden und dem Geschehen mehr Aufmerksamkeit schenken, wächst ihre Neigung, sich daran zu beteiligen" (Blumer, 1946, Seite 176).

Das Hochspielen der Emotionen macht jeden einzelnen äußerst suggestibel für die Bereitschaft, das Verhalten der anderen nachzuahmen. In Massen läßt sich außerdem ein Mangel an Verantwortungsgefühl und eine Lockerung normaler Kontrollmechanismen beobachten. In einer großen Menschenansammlung kann jede Person relativ anonym bleiben und kann daher nicht individuell zur Verantwortung gezogen werden, wenn sich die Masse als Ganzes als destruktiv erweisen sollte. Der einzelne verhält sich in der Masse so, als wäre sie universell (Eindruck der „Universalität"), und hat das Gefühl, daß alle übrigen gleichen Sinnes und gleicher Empfindung sind.

Es besteht jedoch keine absolute Uniformität in einer Menge. Viele Umherstehende sind nur untätige Zuschauer, aber ihre Anwesenheit und Passivität gewährt stillschweigend der aktiven Minderheit ungewollte Unterstützung für ihre Unruhe, ihr Geschrei und ihre Gewalt. Es sind die Aktionen einiger weniger auffällig und aktiv in Erscheinung tretender Teilnehmer, die nachher die Wahrnehmung des vorherrschenden und richtunggebenden Ablaufs der Dinge bestimmen. Ob es sich um ein Begräbnis, eine politische Versammlung oder ein Fußballspiel handelt, das Beispiel der wenigen auffällig in Erscheinung Tretenden zwingt die übrigen dazu, in Übereinstimmung mit der perzipierten Norm zu handeln, und hemmt Verhaltensweisen, die im Gegensatz dazu stehen (Turner, 1964). Nach diesem Standpunkt sind Erregung und Suggestibilität nur sekundäre Einflußgrößen für das Verhalten von Massen. Der einzelne verhält sich in der Menge eher so, als sei er der Überzeugung, daß dies seinem eigenen besonnenen Verhalten entspräche. Hier ist ein Beispiel dafür, wie eine durch Zurufe auffallende Minderheit in der Lage sein kann, innerhalb einer sich am Rande einer Panik bewegenden Masse bestimmte Verhaltensnormen zu etablieren.

„In Paris wurden wir einmal Zeugen eines schrecklichen Vorfalles. Die Umgebung des Vélodrome d'Hiver war schwarz von Menschen, die für ein großes Rennen anstanden. Es gab nur zwei schmale Eingänge, und Polizei war weit und breit nicht zu sehen. Die Menge drängte zu den Eingängen, so daß viele Menschen zu ersticken drohten. Aber plötzlich begannen einige in der Menge rhythmisch zu rufen, ‚nicht drängen, nicht drängen!‘, bis der Ruf von der ganzen Menge aufgenommen und im Chor gemeinsam gesungen wurde. Das Ergebnis war erstaunlich; Ruhe und Ordnung wurde wiederhergestellt, der Druck nahm ab, eine kollektive Hemmung hatte sich in der gesamten Warteschlange breitgemacht" (Chakotin, 1941, Seite 43—44).

Die Minderheit in der Masse hatte in einer einfachen und direkten Weise die für die Menge zu befolgende Norm zum Ausdruck gebracht, und die anderen reagierten darauf. Dieses Beispiel bedeutet im übrigen eine Berichtigung der allgemein verbreiteten Fehlvorstellung, daß sich Massen kopflos, ungeordnet und irrational verhalten.

Sowohl der „Ansteckungs"-Theorie als auch der „Normenetablierungs"-Theorie fällt es schwer, das Verhalten von Leuten in einer Masse zu erklären, die nicht von den Gefühlserregungen der anderen angesteckt werden und sich nicht an den Normen der wenigen, die sich auffällig exponieren, orientieren. Das neu aufgeflammte Interesse am Verhalten von Menschenmengen, das mit dem Auftauchen des Mobs und der Masse als Zeichen der Zeit einhergeht, könnte eine Antwort auf dieses Problem liefern. Der derzeitige Wissensstand zeigt jedenfalls, daß sich das Verhalten des Menschen in einer Masse erheblich vom Verhalten eines Einzelmenschen unterscheidet.

Selbst wenn sich Gruppen von Fremden nur vorübergehend versammeln, entwickeln sich rasch eine Reihe von Normen, um zwischenmenschliche Konflikte zu minimieren und um Gruppenharmonie und Eintracht zu maximieren. Jeder, der schon einmal während einer ganzen Nacht in einer Warteschlange für Konzertkarten von Joan Sutherland oder Eintrittskarten für ein großes Fußballendspiel angestanden hat, wird mir darin ohne weiteres zustimmen. Eine Untersuchung von Mann (1969) beschreibt, wie regelmäßige Verhaltens- und Einstellungsmuster entstehen, die das Leben und die Gestalt der nächtlichen Warteschlange von Fußballenthusiasten regulieren. Die hier untersuchten Mammutwarteschlangen versammeln sich jährlich im August vor dem Melbourner Footballstadion in Australien, um für Eintrittskarten für das Endspiel anzustehen. Aus seinen Interviews und Beobachtungen schloß Mann, daß, obwohl die das Verhalten in der Warteschlange bestimmenden Regeln informell sind, diese klar nachweisbar sind. So werden z. B. kurze „Austritte" oder vorübergehendes Verlassen der Warteschlange auf zwei Arten bewerkstelligt, die beide gleichermaßen akzeptiert sind: Eine Technik besteht im sogenannten „Schichtsystem", bei dem sich der einzelne einer kleinen Gruppe anschließt und abwechselnd eine Stunde mit Warten „dran" ist und dann drei Stunden „frei" hat. Allein wartende Personen, die die Schlange aus verschiedenen Gründen kurzzeitig verlassen müssen, reservieren ihren Warteplatz, indem sie einen persönlichen Gegenstand hinterlassen, z. B. eine beschriftete Tasche, einen Klappstuhl oder einen Schlafsack. Die Regel beim Hinterlassen eines Reservierungszeichens besagt, daß man die Schlange nicht länger als für einen Zeitraum von zwei bis drei Stunden verlassen darf. Wenn die Norm gebrochen wird, ist dem Betreffenden die Rückkehr in die Schlange versperrt und er findet möglicherweise sein Eigentum irgendwo zerstört in einer Ecke wieder. Das Prinzip des Zeitdienens in einer Schlange zur Aufrechterhaltung des Anwartrechts ist ein Beispiel für Homans' (1961) Gesetz der ausgleichenden Gerechtigkeit. Wenn jemand bereit ist, beträchtliche Zeit und Unannehmlichkeiten in eine Tätigkeit zu investieren, werden diejenigen, die der Ansicht sind, daß es einen fairen Ausgleich zwischen Mühe und Belohnung geben sollte, sein Vortrittsrecht gern respektieren. Andere informelle Vorschriften regeln die bevorzugten Methoden zur Einhaltung der Disziplin innerhalb der Warteschlange und bestimmen die Art und Weise, wie man mit Vordrängern und solchen, die Plätze für andere freihalten, zu verfahren hat. Das Entstehen von Vorschriften, die das Verhalten in der Öffentlichkeit regulieren, wo große Massen von Menschen zusammenströmen, ist ein Beweis dafür, daß der einzelne für die Bedürfnisse und Rechte des anderen empfänglich ist, selbst wenn es sich um einen Fremden handelt, und daß die Menschen in der Lage sind, einfache und wirksame Regeln zu entwickeln, um Konflikte und Störungen zu vermeiden.

Zusammenfassung

Die Wirkung der Anwesenheit anderer auf das Verhalten des einzelnen ist eines der traditionellen Probleme der Sozialpsychologie. G. W. Allport (1954) brachte dies kurz und bündig in seiner Definition der Sozialpsychologie als einem Unterfangen zum Ausdruck, „Einblick darüber zu gewinnen, wie Gedanken, Empfindungen und Verhaltensweisen des Individuums von der tatsächlichen, vorgestellten oder impliziten Anwesenheit anderer menschlicher Wesen beeinflußt wird" (Seite 5). Ungeachtet der Tatsache, ob die anderen eine Gruppe bilden oder nicht, üben sie einen Einfluß auf das Verhalten aus. Auf der einfachsten Ebene liefert die Anwesenheit anderer dem Individuum einen Bezugsrahmen für das Verständnis seiner selbst und der Welt im allgemeinen, also einen Maßstab, der ihm fehlen würde, wenn es alleine wäre. Der Mensch wird durch die erwartete oder tatsächliche Anwesenheit anderer für das Wirken sozialer Gruppennormen sensitiviert. Schon die Erwartung, daß man mit jemandem interagieren muß, genügt in einigen Fällen, um Absichten und Meinungsäußerungen zu modifizieren. Die Art und Weise, in der Erfahrungen gedeutet werden, hängt zum großen Teil von den Hinweisen ab, die von den anderen geliefert werden. Die bloße Anwesenheit anderer ermöglicht einen realistischen sozialen Vergleich von Reaktionen auf ungewöhnliche Situationen, und sie kann Ruhe und Gelassenheit spenden, wenn die Situation angsterregend ist. Die Anwesenheit anderer stellt eine mächtige Motivationsquelle dar, die eine moralische Unterstützung bedeutet und leistungssteigernd wirken, Angst und Verlegenheit hervorrufen, zu größerer Schmerzerträglichkeit anregen kann oder (wie in Kapitel 3 zu sehen war) für das Ablegen der persönlichen Verantwortung maßgebend sein kann. Die Größe des Abstandes und die Intensität der Blickkontakte zwischen den Menschen sind weitere subtile Anpassungsmechanismen, die direkt durch die Anwesenheit anderer entstehen. In Massen erregt die Anwesenheit anderer die Teilnehmenden emotional und ruft Verhaltensweisen hervor, die für das Individuum ungewöhnlich sind, wenn es alleine ist. In Warteschlangen führt die Achtung vor den Prioritätsrechten der anderen zu einer Warteschlangen-Kultur, die die Rechte der einzelnen Wartenden schützen soll. Dies sind nur einige wenige Beispiele der unterschiedlichsten Wirkungen der Teilnahme an einfachen sozialen Interaktionen, bei denen die Teilnehmer nicht unbedingt Freunde oder Kollegen sein müssen, sondern auch absolut fremd sein können.

Kapitel 5
Wahrnehmung anderer Personen

„Ob sich ein Lehrer mit einem Schüler unterhält, ein Händler mit einem Käufer, ein Therapeut mit einem Klienten oder ein Meister mit einem Arbeiter, der Erfolg des resultierenden Verhaltens hängt ... von den Wahrnehmungen ab, die eine Person einer anderen entgegenbringt" (Gage 1952, S. 1).

Soziale Beziehungen beginnen mit der Wahrnehmung einer anderen Person, mit dem Bewußtwerden und der Beurteilung ihrer Eigenarten, Absichten und wahrscheinlichen Reaktionen auf unsere Aktionen. Erwartungen über die Verhaltensweisen des anderen werden entweder bestätigt und glätten dann die Wege der sozialen Interaktion, oder sie werden nicht bestätigt, dann führen sie zu Unsicherheit und Spannung. Solche Erfahrungen führen uns dazu, uns darum zu bemühen, bei der Beurteilung anderer in Zukunft realistischer zu sein, was dann zur Verbesserung der Beurteilungsgenauigkeit führt. Erfahrungen dieser Art bilden einen Teil der Übung, mit der Menschen die Eigenarten und Motive anderer Personen kennen und verstehen lernen.
Die Wahrnehmung anderer Personen hat viele Prinzipien mit der allgemeinen Wahrnehmung gemeinsam. Aber die Frage, wie eine Person eine andere kennt oder versteht, kann nicht vollständig unter Bezug auf grundlegende Prinzipien der Objektwahrnehmung beantwortet werden. Die wichtigen Aspekte einer Person als Wahrnehmungsobjekt findet man nicht notwendigerweise bei leblosen Objekten. Personenwahrnehmung wird stärker durch subjektive Prozesse beeinflußt: Einstellungen, Emotionen, Wünsche, Absichten und Gefühle. Die Art und Weise, wie z. B. jemand die zugrundeliegende Absicht einer Verhaltensweise eines anderen wahrnimmt, bestimmt oft die Reaktion auf dieses Verhalten. Urteile über den anderen werden dadurch beeinflußt, ob man meint, der andere sei völlig oder teilweise für sein Verhalten verantwortlich. Die einfache Tatsache, daß es eine grundsätzliche Ähnlichkeit zwischen dem Wahrnehmenden und dem Wahrgenommenen gibt, nämlich, daß beide Menschen sind, macht die Personenwahrnehmung zu einem besonderen Phänomen. Der Sozialpsychologe interessiert

sich beim Studium dieses Phänomens für Fragen dieser Art: Was ist das Wesen der Personenwahrnehmung? Wie ist sie organisiert? Wie genau beurteilt eine Durchschnittsperson andere Menschen? Wie bilden sich Eindrücke? Wie schließt man auf die Verhaltensursachen? Wie ist das Verhältnis zwischen der Wahrnehmung anderer Personen und anderer psychologischer Prozesse? Alle diese Fragen führen zu dem umfassenden Thema, wie Personen zu Wissen und Verständnis über andere gelangen. Aus diesem Grund liegt diesem Kapitel das Problem der menschlichen Wahrnehmung zugrunde.

Das Gebiet der Wahrnehmung anderer Personen

Das Gebiet der Wahrnehmung anderer Personen kann in zwei größere Gebiete eingeteilt werden. Personenwahrnehmung ist die Art, in der sich Eindrücke, Meinungen und Gefühle über andere Personen bilden. Sie hat sich traditionellerweise mit solchen Problemen wie der Entdeckung wahrgenommener Eigenschaften und den Arten beschäftigt, in denen diese Eigenschaften zueinander stehen können (private „Persönlichkeits-Theorie"). Auch die Genauigkeit, mit der eine Person eine Emotion oder Reaktion einer anderen Person wahrnimmt (Genauigkeit-Ungenauigkeit) gehört hierher. Der Ausdruck „Personenwahrnehmung" impliziert, daß der Beurteiler oder der Wahrnehmende außerhalb und abseits von der Welt des Beurteilten existieren kann. So kann diese Person den anderen aufgrund von Hinweisen beurteilen, die sie aus Photos, Filmen oder Handschriftenproben entnommen hat. Sie braucht mit der anderen Person nicht in Interaktion zu stehen.
Soziale Wahrnehmung ist ein allgemeinerer Begriff als Personenwahrnehmung. Zu ihr zählt nämlich die Wahrnehmung sozialer Prozesse. Gegenstand der sozialen Wahrnehmung sind die Beziehungen einer Person zu anderen einschließlich ihrer Wahrnehmung von Gruppen und Institutionen. Im Brennpunkt der sozialen Wahrnehmung steht der augenblickliche Wahrnehmungsprozeß — die Art und Weise, in der sich die Deutung einer sozialen Situation oder einer anderen Person bildet. Die Beurteilungssituation enthält eine doppelte Interaktion zwischen zwei Personen, in der jeder die Rolle des Beurteilenden übernimmt, so, wie dies im Alltag normalerweise auch geschieht. Für Sozialpsychologen ist dies von Interesse, weil die Art und Weise, in der sich zwei Personen sehen und eine Situation definieren, eine wichtige Grundlage dafür liefert, wie sie sich in der Situation verhalten und wie sie miteinander interagieren werden.

Die Objekte der sozialen Wahrnehmung sind die Beziehungen des Menschen mit den anderen. Der Mensch kann durch den bloßen Beurteilungsakt den Wahrgenommenen ändern, was auch oft geschieht.

„Der Wahrnehmende kann durch eigene Anwesenheit und sein Verhalten in der Wahrnehmungssituation die Perzeptionsmerkmale der Person, die er beurteilen will, selbst verändern." (Tagiuri und Petrullo, 1958, Seite XI).

Ein Beispiel hierfür bildet auch der Stellungssuchende, der im allgemeinen nicht ängstlich ist, der aber durch das hartnäckige Prüfungsverfahren eines wenig sensitiven Personalchefs äußerst nervös gemacht worden ist. Hierbei entsteht eine doppelte Interaktion zwischen Wahrnehmendem und Wahrgenommenem, bei dem der Bewerber den Eindruck gewinnt, daß er den Interviewer irgendwie verärgert haben muß, und folglich völlig am Boden zerstört ist. Der Wahrnehmungsprozeß kann als Teil des allgemeineren Bedürfnisses des „Sinn-Gebens" von Erfahrungen gedeutet werden, denn aufgrund des unterschiedlichen, sich ständig verändernden und selten voraussagbaren Charakters von Erfahrungen geben sie der sozialen Wahrnehmung ein dynamisches und sich stetig wandelndes Element. De Charmes (1968) drückt dies folgendermaßen aus:

„Eine Person zu kennen, bedeutet eigentlich nicht, auf konstante Wahrnehmungsaspekte dieser Person zu reagieren, sondern heißt vielmehr zu lernen, aufgrund der angesammelten Kenntnisse über die von der betreffenden Person ausgeübten Rollen und ihrer dispositiven Eigenschaften, wie Motive und Absichten, ihr Verhalten vorauszusagen. Einen anderen Menschen zu kennen, bedeutet nicht, ihn ein für allemal erfaßt zu haben, denn die Kenntnis von einer anderen Person impliziert einen ständig wechselnden, niemals endenden Prozeß des Kennenlernens. Dabei spielen sowohl Aspekte des Wahrnehmens als auch des Erkennens eine Rolle. Kurz gesagt, kann man voraussetzen, daß weder der Wahrnehmende noch der Wahrgenommene, weder der Erkennende noch der Erkannte stillstehen. Weitaus bedeutender ist vielmehr die Annahme, daß beide Teile im Verlaufe der Interaktion verändert werden." (S. 282).

Die Fähigkeit, andere Menschen zu beurteilen

Ein altes Problem der Personenwahrnehmung ist die Frage, ob es so etwas wie eine allgemeine Fähigkeit gibt, andere zu beurteilen. Einige Antworten auf diese Frage sind deshalb so verwirrend, weil es kein akzeptiertes Kriterium dafür gibt, wie generell diese Fähigkeit sein muß, um als Charakterzug zu gelten. „Generell" könnte sich entweder auf die Fähigkeit beziehen, jede Eigenschaft jeder Person beurteilen zu können oder auf die Genauigkeit des Wahrnehmens einer bestimmten Person als auch auf die Kenntnis des menschlichen Verhaltens im allgemeinen. Vielleicht kommt eine beschränkte Generalität der Wahrheit am nächsten; einige Leute können eine Vielzahl intellektueller Eigenschaften ziemlich exakt beurteilen, liegen jedoch bei der Beurteilung emotionaler Charakterzüge oft verkehrt.

G. W. Allport (1961) gehört einer Schule an, die behauptet, daß es die allgemeine Fähigkeit gibt, Leute zu beurteilen (siehe auch Taft, 1955).

„Wir sollten von einem beurteilenden Menschen nicht erwarten, daß er jede Eigenschaft jeder Person in gleicher Weise richtig einschätzt, wir können jedoch annehmen, daß er mehr als eine Eigenschaft bei allen Menschen oder vielleicht alle Eigenschaften einer Person korrekt zu beurteilen weiß" (G. W. Allport, 1961, Seite 503).

Einige Menschen sind manchmal aufgrund eines bestimmten Mitgefühls oder Verständnisses bei der Beurteilung einer menschlichen Eigenschaft recht genau. Dasselbe Individuum kann jedoch ein schlechter Beurteiler für eine andere Eigenschaft sein. Es gibt viele Psychologen, die eine bewundernswerte Fähigkeit haben, jugendliche Straftäter, Alkoholiker und Homosexuelle anzupacken und zu verstehen, die aber für Vertrauensbrecher und pathologische Lügner eine leichte Beute sind. Verständlicherweise können die Menschen solche Mitmenschen am besten beurteilen, die ihnen ähnlich sind und die sie gerne mögen. So können Männer besser Männer, Frauen besser Frauen beurteilen. Viele männliche Autoren zeichnen Frauencharaktere, die nur wenig Ähnlichkeit mit lebenden oder verstorbenen Frauen haben. Weibliche Schriftsteller schreiben oft über Männer, als handele es sich um Autos. Es gibt in Wirklichkeit zwei verschiedene Arten von Beurteilungsfähigkeiten (Bronfenbrenner, Harding und Gallwey, 1958). Eine besteht in der „Sensitivität dem generalisierten anderen gegenüber", und basiert auf dem Wissen, wie die Menschen sich im allgemeinen verhalten. Sie ist eine Art von Fähigkeit, die professionelle Psychologen und gute Schriftsteller haben sollten. Sie impliziert die exakte Wahrnehmung sozialer Normen und das Aufspüren sozialer Trends, wie z. B. die Präferenzen der Öffentlichkeit bezüglich Musik, Speisen und Mode sowie Einstellungen und „Stimmungen" der Gesellschaft. Die zweite unabhängige Fähigkeit wird „interpersonelle Sensitivität" genannt, die Fähigkeit wahrzunehmen, wie sich eine bestimmte Person in einer spezifischen Situation oder Interaktion fühlt. Sie wird häufig auch mit der Bezeichnung „gute Menschenkenntnis" oder der Fähigkeit des Charakterlesens in Beziehung gebracht. Sie beinhaltet Sensitivität in bezug auf individuelle Unterschiede zwischen Menschen und gründet sich auf Mitgefühl und Verständnis dafür, wie man sich fühlen würde, wenn man sich in einer ähnlichen Lage befände. Diese zweite sensitive Fähigkeit, ein bestimmtes Individuum zu beurteilen, ist für die Psychologen von höchstem Interesse und soll hier behandelt werden.

Cline und Richards (1960) dachten sich eine einfallsreiche Untersuchungsmethode aus, um das Problem der generellen vs. speziellen Fähigkeit der Persönlichkeitsbeurteilung anderer zu klären. Sie wählten zufällig zehn Käufer in einem Supermarkt einer Vorstadt aus. Nachdem sie von jedem Käufer Filminterviews während des Einkaufs über persönliche Werteinstellungen, Hobbies usw. gemacht hatten, sicherten sie sich deren weitere Mitarbeit und überredeten sie, sich im Interesse der Wissenschaft mehreren Persönlichkeitstests zu unterziehen. Dann sammelten sie zusätzliche Informationen über die Käufer von deren Freunden und Bekannten. Im nächsten Teil der Untersuchung heuerten Cline und Richards 50 Studenten an, die als Beurteiler der zehn Käufer fungierten. Ihre Aufgabe bestand darin, sich zuerst die Käufer im Film anzusehen, und sie mußten sich dann dem Persönlichkeitstest unterziehen, an dem auch, wie sie glaubten, die Käufer teilgenommen hatten. Daraufhin sollten sie jeden Käufer einzeln einstufen, so wie es, wie sie glaubten, auch deren Freunde getan hatten. Die Experimentatoren stellten fest, daß, wenn ein Beurteiler einen Käufer gut einschätzte, er auch alle anderen tendenziell richtig beurteilte. Wenn er einen schlecht einschätzte, waren auch die übrigen Urteile in der Regel falsch. Wenn es auch nur auf einer Stichprobe von 10 Käufern beruht, so bestätigt dieses Resultat doch die Meinung, daß die Fähigkeit, Menschen zu beurteilen, eher ein allgemeiner als ein spezifischer Charakterzug ist. Es ist jedoch erwähnenswert, daß die Befunde von Cline und Richards auf einen Zusammenhang zwischen der Vorstellung des Käufers über sich selbst und der Meinung des Beurteilers über den Käufer hindeuten. Wie ist der Käufer nun aber wirklich? Wie Cline (1964) einräumt, kann es kein zufriedenstellendes Verfahren zur Feststellung der Genauigkeit von Beurteilungen geben, solange es nicht ein externes Kriterium dafür gibt, wie die Käufer tatsächlich sind. Die bislang benutzten Meßverfahren stellen nur eine Approximierung an die Wirklichkeit dar, an denen die Exaktheit der Beurteilung abgelesen werden kann.

Ungeachtet der verfahrensmäßigen Schwierigkeiten scheint es verschiedene zuverlässige Merkmale für einen geschickten Beurteiler zu geben (G. W. Allport, 1961). Gute Beurteiler besitzen gewöhnlich höhere Intelligenz, eine Eigenschaft, die es ihnen gestattet, aus ihren Beobachtungen logische Schlüsse zu ziehen und ihre Beobachtungen im Lichte allgemeiner Prinzipien und Konzepte zu interpretieren. Hierzu gehören auch Reife und Erfahrung, denn es wurde festgestellt, daß die Schwierigkeit des Beurteilens im Alter zwischen 10 und 16 Jahren beträchtlich zunimmt (Gollin, 1958). Gute Beurteiler sind im allgemeinen sozial umgänglich, emotional gefestigt und besitzen die Fähigkeit, soziale Bindungen einzugehen, wodurch ihnen eine gewisse Unparteilichkeit bei der Wahrnehmung anderer möglich ist. Nach Taft (1955) stellt soziale Anlehnung eine Hauptvariable dar, da erhöhte innere Beteiligung zu Überschätzung und Wahrnehmungsungenauigkeiten führen kann. Eine Reihe kognitiver Faktoren trägt darüber hinaus zur Wahrnehmungsgenauigkeit bei. Menschen, die über große Selbsteinsicht, kognitive Komplexität und Toleranz gegenüber Ambiguität verfügen, sind in der Regel geschickte Beurteiler, da sie herkömmliche stereotype Wahrnehmungen vermeiden und in der Lage sind, die Komplexität und Subtilität der Persönlichkeit des anderen zu erkennen und bei der Beurteilung ungereimter und mehrdeutiger Informationen über andere flexibel zu reagieren.

Bei der Fähigkeit, andere zu beurteilen, spielen verschiedene Variablen, wie z. B. die Eigenschaft des anderen, die Tatsache des Beurteilt-Werdens sowie der Umfang der vorhandenen Informationen eine Rolle. Einige Leute sind relativ einfach zu beurteilen, weil sie „offen" sind, während andere reserviert und verschlossen sind. In westlichen Kulturen sind Frauen „offener" als Männer, weil es ihnen gestattet ist, ihre Gefühle ziemlich frei zu äußern. In ähnlicher Weise sind einige Charakterzüge einer zuverlässigen Beurteilung eher zugänglich als andere. Z.B. ist die Eigenschaft des Exhibitionismus, da er aus einer Reihe von objektiv feststellbaren Reaktionen besteht, leichter zu beurteilen als solch ein subjektiver und der Zugänglichkeit sich entziehender Charakterzug wie Abhängigkeit. Erstaunlicherweise werden für eine genaue Personenwahrnehmung nur wenige Informationen benötigt. Wenn andererseits einmal die Beziehung zwischen Beurteiler und Beurteiltem hergestellt ist, können Gefühle der Freundschaft oder der Feindschaft in die Beurteilung hineinspielen und das Urteil verzerren. Vorübergehende Zustände wie Hunger, Müdigkeit und gefühlsmäßige Belastung können außerdem die zur Beurteilung einer anderen Person benötigte Sensitivität beeinflussen: im allgemeinen führen sie zu einer stärkeren Vergröberung in der Beurteilung anderer.

Eindrucksbildung

Prozesse der Schlußfolgerung

Es wird häufig von Menschen verlangt, aufgrund beschränkter Informationen spontane Urteile über Mitmenschen abzugeben. Manchmal ist dies die Aufgabe von Zeugen vor Gericht oder von berufsmäßigen Wahrsagern. Wenn sich Menschen zum erstenmal treffen und einen ersten Eindruck voneinander bilden, setzt eine Anzahl von Folgerungsprozessen ein. Einige der Schlußfolgerungen, die auch Vereinheitlichungsprozeße genannt werden, sind allen Menschen gemeinsam und ermöglichen bei der Eindrucksfindung ein hohes Niveau an Urteilsübereinstimmung. Andere Schlußfolgerungen, die auch idiosynkratische Prozesse genannt werden können, sind einzigartig und höchst individuell und führen in der Regel zu unterschiedlichen Beurteilungen. Im Grunde haben beide Folgerungsarten die Funktion, die komplexe Wahrnehmung zu vereinfachen sowie jegliche Ungereimtheit auszubügeln, um den Wahrnehmungsprozeß einigermaßen ökonomisch und mühelos zu gestalten.

Drei Beispiele für die Vereinheitlichungsprozesse sind zeitliche Ausdehnung, analoge Schlußfolgerung sowie Kategorisierung. Zeitliche Ausdehnung bezeichnet die Tendenz des Beurteilers, ein momentanes Merkmal der betreffenden Person so zu betrachten, als wäre es ein beständiges Attribut. Weil der Betreffende ein Lächeln auf dem Gesicht trägt, wird gefolgert, daß er ständig guter Laune und sorglos sei. Da man sieht, daß er unrasiert ist, wird vermutet, daß er auf seine äußere Erscheinung wenig Wert legt. Zeitliche „Erweiterung", die auf einer beschränkten Verhaltenssichtprobe verschiedener Situationen beruht, kann zu weitgehenden Diskrepanzen bei der Wahrnehmung ein und derselben Person führen. Die komischen Situationen in Oliver Goldsmiths Stück *She Stoops to Conquer* gründen auf dem Fehler, daß vorübergehendes Verhalten auf permanente Persönlichkeitsmerkmale extrapoliert wird. Kate Hardcastle findet Marlow bei ihrem ersten Treffen unbeholfen. „Seine ungeschickte Anrede, seine unbeholfene Art und seine zögernde Schüchternheit fielen mir beim ersten Anblick auf." Kates Vater trifft Marlow seinerseits unter völlig anderen Umständen. „Ich glaube, er bot einen der erstaunlichsten Anblicke, der jemals meine Sinne traf. Er begegnete mir mit lauter Stimme, der Geste eines Edelmannes und einer Jovialität, die mein Blut gerinnen ließ." In Wirklichkeit ist keines der beiden Urteile über Marlow zutreffend, denn er erweist sich als ein liebenswerter junger Mann, der weder schüchtern noch stolz ist.

In der gesamten Literatur wird das Gesicht als Schlüssel zum Charakterverständnis betrachtet. In Shakespeares *Macbeth* beklagt sich König Duncan: „There's no art to find the mind's construction in the face" („Es gibt keine Kunst, des Geistes Bau im Antlitz zu erkennen.") Wie die Tragödie aufdeckt, ist Duncan ein schlechter Charakterleser, er mißdeutet Macbeth völlig und muß schließlich dafür mit seinem Leben bezahlen. Eine analoge Schlußfolgerung liegt dann vor, wenn der Beurteiler von edler Kleidung, dem Gesicht und der Sprechweise des Betreffenden auf dessen Persönlichkeit generalisiert. Wenn der Betreffende eine grobflächige Haut hat, muß er grob und unsensibel sein. Ein hervorstechendes Kinn läßt seinen Träger als kampfesfreudig erscheinen. Wenn er sich schlecht kleidet, muß er grob und ungeschlacht sein. Kategorisierung bedeutet, daß der Beurteiler bestimmte Aspekte der betreffenden Person in ihm vertraute Kategorien klassifiziert. Von seinem Akzent her kann man erkennen, daß er Franzose ist, Franzosen lieben die Liebe und den Wein, daher treffen diese Merkmale auf die Person zu. Kategorisierungen können einerseits aufgrund falscher Stereotype zu Irrtümern führen, andererseits aber auch zu korrekten Beurteilungen beitragen, wenn die Stereotype gut fundiert sind. Cline (1964) hält den Gebrauch von Stereotypen bei der Urteilsbildung für äußerst wichtig. Der Gebrauch eines zutreffenden Stereotyps von einer bestimmten Klasse oder Kategorie von Menschen kann durchaus dazu beitragen, das richtige Urteil zu bilden. G. W. Allport (1961) hat eine Liste weitverbreiteter Generalisierungen und Beurteilungstendenzen zusammengestellt. Die meisten dieser Generalisierungen sind nur wenig, wenn überhaupt, zutreffend, sie sind jedoch als allgemein akzeptierte Stereotype weit verbreitet. Hier sind einige Generalisierungsbeispiele, die sich auf Informationen über äußere Erscheinung, Ausdrucks-, Bewegungs- und Sprachverhalten sowie soziale Herkunft stützen. Gesichter mit Falten in den Augenwinkeln werden als humorvoll, freundlich und sorglos angesehen. Brillenträger werden als gelehrig und fleißig perzipiert („Sie haben ihre Augen durch zuviel Studieren überanstrengt"). Menschen mit hoher Stirn werden als intelligenter und zuverlässiger betrachtet („Sie haben mehr Platz für Hirn"). Frauen mit überdurchschnittlich dicken Lippen werden als sexy angesehen; Frauen mit schmalen Lippen als spröde. Der Gesichtsausdruck, die Körperhaltung beim Gehen und Sitzen und sogar die Festigkeit oder Weichheit des Händedruckes liefern Informationen, aufgrund derer Beurteiler weitgehende Generalisierungen treffen. Lange Gesichter werden als traurig angesehen, während lächelnde Gesichter als intelligent angesehen werden. Allport folgert daraus augenzwinkernd, daß man als Bewerber immer ein lächelndes

Foto vorlegen, als Angestellter dann jedoch aufs Lächeln keinen Wert mehr legen sollte. Ein paar „offene, intelligente Augen" können auch bei der Suche nach einem Job nützlich sein, wohingegen Timbre, Modulation und Anspannung der Stimme Aufschluß über die Selbstsicherheit oder Nervosität des Bewerbers geben. Wohl mit einiger Berechtigung werden Menschen, die einen relativ hohen Anteil von Personalpronomina in der ersten Person in ihrer Rede verwenden, als ich-zentriert betrachtet. Mit weniger Berechtigung werden Menschen mit lauter mächtiger Stimme als überzeugend angesehen. Mit einem Höchstmaß an Übereinstimmung werden Stereotype über ethnische Gruppen, Berufe und soziale Klassen zum Ausdruck gebracht. Italiener werden als künstlerisch und impulsiv betrachtet, die Iren als kampfeslustig und mit hitzigem Temperament. Dicke Männer sind lustig, ältere Frauen mütterlich, schwarzhaarige Typen schurkig und Chinesen undurchsichtig. Literatur und Folklore enthalten eine Fülle immer wiederkehrender Stereotype. Aus der Konsistenz der Generalisierungen aufgrund äußerer Erscheinungsbilder und Verhaltensweisen als auch der Stereotype hinsichtlich sozialer Gruppen geht klar hervor, daß diese Folgerungsprozesse bei der gegenseitigen Beurteilung der Menschen von großer Wichtigkeit sind, denn die hier involvierte psychologische Ökonomie ist evident. Immer, wenn das Etikett Italiener, Ire, dick oder blond paßt, werden dem Betreffenden die allgemeinen Eigenschaften der Kategorie zudiktiert, und sein Verhalten wird „verständlich" und „voraussagbar".

Zu den wichtigsten Kategorien von Stereotypen zählt wohl die ethnische Gruppenzugehörigkeit. Fremden und Ausländern wird gewöhnlich eine ganze Reihe von Merkmalen und Eigenschaften zugeschrieben, ohne daß man sie in einigen Fällen jemals zu Gesicht bekommen hätte. Negative Stereotype beruhen manchmal auf einer oder zwei schlechten Erfahrungen mit nicht-repräsentativen Mitgliedern dieser Gruppe, oder sie werden, wie es meistens der Fall ist, durch Berührung mit der vorherrschenden Meinung über die Gruppe erlernt. Obwohl die Äußerung negativer Stereotype oft mit einer vorurteilsvollen Einstellung einhergeht, ist die Tendenz, sich bei der Beurteilung von Leuten der Stereotype zu bedienen, allgemein weit verbreitet und nicht unbedingt ein Zeichen einer mit Vorurteilen behafteten Einstellung. Die Benutzung von Stereotypen in bezug auf Gruppen erlaubt es dem Individuum, eine große Anzahl von Menschen in einfache Begriffskategorien zu sortieren und auf sie in konsistenter und einheitlicher Art und Weise zu reagieren. Ohne generalisierte Kategorien wäre es unmöglich, sich auf immer wiederkehrende Verhaltensmuster der Gruppe zu konzentrieren, und es wäre schwer, mit Mitgliedern einer Gruppe zu interagieren, ohne sich nicht ständig zu fragen, wann wohl der erste *faux pas* passiere. Stereotype über Gruppengebräuche klammern einen Teil des Rätselratens aus der sozialen Interaktion aus: sie ermöglichen es dem Benutzer, mit einiger Sicherheit die wahrscheinliche Reaktion eines Amerikaners, Japaners oder Deutschen auf eine Begrüßung mit dem Vornamen, einer höflichen Verbeugung oder einem Schulterklopfen vorauszuahnen. Wenn Stereotype über den Nationalcharakter jedoch undifferenziert auf ein Individuum angewandt werden, können sie extreme Verwirrung und Verlegenheit stiften, da nur wenige Individuen haargenau auf ein Stereotyp passen. Es gibt Hinweise darauf, daß Stereotype über ethnische und nationale Gruppen in der heutigen Zeit verschwommener und vager sind, als es vor dem zweiten Weltkrieg der Fall war. Die Äußerung rassischer Stereotype wird sozial nicht akzeptiert, und intensivere Kontakte mit Ausländern als Ergebnis der vereinfachten Reisemöglichkeiten haben darüber hinaus zu einer Verminderung ihres Gebrauchs geführt. Wenn sie weitverbreitet sind, bestätigen sich jedoch manche Stereotype selbst und nehmen ein gewisses Eigenleben an. Bis vor wenigen Jahren präsentierten viele Neger aus den Südstaaten den weißen Amerikanern absichtlich eine Art „Onkel-Tom"-Image. Da die Weißen es so erwarteten und da es sie vor Schwierigkeiten bewahrte, spielten Neger die Rolle einfältiger und arbeitsscheuer Leute, die mit ihrem Los zufrieden waren. Selbst heute sind noch viele Südstaatler von der Richtigkeit dieses Stereotyps überzeugt und weigern sich einzugestehen, daß es nichts als ein Mythos war.

Im Gegensatz zu den allgemeinen Schlußfolgerungsregeln, die fast alle Leute gemeinsam vollziehen, basieren idiosynkratische Schlußfolgerungsprozesse auf persönlichen auf Erfahrung beruhenden Generalisierungen und reflektieren die Sicht des Betreffenden von der Welt. Der vielleicht wichtigste idiosynkratische Prozeß ist die implizite „Persönlichkeitstheorie" des einzelnen, eine sein Urteil beeinflussende Theorie darüber, wie die anderen im allgemeinen sind. Die Menschen unterscheiden sich in ihren „Persönlichkeitstheorien" bzw. ihren Vermutungen über das menschliche Verhalten. Sie glauben, daß kleine Menschen Minderwertigkeitskomplexe haben, und der daraus folgende Schluß, daß Mickey Rooney[1] Minderwertigkeitskomplexe haben muß, ist ein Beispiel für eine unrichtige „Persönlichkeitstheorie". Die Vermutung, daß rothaarige Männer aggressiv sind, ist ein weiteres Beispiel

---

[1] Mickey Rooney ist ein bekannter amerikanischer Kriegs- und Westernfilmstar, der nur ca. 1,55 m groß ist und hauptsächlich die Rolle eines wilden Schlägers und Draufgängers spielt.

für eine unausgesprochene „Persönlichkeitstheorie". Eng verbunden mit den impliziten Persönlichkeitstheorien „ist die Existenz allgemeiner Bewertungsbereitschaften", die die Tendenz beinhalten, jemandem wohl- oder übelgesonnen gegenüberzutreten, ihn milde oder kritisch zu beurteilen. Während der Bewertungsmaßstab des Beurteilers seine Meinung über die menschliche Natur widerspiegelt, legt er gleichzeitig fest, ob der Betreffende nach sozial erwünschten oder unerwünschten Charaktereigenschaften Ausschau hält und in seinem Urteil milde oder hart ist. Eine der Hauptfehlerquellen ist die Neigung, von sich auf andere zu schließen und anderen Menschen die gleiche Abhängigkeit, Aggression und Soziabilität zuzuschreiben und zu unterstellen, wie man sie bei sich selbst feststellt. Dies ist eng mit der Neigung verbunden, eine Ähnlichkeit vor allem mit einer Person zu unterstellen, die der Beurteiler gerne mag. Aber die Generalisierung von sich selbst kann auch eine Hilfe für eine exakte Wahrnehmung darstellen, da die Selbstwahrnehmung, das Wissen um eigene Motive, eine stabile Basis für die Beurteilung anderer bietet. Aufgrund der Kenntnis, was wir unter gleichen sozialen Umständen selbst tun würden, können wir die einer bestimmten Handlung zugrunde liegenden Motive und Absichten besser verstehen. Eine weitere Fehlerquelle liegt in der Tendenz, aufgrund einer gewissen Ähnlichkeit von einer bekannten Person auf einen Fremden zu schließen. Im letzteren Fall kann es geschehen, daß der Betreffende eine Person trifft, die ihn an jemanden anderen erinnert, z. B. an einen Onkel, und er geht dazu über, die unvorteilhaften Charaktereigenschaften des Onkels dem armen Fremden zuzuschreiben. Ein weiterer Generalisierungsfehler liegt in einer Bewertungskategorie, der als der „Halo-Effekt" bekannt ist. Hier breitet sich der allgemeine Eindruck der Person auch auf andere Eigenschaften aus. Da eine Person schon einige vorteilhafte Merkmale gezeigt hat, werden ihr noch mehr zugeschrieben. Das gleiche geschieht mit weniger vorteilhaften Eigenschaften. Es ist von Studenten bekannt, daß sie vor allem vor Prüfungszeiten eifrig für „Halo-Effekt" sorgen. Alle diese Schlußfolgerungsprozesse beeinflussen die Fähigkeit, andere zu beurteilen, wobei sie sich in einigen Fällen hilfreich, in anderen störend auswirken. Sie spiegeln die Tendenz wider, Informationen und Eindrücke über eine Person in eine einfache und kompakte Form zu verpacken.

Wie sich ein Eindruck bildet

Bei der Beurteilung von Menschen werden viele Informationsteile zu einem Ganzen zusammengefügt, die dann eine Bewertung bilden. Wie die einzelnen Teile zusammengefügt und organisiert werden, um einen kohärenten Gesamteindruck zu bilden, ist immer noch eine umstrittene Frage. Zur Zeit gibt es drei verschiedene Standpunkte zu dem Problem, wie sich Eindrücke herausbilden. Der erste besagt, daß der Gesamteindruck eine einfache Summierung der einzelnen Züge darstellt. Wenn eine Information über einen günstigen Charakterzug der betreffenden Person empfangen wird, wird der vorteilhafte Gesamteindruck bekräftigt. Umgekehrt beeinträchtigt eine ungünstige Information über die Charaktereigenschaften der betreffenden Person das vorteilhafte Gesamtbild. Nach dem zweiten Standpunkt findet ein rascher unbewußter Gewichtungsprozeß statt, der es ermöglicht, vielfältige Hinweise bei der Wahrnehmung von Menschen zu verbinden. Der Vorgang nimmt die Form einer einfachen Durchschnittsbildung an, während alle Informationen gleichzeitig empfangen werden und alle Informationsteile gleiches Gewicht haben. Eine gewichtete Durchschnittsbildung kommt dann vor, wenn die Informationen der Reihenfolge nach gegeben werden. Die ersten Informationen haben in der Regel einen größeren Einfluß auf die Eindrucksbildung als die späteren Informationen. Dieser sog. „Primacy-Effekt" in der Reihenfolge der Informationen erklärt auch, warum der erste Eindruck für die Bildung einer dauerhaften Meinung über die Person so wichtig ist und warum es oft so schwierig ist, einen falschen ersten Eindruck zu korrigieren (vgl. Luchins, 1957). Nach dem dritten Standpunkt wird mit Asch (1946) und anderen Gestaltpsychologen die Ansicht vertreten, daß von den Merkmalen einer Person nicht einfach die Summe oder der Durchschnitt gebildet wird, sondern daß sie ein komplexes Konfigurationsmuster darstellen. Einige Charakterzüge werden als zentral angesehen und haben großen Einfluß auf den Gesamteindruck, während andere nur am Rande liegen und nur geringeren Einfluß ausüben. Asch (1946) zeigte, daß bestimmte Informationen bei der Personbeurteilung von besonderem Interesse und besonderer Wichtigkeit sind. Die Information, daß eine Person „warm" oder „kalt" ist, färbt die Beurteilung aller übrigen Merkmale. „Warm" vermittelt den Eindruck, daß die betreffende Person auch weise, glücklich, phantasievoll und humorvoll ist[1]. „Kalt" bedeutet, daß der Betreffende ernst, zuver-

---

[1] Im Deutschen kann die Personenbeschreibung „warm" andere und vielleicht auch weniger zentrale Bedeutung besitzen als im Amerikanischen.

lässig, humorlos und unglücklich ist. Eine Randeigenschaft, z. B. „pünktlich" gibt weit weniger Aufschluß über die Person. Kelley (1950) folgte Aschs Ansatz und untersuchte die „Kalt — Warm"-Variable bei der Personenwahrnehmung. Kelley gab vor einer Vorlesung einigen Studenten ein paar kurze biographische Notizen über einen Gastlektor. Einigen Studenten wurde der Professor als „sehr warm" beschrieben, anderen wurde hingegen mitgeteilt, daß er „sehr kalt" sei. Nachdem die Studenten seine 20 Minuten dauernde Vorlesung gehört hatten, wurden sie gebeten, ihre Eindrücke über den Lektor niederzuschreiben. Jene, denen er als „warm" beschrieben worden war, stuften ihn als verständnisvoll anderen gegenüber, informiert, beliebt, gutmütig und humorvoll ein, wohingegen diejenigen, die die Beschreibung „kalt" erhalten hatten, dem Lektor weniger gute Eigenschaften zuschrieben und weniger dazu bereit waren, an einer Diskussion nach der Vorlesung teilzunehmen. Die Untersuchung weist darauf hin, daß bestimmte Charakterzüge bei der Herausbildung des Gesamteindrucks von einer Person von zentraler Bedeutung sind. Beide Untersuchungen zeigen, daß eindeutig voneinander unterschiedene Informationselemente in einem organisierten kognitiven Rahmen verschmolzen werden.

In der gegenwärtigen Zeit vertritt Zajonc (1968) die Ansicht, daß es keinen zwingenden theoretischen Grund gibt, zwischen den verschiedenen Standpunkten der Eindrucksbildung zu wählen. Der jeweilige Ansatz scheint auf einiges Datenmaterial gut, auf anderes weniger gut zu passen. Es ist daher sehr gut möglich, daß das Individuum bei der Eindrucksbildung je nach Art und Umfang der vorhandenen Information von dem einen zum anderen Ansatz überwechselt. So kann z. B. einfache Summierung dann vorkommen, wenn die Informationen dürftig und alle von der gleichen Sorte sind. Eine gewichtete Durchschnittsbildung mag dann vorkommen, wenn die Informationen in Blocks geliefert werden und spätere Mitteilungen früheren Informationen widersprechen. Eine konfigurative Strategie könnte dann eingeschlagen werden, wenn umfangreiche Komplexe und widersprüchliche Informationen vorliegen, die eine Einstufung nach der Wichtigkeit erfordern, bevor sie verschmolzen werden können. Ein konfigurativer Ansatz wäre außerdem angebracht, wenn die Kombination der Merkmale die gesamte Bedeutung der einzelnen Informationen verändern würde. Die beiden Informationen z. B., daß Herr X „schlau" und ein „Bauer" ist, kann durchaus einen günstigen Eindruck erwecken, aber die Information, daß Herr X ein „schlauer Bauer" ist, verändert den Eindruck grundlegend. Der soziale Zusammenhang einer Information kann außerdem auch grundlegend ihre Bedeutung verändern. Die Tatsache, daß Herr Y in betrunkenem Zustand nach Hause gebracht wurde, hinterläßt einen ungünstigen Eindruck, aber die zusätzliche Information, daß es nach einem Kegelabend war, schwächt den Eindruck ein wenig ab. Die Mitteilung, daß es nach seinem Hochzeitsfrühstück geschah, wirkt hingegen äußerst abträglich. Wie die Wahrnehmung der Aktionen, Fähigkeiten, Eigenschaften und Interessen einer Person zu einem relativ einheitlichen Ganzen integriert und organisiert werden, ist ein Problem, das weiterer Untersuchungen bedarf.

Reihenfolgeeffekte bei der Eindrucksbildung

Der Eindruck von einer Person ändert sich, wenn neue Informationen über sie erhalten werden; erste Eindrücke widersetzen sich einem Wechsel jedoch sehr stark. Diesen Grundsatz beherzigend bemühen sich Stellungssuchende und Paare, die sich zum ersten Male treffen, sehr stark, einen vorteilhaften ersten Eindruck zu hinterlassen. Luchins (1957) hat den Einfluß des ersten Eindrucks auf die Bildung eines Gesamturteils über eine Person überprüft. Während einer Reihe von Untersuchungen stieß er auf einen mächtigen „Primacy-Effekt" bei der Eindrucksbildung. Eine erste Information über einen Fremden beschrieb z. B. eine freundliche, aus sich herausgehende Person. Obwohl dem sofort zusätzliche Informationen folgten, die besagten, daß der Fremde unfreundlich sei, beurteilte ihn die große Mehrheit der Versuchspersonen als freundlich. Der Effekt des ersten Eindrucks ist nicht universell und ihm kann durch eine Reihe von Maßnahmen entgegengewirkt werden. Die Vorwarnung über die irreführende Natur des ersten Eindrucks und der Ratschlag, daß eine Meinung nicht vor dem Anhören aller Informationen gebildet werden sollte, machte den Effekt des ersten Eindrucks völlig zunichte. Die Trennung der beiden Informationsblocks durch die Stellung einer mit dem Versuch nicht zusammenhängenden Aufgabe statt einer gleichzeitigen Darbietung führte auch zu einer Schwächung des „Primacy-Effekts". Trotz allem sind erste Eindrücke wichtig und können lang anhaltend sein, nicht nur weil späteren Informationen weniger Gewicht beigemessen wird, sondern auch weil dem unglücklich stammelnden Bewerber später wohl kaum noch einmal die Gelegenheit geboten wird zu beweisen, daß der anfängliche Eindruck verkehrt war.

Wie man einen bestimmten Eindruck erzielt

Der Gebrauch des „Eindrucksmanagements" und des sich Einschmeichelns zur Erzielung bestimmter Wirkungen im Prozeß der Personenwahrnehmung hat sich zu einem neuen und interessanten Untersuchungsgebiet entwickelt (vgl. Jones, 1964). Dieses Gebiet befaßt sich mit dem Beitrag, den die zur Beurteilung anstehende Person selber zur Bewertungssituation leistet. Menschen versuchen, einen guten Eindruck zu machen, indem sie während der Anwesenheit anderer, auf deren Urteil sie Wert legen, ihre positiven Seiten herauskehren und ihre Unzulänglichkeiten verbergen. Das Einschmeicheln, eine weniger schöne Seite der Eindrucksbeeinflussung, illustriert einige der wichtigsten Prinzipien bei der Wahrnehmung anderer Personen. Die Person, die das Objekt der Wahrnehmung bildet, manipuliert gewollt ihr Bild in der Öffentlichkeit, um ihre Anziehungskraft für den Beurteiler bzw. eine bestimmte Zielperson zu erhöhen. Dies kann durch Schmeicheleien erzielt werden, indem man seine Übereinstimmung mit den Werten und Ansichten der Beurteiler zum Ausdruck bringt, oder indem man sich selbst möglichst in ein günstiges Licht setzt. Der Status der betreffenden Person sowie der Status des Beurteilers entscheiden gewöhnlich über die Einschmeichelungstaktik, die man wählt, um einen vorteilhaften Eindruck hervorzurufen: Eine Person mit niederem Rang, die sich der Schmeicheleien und Komplimente bedient, um die gute Meinung eines anderen zu erringen, läuft leicht Gefahr, daß ihr Unterfangen auf sie zurückfällt, wenn die wahre Absicht erkannt wird. Um einen guten Eindruck zu machen, wäre es für eine Person mit niedrigem Rang sicherer, ähnliche Meinungen wie die Zielperson zu äußern, möglicherweise, bevor sie von dieser ausgesprochen worden sind. Eine weitere Taktik zur Erzielung eines glaubhaften guten Eindrucks liegt in der subtilen Kombination zwischen der Selbsterhöhung in bezug auf wichtige Eigenschaften und der Selbstabwertung und Erniedrigung in bezug auf weniger wichtige Eigenschaften.

Vieles ist bei der Beeinflussung von Eindrücken nicht so bewußt beabsichtigt und machiavellistisch wie der Begriff Einschmeichlungstaktik suggerieren mag. Daß Menschen versuchen, ein vorteilhaftes Bild von sich selbst zu zeigen, ist eine grundlegende Tatsache des Lebens und kann in allen natürlichen Umgebungen beobachtet werden. Wenn jedoch von der Verbindung erwartet wird, daß sie gewinnbringend sein soll, und ihr Fortbestand von der Schaffung eines vorteilhaften Eindrucks abhängt, können Einschmeichelungstaktiken ohne Skrupel von der einen Seite oder von beiden Seiten angewendet werden. Da sich jeder von ihnen der Möglichkeit bewußt ist, daß der andere versucht, einen „guten Eindruck" zu machen, bedient er sich zur Urteilsbildung dieser Information nur mit Vorsicht. Rollenbestimmtes Verhalten, das in formeller Umgebung entfaltet wird, z. B. die Rolle eines charmanten Gastgebers zu spielen, ist bei der Eindrucksbildung von weniger Gewicht, als unreglementierte Handlungen in formellen Umgebungen. Ähnlich sind Handlungen, die gewollt und einstudiert wirken, weniger gewichtig als Verhaltensweisen unter Bedingungen von Belastung und Müdigkeit oder unter dem Einfluß von Alkohol. Menschen zeigen oft erst ihr „wirkliches" Ich, wenn sie äußerst angespannt oder wirklich ausgelassen sind. Ganz allgemein kann man sagen, je ungewöhnlicher oder unerwarteter ein Verhalten ist, um so mehr Informationen liefert es für die Eindrucksbildung. Dabei muß natürlich unterstellt werden, daß das Verhalten in gewissem Sinne für die Person charakteristisch ist und kein gänzlich isoliertes, außerordentliches Ereignis darstellt, das jenseits der Kontrolle der betreffenden Person liegenden Umständen zugeschrieben werden muß.

Genauigkeit der sozialen Wahrnehmung und soziale Interaktion

Genauigkeit der sozialen Wahrnehmung wird auch soziale Sensitivität, soziales Verständnis oder Mitempfinden genannt. Die Genauigkeit der Personenwahrnehmung wird für sehr wichtig gehalten, da sich das Zusammenleben und Zusammenarbeiten schwierig gestalten würde, wenn die Personenwahrnehmung ungenau wäre. Der Arbeiter, der seine Forderung nach einer Gehaltserhöhung auf die gute Stimmung seines Chefs zeitlich nicht richtig abstimmen kann, hat wahrscheinlich wenig Erfolg. Ein junger Mann, der die Zeichen der Verärgerung eines Mädchens über seine Liebesbemühungen nicht zu lesen weiß, wird wahrscheinlich sehr oft verletzt. Man kann annehmen, daß eine Gruppe, die sich aus Mitgliedern mit genauen sozialen Wahrnehmungen zusammensetzt, leistungsfähiger ist, als eine Gruppe mit Mitgliedern, deren Wahrnehmungen weniger genau sind. Man kann mit einiger Berechtigung wohl annehmen, daß die eigene Wahrnehmung der Mitarbeiter einer kleinen Gruppe durch ihren Führer die Effektivität der Gruppe wesentlich erhöht und daß neue Gruppenmitglieder, die den Stand der Dinge rasch und genau wahrnehmen und abschätzen können, auf größere Aufnahmebereitschaft stoßen als andere. Gibt es aber überhaupt Beweise dafür, daß wirkungsvolle zwischenmenschliche Beziehungen von der Fähigkeit des Menschen abhängen, das Verhalten und die Erfahrungen der anderen richtig zu verstehen?

Um die Wichtigkeit einer genauen Wahrnehmung sozialer und interpersoneller Verhaltensweisen zu erörtern, unternahm Steiner (1955) eine kritische Untersuchung zweier Lösungsvorschläge, die eine Verbindung zwischen der Genauigkeit bei der sozialen Wahrnehmung und effektivem Sozialverhalten herstellen. Der erste Lösungsvorschlag beschäftigte sich mit der Relevanz des interpersonellen Verhaltens. Erlaubt die Kenntnis eines Individuums über die Absichten und Meinungen der anderen Personen, wirkungsvoller an Aktivitäten der Gruppe teilzunehmen? Der zweite Lösungsvorschlag, der eine Ausweitung des ersten darstellt, befaßt sich mit der Leistungsfähigkeit des Gruppenverhaltens. Sind Gruppen mit Mitgliedern, deren soziale Wahrnehmungen genauer sind, wirkungsvoller als Gruppen mit Mitgliedern, deren soziale Wahrnehmungen weniger genau sind? Steiner kommt zu dem Schluß, daß nur unter ganz bestimmten Umständen, z. B. wenn die exakt wahrgenommenen Eigenschaften für die Gruppentätigkeit relevant sind, genaue soziale Wahrnehmungen zu einer Steigerung der Leistungsfähigkeit der Gruppe führen. In einer therapeutischen Gruppe mit depressiven Patienten wird die Beobachtung des Klinikarztes, daß einer der Patienten Selbstmordabsichten hat, von äußerster Wichtigkeit für die Art und Weise, wie er die Gruppe behandelt. In einer hoch institutionalisierten Umgebung, wie z. B. einem Krankenhaus, ist die Wahrnehmung des Stationsarztes, daß eine der Krankenschwestern unglücklich ist und sich mit dem Gedanken trägt zu kündigen, für die Leitung des Krankenhauses unbedeutend. Steiner will darauf hinaus, daß eine Vielzahl von Interaktionen innerhalb eines Rollensystems z. B. in einem Krankenhaus, einer Armee-Einheit oder einer Schule vorkommen, und daß die wichtigsten Verhaltensweisen innerhalb dieser Umgebungen von Rollennormen vorgeschrieben sind. Auf der Grundlage der Kenntnis dieser Rollenvorschriften kann man das Verhalten des Individuums exakt voraussagen, ohne dabei seine einzigartigen Eigenschaften berücksichtigen zu müssen. Obwohl Steiners Ansicht über die Bedeutung der besonderen Merkmale bei der Wahrnehmungsgenauigkeit haltbar ist, scheint er die Wichtigkeit der Wahrnehmungsgenauigkeit im allgemeinen jedoch zu unterschätzen. Selbst innerhalb eines hochinstitutionalisierten Rollensystems bedarf es für das Funktionieren eines gewissen Grades an Genauigkeit, da irrtümliche Wahrnehmungen über die Rollenerwartungen anderer zu Reibungen und Konflikten innerhalb dieses Systems führen könnten. Darüber hinaus könnten die Rollenbeziehungen zwischen dem Wahrnehmenden und Wahrgenommenen die Personenwahrnehmung selektiv verzerren. Die Macht über den andern oder die Abhängigkeit des Gegenüber mag den Beurteiler dazu veranlassen, die Fehler oder Tugenden des andern zu übersehen oder überzubewerten, was zu einer Schwächung des sozialen Verhaltens führt.

Rollenverhalten und Wahrnehmungsgenauigkeit

Wenn eine Person eine soziale Rolle übernimmt, erwartet man von ihr, daß ihre Persönlichkeit entweder schon auf die Rolle zugeschnitten ist oder daß sie bestimmte Persönlichkeitsveränderungen vornimmt. Von Verkehrspolizisten erwartet man, daß sie unnachgiebig, von älteren Doktoren, daß sie streng aber freundlich sind, Richter sollen nüchtern und wohlüberlegt, Oberkellner müssen kühl und förmlich sein. Durch sein Rollenspiel versucht das Individuum zu beweisen, daß es die speziellen Erfordernisse seiner Rolle auszufüllen vermag. Somit ermöglicht die Voraussagbarkeit des Rollenverhaltens eine wirtschaftliche Gestaltung der Personenwahrnehmung. Wenn man einem Verkehrspolizisten oder einem älteren Doktor, einem Richter oder Oberkellner begegnet, kann man vernünftigerweise darauf vertrauen, daß sie sich in einer bestimmten Weise verhalten werden, wodurch eine frühzeitige Entscheidung über die eigene Reaktionsweise ermöglicht wird. Ein Verkehrspolizist, der kühl und förmlich, ein älterer Doktor, der unerbittlich, ein Richter der betrunken und impulsiv, und ein Oberkellner, der streng aber freundlich ist, würden nicht nur die Wahrnehmung der sozialen Wirklichkeit in Verwirrung bringen, sondern auch die Durchführung der sozialen Interaktion schwierig gestalten. Das bei der Eindrucksbildung wirkende Prinzip der Wirtschaftlichkeit fungiert gleichzeitig als Konsistenzprinzip, indem es zu der Vorstellung beiträgt, daß sich die Menschen nach den ihnen zugewiesenen Rollen verhalten.

Menschen verhalten sich in ihren Rollen aber manchmal so, daß die Rollenerwartungen durcheinander gebracht werden. Die individuelle Persönlichkeit hat dann gleichsam den Anspruch der Rolle durchbrochen, wie z. B. der fröhlich dreinblickende Leichenbestatter oder der Chirurg, der während einer schwierigen Herztransplantation lustig vor sich hinpfeift. Diese Personen spielen ihr Rollenverhältnis herunter, um die rollenbedingten Spannungen zu vermindern. Verhaltensweisen außerhalb der Rolle bzw. Verhaltensweisen, die auf Grund ihres Abweichens von der normalen Rollenerwartung nichtvoraussagbar sind, stellen für die interpersonelle Wahrnehmung eine reichhaltige Informationsquelle dar. Sie geben zumindest Aufschluß darüber, daß die die Rolle durchbrechende Person ein Nonkonformist und unabhängig ist, aber sie gewähren auch einen tiefen Einblick in die gesamte Persönlichkeit. Sie lassen den Schluß zu, daß der Betreffende mit einigen Ansprüchen der Rolle nicht einverstanden ist, oder daß er bestrebt ist, dem Beobachter seine eigenen „persönlichen" Eigenschaften unter Beweis zu stellen. Allgemein ausgedrückt, je weniger Veranlassung eine Person hat, sich außerhalb ihrer Rolle zu bewegen, umso weniger Informationen liefert die Handlungsweise über die einzigartigen Eigenschaften der Person. Handlungsweisen, die wegen ihrer sozialen Wünschbarkeit weit verbreitet sind, geben nicht viel Aufschluß über ihren Urheber, es sei denn die Tendenz, sich den Rollenerfordernissen anzupassen.

Soziale Wahrnehmung: Die Interpretation sozialer Verursachung

In den meisten Situationen wird die Art, wie eine Person reagiert, davon beeinflußt, was sie als Grund des Verhaltens wahrnimmt und wie sie es interpretiert. Heider (1958) stellt dazu fest, daß eine der Hauptverzerrungsursachen bei der sozialen Wahrnehmung die Tendenz darstellt, die Person und nicht die Situation als Ursache für eine bestimmte Handlungsweise anzusehen. Dabei wird dem Verhalten und seinen Auswirkungen zuviel Bedeutung zugemessen und zuwenig den Situationsgegebenheiten. So kann es geschehen, daß Ereignisse, die in Wirklichkeit von außen gesteuert sind, als der Kontrolle der Person zugänglich angesehen werden.

Wie nehmen wir nun die Ursachen für das Verhalten der anderen wahr? Pepitone (1958) nahm eine nützliche Unterscheidung zwischen drei wahrgenommenen Kausalitätsdimensionen vor, die bei der Verhaltensinterpretation Eingang finden: Die Verantwortung, die Intention und die Rechtfertigungsmöglichkeit einer Person für eine bestimmte Handlung. Es ist in den meisten Fällen so, daß die Wahrnehmung der Ursachen, die eine bestimmte Verhaltensweise einer Person umgeben und die in der Situation begründet liegen, die Reaktionsweisen gegenüber dieser Person beeinflussen. Dies äußert sich z. B. in der Bereitschaft, die Interaktion fortzusetzen, Vergeltung zu üben, zu belohnen oder zu bestrafen.

Verantwortung

Eine bestimmte Handlung wird normalerweise als von einem sozialen Agenten, d. h. einem „Täter", verursacht wahrgenommen. Die Frage der Verantwortung ist im wesentlichen das Problem, eine gegebene Handlung einem bestimmten sozialen Agenten zuzuordnen. Wird der Betreffende als „Urheber" seines Verhaltens angesehen oder nur als „Spielball" äußerer Kräfte? Handelte er aus freien Stücken oder wurde er von jemand anderem gezwungen, bestochen oder sonstwie verleitet? Wenn man den Eindruck hat, daß ursächliche Faktoren jenseits der Kontrolle des Individuums das Individuum bestimmt haben, es sich also um Kräfte handelt, die bei anderen Menschen oder bei der physischen Umwelt liegen, das Verhalten des Individuums bestimmt haben, wird der Betreffende als bloße „Schachfigur" angesehen. Wenn er aber Herr seiner selbst ist, wenn also die Ursachen seines Verhaltens in ihm selbst liegen, wird er als „Urheber" der Handlungen angesehen (de Charms, 1968). Wir wollen nun einige Bedingungen überprüfen, die der Zuordnung der Verantwortung und der individuellen Urheberschaft zugrunde liegen.

Zugeschriebene Verantwortung und Status

Angesehene, hochgestellte Persönlichkeiten werden im allgemeinen als für ihre Taten verantwortlicher wahrgenommen als Leute mit niederem Status. Eine Untersuchung von Thibaut und Riecken (1955) illustriert anschaulich, daß der Rang einer Person eine Haupteinflußgröße für die Zuordnung der Verantwortlichkeit für seine Taten darstellt. Die Versuchspersonen wurden gebeten, einen Doktoranden mit hohem Status und einen „ranglosen" Studenten aus dem ersten Semester dazu zu überreden, Blut für das Rote Kreuz zu spenden. Obwohl beide Studierende, die in Wirklichkeit Komplicen des Versuchsleiters waren, zu erkennen gaben, daß sie überredet worden seien, gaben die Versuchspersonen an, daß sie den Studenten mit niedrigerem Status als überredbarer ansahen. Außerdem ist bemerkenswert, daß anschließend die Sympathie der Versuchsperson für den Doktoranden stärker angestiegen war, als die Sympathie für den Studenten mit niedrigerem Status, wahrscheinlich weil ein auf freiem Willen beruhender Akt der Wohltätigkeit eher Anerkennung findet als ein Akt, der das Ergebnis eines unausweichlichen Zwanges zu sein scheint. Die Zuschreibung der Verantwortung spiegelt auch die Tendenz wider, von sich selbst auf andere zu schließen. Leute, die der Meinung sind, daß sie Macht über ihr eigenes Schicksal haben, nehmen die anderen auch als Meister ihres eigenen Schicksals wahr; Individuen, die sich relativ machtlos fühlen, betrachten auch die anderen als äußeren Mächten ausgeliefert. Demnach ist die Wahrnehmung der sozialen Verursachung abhängig von der Berücksichtigung der Zwänge des Augenblicks, dem Status der wahrgenommenen Person sowie der Persönlichkeit des Beurteilers.

Zugeschriebene Verantwortung und Überwachungsmöglichkeit

Oft wird die Wahrnehmung der Verantwortung einer anderen Person von der bloßen Möglichkeit der Kontrolle ihres Verhaltens, d. h. der Übernahme der Verantwortung für ihr Verhalten, determiniert. Ein einfallsreiches Experiment von Strickland (1958) zeigt, daß die strenge Überwachung eines untergebenen Arbeiters dazu führt, daß der Überwacher das Verantwortungsbewußtsein des Arbeiters für sein Verhalten nicht in dem Arbeiter selbst, sondern in der Tatsache des Überwachtseins begründet liegen sieht. In Stricklands Experiment mußte die Versuchsperson zwei Untergebene überwachen. Man hatte vorher dafür Sorge getragen, daß der Überwacher die Tätigkeit des einen Arbeiters sehr genau, die des anderen kaum überblicken konnte. Es war die Aufgabe des Überwachers, aus der stumpfsinnig gearteten Tätigkeit seiner Arbeiter möglichst viel an Leistung herauszuholen. Obwohl beide Arbeiter (die in Wirklichkeit Versuchsgehilfen waren) gleichermaßen gut arbeiteten, wurde der strenger überwachte als weniger vertrauenswürdig und weniger zuverlässig betrachtet und wurde bei einer Versuchsserie erneut zur Überwachung ausgesucht. Hieraus kann man den Schluß ziehen, daß die Versuchspersonen der Ansicht waren, ihre Überwachung sei für die Leistung der Arbeiter ausschlaggebend gewesen. Andererseits wurde der Fleiß des weniger streng überwachten Arbeiters darin begründet gesehen, weil er „es so wollte", weil er daran interessiert war, oder er einfach ein „netter Kerl" war. Dieser Befund illustriert deutlich das Problem der Vertrauensbildung zwischen Menschen unter Bedingungen, bei denen eine Person von vornherein im Nachteil ist. Wenn unterstellt wird, daß der überwachte Arbeiter nur deshalb fleißig war, weil er überwacht wurde, und man nicht weiß, wie er sich ohne Überwachung verhalten würde, traut man ihm nicht zu, alleine arbeiten zu können.

Zugeschriebene Verantwortung — Glück und Unglück

Die Zuschreibung oder Zuordnung der Verantwortung ermöglicht eine sowohl die Person als auch ihre Handlungsweise umschließende Organisierung von Umweltereignissen in einer Weise, daß diese als Einheit ökonomisch beschrieben werden können. Das Bedürfnis, Ereignisse sinnvoll zu strukturieren, läßt sich in der weitverbreiteten Neigung wiedererkennen, Zufallsereignisse als kausale Ereignisse anzusehen. Zum Beispiel wird Erfolg in Form eines Lotteriegewinns als verdient betrachtet, obwohl die Leute genau wissen, daß er als Folge eines Zufallsereignisses erzielt wurde. Unglück wird normalerweise dem Zufall zugeschrieben, wenn aber sein Ausmaß schwerwiegend ist, wird es den Leuten unangenehm, die Rolle des Zufalls anzuerkennen, und es zeigt sich die Tendenz, Verantwortliche zu suchen oder jemandem die Schuld zuzuschieben. Walster (1966) wies nach, daß einer Person die Verantwortung für ein Unglück umso eher zugeschrieben wird, je ernster die Folgen dieses Unglücks sind. Ein Autofahrer, dessen geparkter Wagen z. B. ins Rollen gerät, wird für die daraus resultierenden Folgen eher verantwortlich gehalten, wenn eine Person dabei zu Schaden kommt, als wenn nur ein Zaunpfahl verbogen wird. Daraus folgt, daß die Schwere der Konsequenzen die Zuordnung der Verantwortung beeinflußt. Dies geschieht möglicherweise deshalb, weil alle möglichen Vorsichtsmaßnahmen zur Verhinderung des Unglücks (z. B. Überprüfung der Handbremse, Parken auf flachem Gelände) dem Beobachter nur dann in den Sinn kommen, wenn das Unglück schwerwiegend ist. Es ist außerdem beruhigend, das Unglück als ausschließlichen Fehler des Fahrers einzustufen, da es von vorneherein den unangenehmen Gedanken ausschließt, daß sich Katastrophen der menschlichen Kontrolle entziehen und jeder Zeit passieren können. Wenn wir selbst die unglücklichen Opfer eines Unfalls oder in einen sonstigen Ärger verwickelt sind, sind wir von vornherein dazu geneigt, die Verantwortung einer Person zuzuschieben. Die Tatsache, daß das Unglück einer Person oder einer Sache uns oder jemand anderem zustößt, bestimmt also das Ausmaß der Schuld oder Nachlässigkeit, die wir der anderen Person zuschreiben.

Vorsatz

Man sieht eine Person in einem völlig anderen Licht, wenn die Absicht erkennbar wird, daß sie einem anderen eher Schaden als Nutzen zufügen will. Eine wohltätige Handlung, die von dem freien Willen des Betreffenden geleitet zu sein scheint (ihm steht eine Alternative offen), gilt als positiver als eine Handlung, die aus einem sozialen Zwang erwächst (ihm steht keine Alternative offen). Dankbarkeitsgefühle werden von der Wahrnehmung der Person hinsichtlich der Absicht des Wohltäters sowie dem Aufwand und Wert der Wohltat bestimmt. Man ist eher geneigt, gleiches mit gleichem zu vergelten, wenn die Tat als vorsätzlich und weniger als zufällig wahrgenommen wird. Selbst wenn sich jemand eine Tat zu Schulden kommen läßt, die Ärger und Verdruß verursacht hat, braucht der Betreffende nur dann mit Vergeltung zu rechnen, wenn seine Absicht als böswillig wahrgenommen wird. Die Fähigkeit, Vorsätzlichkeit zu erkennen, wird im mittleren Kindesalter entwickelt. Wie der Schweizer Psychologe Piaget (1948) feststellte, haben Kinder unter 7 Jahren die Tendenz, eine Untat an ihren Folgen, d. h. an dem Schaden, den sie verursacht hat, zu messen. Ältere Kinder bewerten solche Taten eher nach den Vorbedingungen, d. h. den Absichten der für die Tat verantwortlichen Personen. Wie bei der Dimension der Verantwortlichkeit beeinflußt der Status des Täters die Zuordnung der Vorsätzlichkeit. Hoher Status führt zu einer größeren Zuschreibung des Vorsatzes als niederer Status (Pepitone 1958).

Die Wahrnehmung der Absicht ist deshalb wichtig, weil unsere eigenen Handlungen und Selbsteinschätzungen von den Handlungen des anderen nicht unberührt bleiben. Wenn die Handlungen eines anderen unser Leben beeinträchtigen, ist es für uns von Bedeutung zu wissen, ob der Betreffende darauf aus ist, uns das Leben schwer zu machen oder ob der Zufall oder das Schicksal hier hineinspielt. In ähnlicher Weise haben wir ein Interesse daran, wenn andere Leute sich die Mühe machen, uns zu helfen oder zu loben. Wir möchten herausfinden, ob sie dies auf Grund unserer anziehenden Persönlichkeit oder auf Grund einer groben Fehleinschätzung getan haben. Der Handlungszusammenhang beeinflußt die Wahrnehmung der verfolgten Absicht. Die Schlußfolgerung, daß eine sich uns gegenüber liebenswert oder charmant verhaltende Persönlichkeit uns tatsächlich schätzt, ist umso wahrscheinlicher, wenn der Betreffende von der Erringung unserer Gunst offensichtlich nichts zu gewinnen hat.

Heider (1958) behauptet, daß es zwei Faktoren bei der Zuordnung der Vorsätzlichkeit gibt. Um unterstellen zu können, daß der Betreffende die Absicht hatte, die Tat auszuführen, schlußfolgert der Wahrnehmende normalerweise, daß der Betreffende (a) in der Lage war, die Tat auszuführen und (b) dazu motiviert war, die Handlung auszuführen bzw. einen solchen Versuch unternahm. Aus unserer Kenntnis über die Fähigkeiten der betreffenden Person folgern wir, daß sie dazu fähig und in der Lage ist, die Tat auszuführen, d. h. der Betreffende *kann* sie ausführen. Der *Versuch* wird aus der Ernsthaftigkeit und Intensität geschlossen, mit der die Handlung vollzogen wird. Daher wird die Wahrnehmung einer Tat als beabsichtigt oder zufällig von unserer Kenntnis darüber bestimmt, ob die betreffende Person dazu fähig und in der Lage ist, die Handlung mit Absicht herbeizuführen. Man kann daher wohl zu Recht annehmen, daß Oswald den Vorsatz hatte, Präsident Kennedy und nicht Mrs. Kennedy oder einen Geheimpolizisten zu töten, weil man von ihm weiß, daß er ein ausgezeichneter Scharfschütze war. Ob er seinen Versuch mit Ernsthaftigkeit und Intensität unternahm, läßt sich nur aus seiner Handlungsweise während der Tatzeit schließen.

Entschuldbarkeit

Die Dimension der Entschuldbarkeit berührt die Frage, ob eine Tat bestimmte Normen verletzt hat, oder von bestimmten Werterwartungen abgewichen ist. Die Entschuldbarkeit interpersoneller Handlungen hängt im wesentlichen davon ab, inwieweit es Rechtfertigungsgründe für sie gibt und inwieweit sie vorsätzlich vorgenommen wurden. Wenn ein Individuum eine Rolle auszufüllen hat, die es verpflichtet, eine von ihm abgelehnte Handlung zu begehen, ist es im allgemeinen gerechtfertigt, wenn, wie im Falle des Rollenverhaltens, der externe Handlungsgrund offen zutage liegt. Wenn also ein Busfahrer an einer Bushaltestelle vorbeifährt, um ins Depot zu fahren, wird seine Handlung als gerechtfertigt angesehen. Wenn der Bus überfüllt ist und kein Platz für zusätzliche Fahrgäste vorhanden ist, werden in ähnlicher Weise die Absichten des Busfahrers großzügig erschlossen und seine Handlungsweise wird entschuldigt. Wenn die Tat willkürlich oder ungerechtfertigt erscheint, sind die Reaktionen völlig anders. Höherer Status und Attraktivität des „Täters" verstärken die Neigung, seine Handlungsweise als gerechtfertigt wahrzunehmen. Es gibt Hinweise darauf, daß die Entschuldbarkeit von Handlungen die Zuordnung der Verantwortung beeinflußt; je weniger entschuldbar eine Situation scheint, umso mehr macht sich die Tendenz bemerkbar, die Verantwortung von sich abzuschieben (Pepitone 1958).

Verzerrungen und Täuschungen im Zuordnungsprozeß

Kelley (1967) hat einige der häufigsten Fehlerquellen bei der Zuordnung von Verantwortung und Absicht in bezug auf die eigene Person auf andere zusammengestellt. Es läßt sich zunächst einmal die Tendenz feststellen, die relevante Situation falsch wahrzunehmen und zu interpretieren. Aktionen und ihren Folgen wird zuviel Bedeutung beigemessen, während der Situationszusammenhang vernachlässigt wird. Ereignisse, die sich der Kontrolle einer Person entziehen, werden leicht als in ihrem Verantwortungsbereich liegend angesehen. Nach Flut- und Brandkatastrophen ist es weitverbreitet, nach schuldigen Offiziellen zu suchen, die für den Verlust an Menschenleben verantwortlich gemacht und von einer erzürnten Öffentlichkeit zu Sündenböcken abgestempelt werden können. Ein weiterer Fehler kann in der ich-zentrierten Unterstellung liegen, bei der der Betreffende glaubt, in seinen Reaktionen objektiv zu sein, während der andere für subjektiv gehalten wird. Sie langweilen sich z. B. während der Premiere eines Theaterstückes derart, daß sie fast einschlafen. Ihr Nachbar, der sich offensichtlich über das Stück amüsiert, applaudiert laut und kann sich vor Heiterkeit kaum lassen. Sie werden nun dazu neigen anzunehmen, daß sie sich langweilen, weil das Stück schlecht ist, und schreiben die Reaktionen ihres Nachbars dessen einfältiger und kindischer Art zu. Wenn schließlich ein Ereignis für die Selbstachtung einer Person schwerwiegende Konsequenzen mit sich bringt, wird ihre Beteiligung grob fehleingeschätzt. Die Menschen sind dann am meisten voreingenommen, wenn sie selbst in die Handlung verwickelt sind. Ein Beispiel dafür ist der Lehrer, der eine neue Klasse übernimmt. Wenn sich die Noten seiner neuen Schüler verbessern, wird er dies seiner besseren Lehrweise zuschreiben; wenn sich die Noten verschlechtern, wird er dies der Dummheit seiner Schüler zuschreiben. In gewissem Ausmaß begrenzt die Existenz sozialer Vergleichsmöglichkeit sowie der Druck der Wirklichkeit jedoch den Umfang derartiger Verzerrungen.

Häufige Fehlwahrnehmungen ernsthafter Natur weisen gewöhnlich auf extreme psychopathologische Zustände hin; der paranoiden Persönlichkeit, die in erster Linie an mangelndem Verständnis und Vertrauen zu anderen leidet, unterlaufen typischerweise grobe Irrtümer und Verzerrungen bei der Wahrnehmung der Absichten und Identität anderer Personen. Da dem Paranoiker eine selektive Überempfindlichkeit zu eigen ist, nimmt er alles übersteigert wahr, und selbst die geringste Mißachtung seiner Persönlichkeit ist für ihn ein Beweis für Vorurteil und Ablehnung. Diese falschen Wahrnehmungen bestärken ihn in dem Irrglauben, daß er verfolgt wird, daß seine Frau ihm untreu war oder daß ihn jemand zu töten versucht. Defekte bei der Personenwahrnehmung sind für viele Kategorien von Geisteskrankheiten typisch. Cline (1964) meint dazu:

162

„Die meisten Arten von geistigen und seelischen Erkrankungen involvieren häufig ziemlich schwerwiegende Kommunikationsverzerrungen und -zusammenbrüche, sowie Fehldeutungen und Fehleinschätzungen sozialer Hinweise im Interaktionsprozeß" (Seite 221).

Zusammenfassung

Das Grundproblem dieses Kapitels war die Frage, wie die Menschen Kenntnis über andere Menschen und Verständnis für die anderen erlangen. Das Gebiet der Personenwahrnehmung wirft Probleme des Wahrnehmens, Wissens und Verstehens auf. Es befaßt sich mit den Eigenschaften eines „guten Beurteilers" anderer Personen, mit den bei der Urteilsbildung über Persönlichkeiten angewandten Schlußfolgerungsregeln, sowie mit dem Wesen der Eindrucksbildung. Die soziale Wahrnehmung befaßt sich hauptsächlich mit der Wirkung der Personenwahrnehmung auf die menschliche Interaktion und den sozialen Determinanten der Personenwahrnehmung. Es umfaßt die Urteilsgenauigkeit bei den zwischenmenschlichen Interaktionen, die Frage, wie man einen bestimmten Eindruck erzielt, sowie die Interpretation der sozialen Verursachung. Es ist das Ziel der sozialen Wahrnehmung, Kenntnis über die Motive der Menschen bei sozialen Interaktionen zu erlangen, um somit ihren Aktionen ein gewisses Maß an Verantwortung, Vorsätzlichkeit und Rechtfertigung zuordnen zu können. Der Zuordnungsprozeß stellt im wesentlichen einen Versuch dar, das Verhalten einer anderen Person zu verstehen oder ihm „einen Sinn zu geben", Aktionen geben nur insoweit Aufschluß über die Absicht und die Verantwortung, als sie aus einem Zusammenhang erwachsen, der mehrere Möglichkeiten offen läßt. Handlungen, die durch eine Rolle oder durch Situationserfordernisse vorausbestimmt zu sein scheinen, vermitteln nur sehr wenige Informationen über die Person. Urteile über andere werden stark von deren „Gesicht" bzw. dem Eindruck, den sie uns bieten, beeinflußt. Um einen guten Eindruck zu erwecken, bedienen sich Leute einer Reihe von Einschmeichelungstaktiken. Irrige Urteile erklären sich aus fehlerhaften Generalisierungen und beschränkter oder ungenauer Information, Überbetonung der Eigenwahrnehmung, sowie der Tendenz, die Rolle des Betreffenden auf Kosten der Situationsfaktoren überzubewerten. Die verschiedenen Prozesse der interpersonellen Wahrnehmung einschließlich der Kausalitätszuordnung, Kategorisierung und Stereotypisierung sowie Eindrucksbildung können alle als Teil des allgemeinen Motivs angesehen werden, eine sich äußerst rasch verändernde Umwelt zu simplifizieren und ihr einen Sinn zu geben und einer Vielfalt von Erfahrungen und Ereignissen eine Ordnung zu verleihen.

Kapitel 6
Einstellungen

Einstellungen stellen eine Hauptorientierungsgröße des Individuums seiner sozialen und physikalischen Umwelt einschließlich sich selbst gegenüber dar. Eine Einstellung zu haben, bedeutet die Bereitschaft, auf ein soziales Objekt in einer gegebenen konsistenten Weise zu reagieren. Einstellungen umschließen die Erregung von Motiven sowie die Mobilisierung von Handlungsweisen, um sich dem sozialen Objekt zu nähern oder es zu meiden. Nach Rosnow und Robinson (1967) bezeichnet der Begriff Einstellung (Attitüde) „die Organisation der Einsichten, Gefühle und Prädispositionen eines Individuums, so daß es sich so verhält, wie es sich verhält" (Seite XVI). Wie Krech, Crutchfield und Ballachey (1962) ausführen, haben soziale Einstellungen insofern eine adaptive Bedeutung, als sie eine fundamentale psychologische Beziehung zwischen den Fähigkeiten eines Menschen zu denken, zu fühlen und zu lernen herstellen, durch die er seinen laufenden Erfahrungen in einer komplexen sozialen Umwelt eine Ordnung und einen Sinn geben kann.

Die Struktur der Einstellungen

Es gibt viele Arten von Einstellungen, und viele psychologische Prozesse sind an ihrer Erscheinung beteiligt. Herkömmlicherweise trifft man eine Unterscheidung zwischen drei Einstellungskomponenten: die kognitive, affektive und verhaltensmäßige Komponente. Das vieldiskutierte Problem des Fluorzusatzes zum Trinkwasser soll hier als Beispiel dienen, um diese dreifache Klassifizierung zu illustrieren. Die kognitive Einstellungskomponente besteht aus den Wahrnehmungen, Ansichten und Stereotypen des Individuums, d. h. seinen Vorstellungen von dem Objekt. Der Begriff „Meinung" wird oft als Ersatz für die kognitive Einstellungskomponente benutzt, insbesondere wenn sie für eine Frage oder ein Problem relevant ist.

Ist der Betreffende der Ansicht, daß Fluorzusatz frühzeitiges Altern, Gedächtnisschwund und Nymphomanie verursacht? Glaubt er, daß Fluor im Trinkwasser die Batterie, die Heizung oder den Rasen ruiniert? Diese Beispiele zeigen einige kognitive Aspekte der negativen Einstellung zur Fluorzusetzung zum Trinkwasser auf (M. Davis, 1959). Die affektive Komponente wird durch die Gefühle des Individuums dem Objekte gegenüber definiert. Obwohl zwei Personen eine negative Einstellung der Fluorzusetzung gegenüber haben können, ist es möglich, daß ihre Gefühle hierüber sich weitgehend unterscheiden. Der eine mag Angst vor der Fluorzusetzung haben, während der andere sich ablehnend und verärgert zeigt. Der emotionale Aspekt einer Einstellung ist häufig die am tiefsten verwurzelte Komponente und Änderungen gegenüber äußerst resistent. Die Verhaltenskomponente sozialer Einstellungen besteht in der Tendenz, im Hinblick auf das Objekt in bestimmter Weise zu agieren, bzw. zu reagieren. Diese Verhaltensweise oder Aktionsorientierung wird gewöhnlich dadurch gemessen, daß man von dem Betreffenden erfaßt, was er angibt zu tun, oder besser, was er tatsächlich tut. Derjenige, der wütende Leserbriefe an die Zeitung richtet, um gegen die Fluorzusetzung zu protestieren oder sich in einer Volksabstimmung gegen die Fluorzusetzung entscheidet, demonstriert damit die Verhaltenskomponente seiner Einstellung.

Die Bedeutung der drei Einstellungskomponenten

Die Zerlegung einer Einzeleinstellung in ihre drei Teilkomponenten führt zu einer Reihe von Fragen über die Struktur von Einstellungen. Sind die Komponenten in sich konsistent? Es scheint angebracht zu vermuten, daß die einzelnen Komponenten miteinander übereinstimmen, weil sie sich alle auf dasselbe einheitlich zu betrachtende Objekt beziehen. Eine Person, die zur Fluorzusetzung eine negative Meinung hat („es ist wirklich Rattengift"), wird auch negative Gefühle dazu haben und antagonistische Verhaltensreaktionen zeigen. Interne Konsistenz der Komponenten läßt sich gewöhnlich dort feststellen, wo der Betreffende eine extrem positive oder negative Einstellung hat. Tief verwurzelte Ansichten gehen gewöhnlich mit einem beträchtlichen positiven Gefühlsengagement einher. Starkes Gefühlsengagement ist gewöhnlich von fest eingefahrenen Gewohnheiten und Reaktionen begleitet. Falls ein inkonsistenter Zustand besteht, wird das Individuum die Neigung zeigen, seine Einstellung zu ändern, um einen Konsistenzzustand herbeizuführen. Dieses Prinzip ist auch bei neuen einstellungsändernden Informationen zu beobachten. Eine Kampagne zur Herabsetzung von Vorurteilseinstellungen gegenüber Minderheitsgruppen könnte sich daher als Tatsacheninformation der Feststellung bedienen, daß die Anwesenheit von Minoritätsgruppen in der Gesellschaft den Wert von Immobilien in die Höhe treibt, das kulturelle Leben bereichert und die Wirtschaft belebt. Ein derartiger Angriff auf die kognitive Einstellungskomponente sollte eine Änderung in dieser Komponente bewirken und außerdem zu einer Gefühls- und Verhaltensänderung dieser Gruppe gegenüber führen.

Während Änderungen in der kognitiven Komponente die affektive Komponente berühren, gilt auch die umgekehrte Beziehung. Rosenberg (1960) führte einen Versuch durch, der zeigte, daß eine Änderung der affektiven Einstellungskomponente zu einer entsprechenden Änderung der kognitiven Komponente führte. Studenten an der Yale Universität, die einer gemeinsamen Bewohnung bestimmter Gegenden von Weißen und Schwarzen negativ gegenüber eingestellt waren, fungierten als Versuchspersonen. In der Experimentalgruppe wurden 11 Versuchspersonen in Einzelsitzungen hypnotisiert, wobei man ihnen folgende Instruktionen gab:

„Wenn Sie wieder aufwachen, werden Sie sehr dafür sein, daß Schwarze in weiße Wohngebiete ziehen — der bloße Gedanke, daß Schwarze in weiße Wohngebiete ziehen, wird ein beglückendes Gefühl erwecken. Obwohl Sie sich nicht daran erinnern werden, daß Ihnen diese Suggestion eingegeben wurde, wird sie nach dem Erwachen Ihre Gefühle stark beeinflussen."

Als die Versuchspersonen erwachten, war die Erinnerung an die hypnotische Beeinflussung verschwunden, und die Einstellung zur integrierten Bewohnung wurde erneut gemessen. Es wurde festgestellt, daß die Versuchspersonen einen Gefühlswandel gegenüber der integrierten Bewohnung durchgemacht hatten und, was wichtiger war, sie hatten ihre Ansicht entsprechend den hypnotisch induzierten Gefühlen geändert. Sie glaubten nunmehr, daß integrierte Bewohnung eine gute Sache sei, die nicht zu einer Wertminderung des Grundbesitzes in der Umgegend führen und zu einer Verbesserung der Rassenbeziehungen beitragen werde. Diese Gefühle hielten eine Woche lang an, worauf Rosenberg die Gefühlsänderungen in einer weiteren hypnotischen Sitzung beseitigte und seinen Versuchspersonen das gesamte Experiment sorgfältig erklärte. Es ist bemerkenswert, daß die Versuchspersonen in der Kontrollgruppe, die sonst weiter nichts unternahmen oder nur die Rolle einer Person spielten, „die jenes fühlt und dieses meint", nur relativ geringe kognitive oder affektive Änderung in bezug auf das Problem der integrierten Bewohnung zeigten.

Rosenbergs Experimente werfen eine ganze Reihe von Fragen auf, z. B. ob der Meinungswandel über einen langen Zeitraum anhält, wenn die Suggestion nicht beseitigt wird; ob noch ein Rest Meinungswandel verbleibt, selbst nachdem die Suggestion beseitigt ist; ob die Verhaltenskomponente auch einer Modifikation in der betreffenden Woche unterliegt (zog einer der 11 Studenten vom Yale College in eine integrierte Wohngegend um?) usw. Leider gibt es auf alle diese Fragen keine Antwort. Immerhin zeigt das Experiment in dramatischer Weise, daß die Einstellungskomponenten instrumentell miteinander verbunden sind, und daß eine Änderung in der einen Komponente mit großer Wahrscheinlichkeit zu einem Wandel in den übrigen beiden führt, um die interne Konsistenz innerhalb der gesamten Einstellungsstruktur wiederherzustellen.

Das zweite Problem betrifft das Differenzierungs- und Komplexitätsniveau der drei Einstellungskomponenten. Auf der untersten Ebene kann sich die affektive Einstellungskomponente einer bestimmten Person auf die Fluorzusetzung sich in bloßer Zustimmung oder Ablehnung äußern; eine andere Person mag eine Vielfalt von Komplexen emotionalen Furcht-, Ängstlichkeits-, Verärgerungs- und Ablehnungsreaktionen gegenüber der Vorstellung einer Fluorzusetzung zeigen. Ähnlich kann es sich mit der kognitiven Komponente verhalten, wobei eine bestimmte Person von der Fluorzusetzung absolut keine Ahnung hat, während ein anderer aufgrund ausführlicher Diskussionen für und wider die Fluorzusetzung über intensive und detaillierte Kenntnisse verfügt.

Die Stärke und Komplexität der jeweiligen Komponente haben einen nicht unbedeutenden Einfluß auf die Entwicklung und erfolgreiche Modifizierung einer Einstellung. Einstellungen mit einer schwachen kognitiven Komponente, bei denen nur geringe Kenntnisse vom Objekt vorhanden sind, sind meist äußerst unstabil. In solchen Fällen müßten Kampagnen, die neue Informationen über das Objekt liefern, sehr wirkungsvoll sein. In der Kindheit, vor allem während der Zeit des Erlernens von Einstellungen, sind alle drei Komponenten gleichsam bedeutend. Später, wenn das Kind stärker integriert ist, und es seine Einstellungen extremer äußert, neigt es eher zu selektivem Sehen und Lernen, und die kognitive Komponente erlangt ihre größte Bedeutung. Einstellungen mit einer hohen emotionalen Ladung und einer starken affektiven Komponente werden weniger stark von neuen Informationen oder Kenntnissen allein beeinflußt. Intensive Abneigungsgefühle gegenüber einer speziellen Minderheitsgruppe, die von einem starken Vorurteil begleitet sind, widersetzen sich rationalen Appellen und Informationen äußerst stark. Techniken, wie z. B. emotionales Rollenspiel (emotional role playing) oder Psychodrama, die direkt die affektive Komponente angehen, sind für die Änderung derartiger Einstellungen weitaus wirkungsvoller. Obwohl normalerweise zwischen der affektiven und kognitiven Einstellungskomponente Konsistenz herrscht, scheint das Verhältnis zwischen ihnen und der Verhaltenskomponente inkonsistent zu sein.

Da Einstellungen evaluative Prädispositionen darstellen, wird normalerweise unterstellt, daß sie das Verhalten der betreffenden Person bestimmen und lenken. Aber Menschen verhalten sich nicht immer entsprechend ihren Ansichten; Einstellungen und Verhaltensweisen weisen oft eine beträchtliche Kluft auf. Eine klassische Demonstration des Mangels an Konsistenz zwischen verbalem und offenem Verhalten wird von LaPiere (1934) zitiert. LaPiere reiste mit einem jungen chinesischen Paar quer durch die Vereinigten Staaten, wobei sie in vielen Hotels übernachteten und in einer ganzen Anzahl von Restaurants speisten. Während der ganzen Zeit wurde ihnen nur einmal die Bedienung verweigert. Am Ende der Reise schrieb LaPiere an alle 250 Inhaber der Unterkünfte, die sie aufgesucht hatten. Etwa 93% der Hotelbesitzer und etwa 92% der Restaurantbesitzer gaben in Beantwortung des Fragebogens an, daß sie Chinesen keine Unterkunft gewähren. Dies ist ein spezifisches Beispiel für tatsächliches Verhalten Chinesen gegenüber (Nicht-Diskriminierung), das im Gegensatz zu einer verbalisierten Vorurteilseinstellung steht. Es sei jedoch darauf hingewiesen, daß die Ergebnisse von LaPieres Untersuchung auch völlig anders interpretiert werden könnten. Da das chinesische Paar die Hotels und Restaurants besucht hatte, *bevor* den Besitzern der Fragebogen zugestellt worden war, ist es möglich, daß der Aufenthalt der chinesischen Gäste negative Äußerungen der übrigen Kunden ausgelöst hatte und daß die Besitzer erst nach dieser Erfahrung ihre vorurteilsbehafteten Einstellungen entwickelt hatten. Um diese Möglichkeit zu kontrollieren, sandte LaPiere Fragebogen zu 100 ähnlichen Hotelbetrieben, die sie nicht besucht hatten, wobei sich ähnliche Reaktionen zeigten. Die Studie enthüllt in der Tat eine beachtliche Diskrepanz zwischen Einstellung und Verhalten. Diskrepanzen zwischen Einstellung und Verhalten sind in Wirklichkeit jedoch nicht überraschend und sollten sogar erwartet werden. Es wäre verkehrt, eine direkte Verzahnung zwischen Einstellung und Verhalten zu erwarten. Verhaltensweisen werden nicht nur von Einstellungen sondern auch von externen Faktoren in der unmittelbaren Situation bestimmt. Betrachten Sie nur das vorurteilsfreie Verhalten der anscheinend mit Vorurteil behafteten Hotelbesitzer in LaPieres Untersuchung. Vielleicht benötigten die Besitzer während der Zeit des Besuchs Geld, vielleicht widerstrebte es ihnen, sich auf eine Diskussion einzulassen, oder sie waren von LaPiere beeindruckt; diese Faktoren haben möglicherweise die mit Vorurteilen behaftete Einstellung daran gehindert, das Verhalten zu bestimmen.

Ein zweiter Grund dafür, daß Einstellung und Verhalten so oft auseinander zu klaffen scheinen, ist die Tatsache, daß mehrere Einstellungen für ein und denselben Verhaltensakt relevant sein können. In der Untersuchung von LaPiere kann der Besitzer von zwei Einstellungen geleitet worden sein — von der Abneigung gegen Chinesen und von der Vorliebe für amerikanische Professoren, wie LaPiere. Die positive Einstellung gegenüber Amerikanern kann stärker als die negative Einstellung gegenüber Chinesen sein, so daß die erstere über die zweite siegt und für das Verhalten bestimmend wirkt. Um des Amerikaners willen entschieden sich die Hotelbesitzer, seine chinesischen Begleiter nicht zurückzuweisen. In ähnlichem Sinne kommt Rokeach (1966) zu dem Schluß, daß sowohl die Einstellung gegenüber dem Objekt als auch gegenüber der Situation, in der sich das Objekt befindet, das Verhalten des Individuums bestimmen. Einstellungsobjekte befinden sich immer in einer Situation, zu der schon starke übergreifende Einstellungen bestehen können. Demnach könnte eine Inkonsistenz zwischen Verhalten und Einstellung eine Funktion der Orientierung auf die Situation sein. In der Öffentlichkeit, z. B. in Hotels und Restaurants herrschen sozial definierte und regulierte Verhaltensvorschriften. So darf man im Foyer eines Hotels keinesfalls eine Szene machen, Gäste in Verlegenheit bringen oder rassistische Taktlosigkeiten von sich geben. Die Einstellung, daß Höflichkeit und Würde für ein Hotel angemessene Verhaltensweisen sind, überspielt die Vorurteile gegenüber Chinesen, und LaPieres Begleitern wird das Gefühl vermittelt, daß sie willkommen sind.

Einen dritten Faktor bildet die Art von Einstellung, die dem Vorurteil zugrunde liegt. „Intellektualisierte" Einstellungen sind reich an Meinungen und Stereotypen, sie haben allerdings nur geringe Aktionsrelevanz. Aufgrund der negativen Meinungs- und Absichtsäußerung eines Hotelbesitzers darf man kaum annehmen, daß er sich bei jedem Chinesen von Tschang Kai-Tschek bis zum kleinsten Ladenbesitzer zu einer gleichermaßen negativen Form des Verhaltens herbeiläßt. Wenn eine Einstellung nur geringe Aktionsrelevanz besitzt, ist eine Konsistenz zwischen Meinung, Gefühl und tatsächlichem Verhalten wohl kaum zu erwarten.

Die Diskrepanz zwischen Einstellung und Verhalten ist für das Gebiet des Einstellungswandels besonders wichtig. Während Meinungen durch überzeugende Unterrichtung und Information relativ einfach zu ändern sind, wie es das Beispiel der mittlerweile weit verbreiteten Ansicht zeigt, daß Zigarettenrauchen schädlich ist, sind Handlungsweisen äußerst änderungsresistent, und die Leute rauchen genau so stark wie vorher. Die Modifizierung von Verhaltensweisen stellt normalerweise ein weitaus schwierigeres Problem dar als die Änderung von Ansichten, da sich alte Gewohnheiten nur schwer ablegen lassen. Dabei müssen sowohl das Gebiet der Einstellung als auch die sozialen Hebel zur Abänderung von Verhaltensweisen Berücksichtigung finden. Einige Verhaltensweisen wie z. B. Rassendiskriminierung, sind zwar einer erzwungenen Modifizierung durch die Gesetzgebung zugänglich, während die entsprechenden Einstellungen (Vorurteile) sich rationalen Modifizierungsversuchen stark widersetzen.

Es gibt Beispiele dafür, daß eine erzwungene Verhaltensänderung eine entsprechende Einstellungsänderung hervorruft, ein Wechsel, der einer neuen Verhaltensweise Sinn gibt und die Konsistenz aufrecht erhält. Ein Beispiel hierfür ist das Kind, das keinen Spinat mag und mit leichtem Zwang dazu gebracht wird, welchen zu essen; wenn die Harmonie zwischen seiner Einstellung und seinem Verhalten wiederhergestellt ist („man ißt nicht, was man nicht mag"), fängt es an, Spinat gerne zu mögen. Die Bedeutung diskrepanter Verhaltensweisen und des Einstellungswechsels wird später in diesem Kapitel erörtert; ihr steht die Frage des Einstellungswechsels als Steuerungsmechanismus für die Verhaltensänderung an. Wie weiter oben ausgeführt wurde, werden Verhaltensweisen nicht nur von Einstellungen sondern auch von äußeren Faktoren in der sozialen Umgebung determiniert. Diese Tatsache erklärt teilweise die vielen Fälle von Einstellungswechsel, die nicht mit einer Verhaltensänderung einhergehen. Wenn Meinungen oder Einstellungen als Folge einer momentanen Kommunikation oder neuen Erfahrung verändert werden, dann ist dieser Wandel auf sich allein gestellt und zwangsläufig unstabil. Wenn keine Unterstützung durch die Umwelt vorhanden ist, die den Einstellungswandel verstärkt und aufrecht erhält, ist ein Übergang zu einer Verhaltensänderung sehr unwahrscheinlich. Der Zigarettenraucher z. B., der zu der Überzeugung gelangt ist, daß Zigarettenrauchen schädlich ist, wird das Rauchen nicht aufgeben, wenn ihm nicht die soziale Unterstützung durch die Familie oder Freunde zuteil wird, die das Rauchen auch aufgeben und während der Zeit der Entziehungssymptome versprechen, gegenseitig Geduld zu üben. Da Einstellungen eher privater und Verhaltensweisen eher öffentlicher Natur sind, unterliegt vorwiegend das Verhalten sozialem Druck. Die Eigenart des Verhaltens macht es änderungsresistenter als Einstellungen, da es in einem Netz von Engagements gegenüber anderen Menschen verankert ist, und dennoch ist es unter gewissen Umständen Änderungen zugänglicher, denn es ist einfacher, ein gewünschtes Verhalten als eine gewünschte Einstellung auszulösen oder zu erzwingen. Das Verhältnis zwischen Einstellung und Verhalten sowie zwischen Einstellungsänderung und Verhaltensänderung ist sehr vielschichtig und verläuft nicht nur in einer Richtung. Zwei Menschen mit der gleichen Einstellung können sich völlig verschieden verhalten. Die Kenntnis von der Einstellung einer Person verspricht nicht unbedingt Sicherheit bei der Voraussage ihres Verhaltens.

Funktionen der Einstellungen

Einstellungen besitzen insofern eine funktionale Basis, als durch sie spezifische Meinungen und Ansichten entwickelt und aufrecht erhalten werden, wodurch wichtige soziale Bedürfnisse des Individuums befriedigt werden. Einstellungen unterliegen über einen gewissen Zeitraum hinweg konsistenten Verhaltensmodi gegenüber sozialen Objekten, Ereignissen und Fragestellungen. Für das die Einstellung vertretende Individuum ergibt sich daraus ein Anpassungsgewinn, weil ihm die Vertretung einer bestimmten Einstellung erlaubt, die Bedeutung einiger Aspekte der Umwelt, in der es sich bewegt, zu ordnen und miteinander in Beziehung zu setzen. Menschen, die entschiedene Gegner des Kommunismus, für die atomare Abrüstung oder gegenüber der Gebührenfreiheit des Studiums gleichgültig sind, besitzen eine sofort einsetzende Reaktions- und Entscheidungsgrundlage für diese Probleme. Die Gegnerschaft zum Kommunismus bedeutet, daß der kommunistische Kandidat auf dem Stimmzettel als letzter ein Kreuz erhalten würde, die Unterstützung für die atomare Abrüstung führt zur Teilnahme an einer Protestdemonstration durch die Stadt und zum Tragen eines riesigen Plakates, und Gleichgültigkeit gegenüber der kostenlosen Universitätsausbildung veranlaßt einen dazu, einen anderen Sender zu suchen, wenn der Rundfunksprecher eine Diskussion über dieses Thema ankündigt. Soziale Einstellungen stellen in der Tat eine fundamentale Verbindung zwischen der Fähigkeit der Person wahrzunehmen, zu fühlen und zu lernen und ihren fortlaufenden Erfahrungen in einer komplexen sozialen Umwelt dar. Das Vertreten einer Einstellung beeinflußt andere psychologische Prozesse, wie z. B. die Bildung einfacher sozialer Urteile, die Wahrnehmung und Deutung mehrdeutiger Reize, das Erlernen und Behalten widersprüchlichen Materials sowie die Empfänglichkeit und Offenheit für neue Informationen. Die Kenntnis darüber, daß jemand eine bestimmte Einstellung hat, ermöglicht es dem Beobachter, einigermaßen genau das Verhalten des Betreffenden vorauszuahnen und vorauszusagen.

Psychologen sind insbesondere daran interessiert, wie Einstellungen als Motivationsquelle zur Anpassung an die Umwelt für die Persönlichkeit fungieren. „Der funktionale Ansatz" der Einstellungsforschung findet sich in den Schriften von Katz (1960) wieder. Er nimmt an, daß durch die Aufrechterhaltung bzw. Modifikation sozialer Einstellungen vier verschiedenen Persönlichkeitsfunktionen gedient wird: *Anpassung, Ausdruck von Wertvorstellungen, Wissen* sowie *Ich-Verteidigung*. Einstellungen führen bei der Anpassungsfunktion zu Belohnung bzw. zur Vermeidung von Strafe. Die Anpassungsfunktion wird daher auch die instrumentale oder utilitaristische Funktion genannt und bezieht sich auf jene Motivation, auf die Bentham und die utilitaristischen Philosophen ihr Menschheitsmodell aufbauten. Das Individuum bemüht sich darum, Belohnungen zu maximieren und Strafen zu minimieren. Daher ist es motiviert, Einstellungen anzunehmen, die ihm die soziale Achtung von Familie, Freunden und Kollegen einbringen. Es lernt, Ansichten über die Unauflöslichkeit der Ehe, die Demokratie, oder das Über-die-Straße-Helfen von älteren Damen anzunehmen, die denen seiner Freunde und Nachbarn ähnlich sind. Außerdem werden gegenüber jenen Objekten günstige Einstellungen entwickelt, die in sich selbst Belohnung oder Bedürfnisbefriedigung garantieren, während ungünstige Einstellungen solchen Objekten gegenüber gehegt werden, die zwangsläufig zur Bestrafung oder Blockierung bzw. Frustrierung von Bedürfnissen führen.

Bei der Wertausdrucksfunktion zieht das Individuum Befriedigung daraus, daß es Einstellungen zum Ausdruck bringen kann, die seinen persönlichen Wertvorstellungen und der Vorstellung von sich selbst entsprechen. Diese stellen integrierte Einstellungssysteme dar, die in der Kindheit erlernt werden und aus der Identifizierung mit den Eltern und anderen wichtigen Personen resultieren und sich im Zentrum der Persönlichkeit befinden. Religiöse, patriotische sowie ideologische Wertvorstellungen basieren gewöhnlich auf dieser Funktion. Durch die Einstellung solchen Angelegenheiten gegenüber wie sozialer Beitrag, Altersfürsorge oder internationale Zusammenarbeit zur Verhinderung von Hungersnöten bringen die Menschen persönliche Wertvorstellungen zum Ausdruck und verwirklichen ihr Selbstverständnis als humane und anständige menschliche Wesen.

Die Wissensfunktion gründet sich auf dem Bedürfnis, das Universum zu verstehen, ihm einen Sinn zu geben und ihm eine angemessene Struktur zu verleihen. Es werden solche Einstellungen aufrecht erhalten, die Situationen adäquat erfassen und Erfahrungen sinnvoll strukturieren helfen. Einstellungen, die zur Erfassung neuer und sich ändernder Situationen unangemessen sind, werden abgelegt, da sie zu Widersprüchen und Inkonsistenzen führen. Ansichten über die Ratsamkeit von körperlichen Übungen nach einem Herzinfarkt, die Möglichkeit der Existenz von Leben auf dem Mars sowie die Grenzen von Computern werden modifiziert, je mehr Informationen darüber zugänglich werden. Ein sehr wichtiger Aspekt der Wissensfunktion ist das Bedürfnis nach sinnvoller kognitiver Organisation sowie kognitiver Konsistenz und Klarheit.

Einstellungen können auch eine Ich-Verteidigungsfunktion erfüllen, indem sie Schutz gegen das Anerkennen von unerfreulichen Grundtatsachen wie Krankheit, Tod, Schwäche, Unsicherheit, Arbeitslosigkeit, Verbrechen und Krieg gewähren. Die Mechanismen, die sich das Individuum vor den Spannungen und Ängsten, die von unakzeptierbaren und furchterregenden Drohungen begleitet sind, absichert, sind als Ich-Verteidigungsmechanismen bekannt. Verteidigungsreaktionen lassen sich oft in rationalisierten und verzerrten Einstellungen gegenüber Problemen der öffentlichen Gesundheit wie z. B. Rauchen und Lungenkrebs, in verhärteten und verworrenen Einstellungen gegenüber Abweichlern, wie Homosexuellen und Rauschgiftsüchtigen sowie in Apathie und Resignation gegenüber politischen Fragen wie z. B. der atomaren Abrüstung und dem Krieg in Vietnam, erkennen. Das Nachdenken über diese sozialen Objekte bringt die unerfreuliche Tatsache der Anfälligkeit für Krankheiten, der Existenz unannehmbarer Impulse sowie der realen Drohung der Totalzerstörung der Welt zu Bewußtsein. Ansichten und Meinungen, die gebildet werden, um die volle Anerkennung dieser Tatsachen zu verhindern, dienen der Funktion der Ich-Verteidigung.

Kommunikationen, die aufgrund ihres gefahrvollen Inhalts Furcht heraufbeschwören, rufen oft eher Verteidigungsreaktionen als Einstellungsänderungen hervor. Ein Experiment von Janis und Feshbach (1953) bildet hierfür ein gutes Beispiel. College-Studenten mußten einem 15-minütigen Vortrag über Zahnhygiene zuhören, wobei es das Ziel der Kommunikation war, die Zahnputzgewohnheiten der Studenten zu verbessern. Innerhalb des Berichts wurde noch auf die schmerzhaften Folgen des Zahnverfalls und seiner Beziehung zu Krebs und anderen schwerwiegenden Erkrankungen hingewiesen. Furchterregende Bilder von Krankheit befallener Gaumen und anderer Folgen schlechter Zahnpflege wurden gezeigt. Dieser starke Appell an die Angst stellte sich für eine Änderung der Zahnputzgewohnheiten als äußerst unwirksam heraus. Meistens zeigten jene Versuchspersonen, die auf Grund der Informationen sehr verängstigt worden waren, Abwehrreaktionen wie Herunterspielen der Bedeutung des Berichts oder Verzerren und Verneinen der beschriebenen Konsequenzen. Appelle an die Furcht bewirken natürlich nicht selten auch traumatische Einstellungs- und Verhaltensveränderungen. Die drastische Abnahme des Zigarettenkonsums nach jeder Aufklärungskampagne über Krebs ist ein eindeutiger Beweis hierfür. Es ist jedoch auch erwiesen, daß Appelle an die Furcht zu verschiedenen Konsequenzen führen können, die den eigentlichen Inhalt des Appells überdecken.

Vorurteil als eine Einstellung zur Ich-Verteidigung

Vorurteile können manchmal als Einstellungen zur Ich-Verteidigung agieren. Der Mensch erkennt nur ungern die Existenz tief verwurzelter Minderwertigkeitsgefühle, von Impulsen zu Gewalttätigkeit und Aggression sowie von extremen sexuellen Trieben an. Indem er diese bewußt unakzeptierbaren Motive auf eine passende soziale Gruppe projiziert, gelingt es ihm, die Anerkennung der Tatsache zu umgehen, daß sie Teil seines Selbst sind. Demzufolge beinhalten Vorurteilseinstellungen die Zuschreibung unerwünschter Charaktereigenschaften auf verschiedene Minderheitsgruppen. Der Weiße z. B., der Homosexualität, Gewalttätigkeit, Geiz oder Unsauberkeit den Negern zuschreibt, kann sich dadurch selbst vormachen, daß nicht er selbst, sondern jemand anderes diese unakzeptierbaren Charaktereigenschaften besitzt. Vorurteile gegenüber einer Minderheitsgruppe können sich auch bei solchen Personen entwickeln, die an großer Unsicherheit über ihr Eigenwertgefühl zu leiden haben, da diese Einstellung es ihnen erlaubt, ihre „Überlegenheit" zumindest über Mitglieder der verachteten Gruppe unter Beweis zu stellen.

Das Zeigen von feindseligen oder vorurteilsbehafteten Einstellungen kann für den einzelnen emotional befriedigend sein. So können aufgestaute Aggressions- und Haßgefühle gegenüber dem gestrengen Vorgesetzten oder der nörgelnden Frau auf einen Sündenbock verlagert werden, der sich nicht in gleicher Weise zu wehren vermag. Vorurteile als Ich-Verteidigungseinstellungen entstehen durch massive Frustrationen sexueller und aggressiver Gefühle, Statusbedrohung, Unsicherheit nach Versagenserlebnissen sowie Wettbewerb und Kritik von anderen (Feshbach und Singer, 1957). Sie können auch durch Haßappelle erregt werden, gepaart mit der Ermunterung, dem Haß Ausdruck zu verleihen, wobei diese Ermunterung von „autoritativen" Gruppen und Organisationen stammt wie z. B. der NSDAP oder dem Ku Klux Klan.

Mehrere Untersuchungen über ethnische Einstellungen weisen auf den engen Zusammenhang zwischen Vorurteilen und der Funktion der Ich-Verteidigung hin. Cooper und Jahoda (1947) stellten fest, daß Individuen mit starken Vorurteilen defensiv reagierten, wobei sie solches Material mißdeuteten und verzerrten, mit dem versucht wurde, ihre Ansichten zu karikieren und lächerlich zu machen. Die Forscher zeigten Versuchspersonen verschiedene Karrikaturen, deren zentrale Figur ein gewisser „Mr. Bigott" war, ein lächerlicher, eierköpfiger und nörglerischer kleiner Mann, der darauf bestand, daß für seine Bluttransfusion „nur 60 Generationen reinen amerikanischen Blutes in Frage kämen" und der dem Pfarrer Schelte erteilte, weil er in seiner Predigt „das jüdische Erbe unseres Herrn" erwähnte. Es mißlang den Versuchspersonen nicht nur, den eigentlichen Sinn der Karrikaturen zu erfassen, sondern sie verzerrten sogar deren Bedeutung, um ihre eigenen Einstellungen zu bestärken. In ihren Augen war „Mr. Bigott" einfach eine lächerliche Figur, ein Angeber, ein Ignorant und Wichtigtuer, aber keineswegs jemand, dessen Ansichten sie teilten. Einige Versuchspersonen sahen in „Mr. Bigott" einen Ausländer oder gar einen Juden. Es war für die Versuchspersonen offensichtlich zu bedrohlich, ihre Vorurteile zu registrieren und anzuerkennen und sich somit der Notwendigkeit gegenüber zu sehen, ihre Einstellungen zu ändern. Bettelheim und Janowitz (1950) fanden heraus, daß Leute mit starken Vorurteilen noch vorurteilsbehafteter wurden, nachdem sie Material gelesen hatten, das sich gegen Vorurteile richtete. Die Menschen klammern sich krampfhaft an ihre bestehenden Ansichten. Diese Befunde werfen das Problem auf, wie man Vorurteilseinstellungen zur Ich-Verteidigung ändern kann. Der Gebrauch von Hypnose zur Manipulation der affektiven Komponente bei der Einstellung wie in Rosenbergs Experimenten (1960), die weiter oben beschrieben wurden, wäre nicht nur umständlich, sondern stieße auch auf ethische Grenzen. Katz (1960) weist darauf hin, daß der Versuch, relevante Informationen zu liefern oder mit Strafe zu drohen, keinen Erfolg zeitigen wird, da das Individuum keine solchen Einstellungen aufgeben wird, die es zu seiner Ich-Verteidigung braucht. Die Drohung mit Strafe kann sogar den Effekt haben, das Gefühl der Abwehrstellung zu verstärken. Er nimmt stattdessen an, daß direkte Versuche, angsterzeugende Drohungen zu reduzieren und sexuelle sowie aggressive Impulse herabzumindern, erfolgreicher sein könnten. Weiterhin behauptet Katz, daß Verfahren, die es dem Individuum erlauben, Einsicht in seine eigenen Verteidigungsmechanismen und Motive, weshalb es diese Einstellungen hat, zu gewinnen, wirkungsvoller für den Abbau von Vorurteilen sein könnten.
Ein Experiment von Katz, Sarnoff und McClintock (1956) zeigt anschaulich

die Beziehung zwischen Ich-Verteidigung und Vorurteilsmodifizierung. Die Einstellung von College-Studenten Negern gegenüber wurde anhand von mehreren Skalen gemessen, und dann wurden die Studenten nach einem Zufallsverfahren auf drei verschiedene Gruppen verteilt. In der ersten Gruppe wurde ein Verfahren zur „Selbsteinsicht" angeboten, das dazu dienen sollte, den Versuchspersonen den Zusammenhang zwischen Einstellungen gegen Neger und Ich-Verteidigungsmechanismen klar zu machen. Der Versuchsleiter beschrieb in allgemeiner Form, wie ein Sündenbock geschaffen wird, und wie Projektion und Kompensation bei der Entwicklung von Anti-Minoritäts-Einstellungen funktionieren. Dann zeigte er den Fall einer College-Studentin, um zu illustrieren, von welch grundlegender Bedeutung die Psychodynamik ihres ethnischen Vorurteils für diese Verteidigungsmechanismen waren. Der Fall war so auf die Verhältnisse und Interessenlage der College-Studenten zugeschnitten, daß das Mädchen als ein sympathischer und glaubhafter Charakter erschien. Dieses Verfahren zur Selbsteinsicht führte bei einigen Versuchspersonen zu einem beträchtlichen Abbau von Vorurteilen, der sogar über einen längeren Zeitraum anhielt. Studenten mit hoher Abwehrbereitschaft, die die Fallstudie zweifelsohne als äußerst bedrohlich empfanden, blieben von dem Verfahren zur Selbsteinsicht unberührt und zeigten keine Verminderung ihrer Vorurteile gegenüber Negern. Die anderen beiden Gruppen unterzogen sich einer Routinekommunikation zum Abbau von Vorurteilen bzw. überhaupt keiner Beeinflussungsprozedur, wonach beide nur eine sehr geringe Reduzierung ihrer Vorurteile zeigten. Der Erfolg des Selbsteinsichtverfahrens wirft die Frage auf, ob dieses Verfahren deshalb so wirkungsvoll ist, weil es einen direkten Frontalangriff auf eine spezifische Vorurteilseinstellung z. B. Negern gegenüber darstellt (würden also anti-jüdische, anti-chinesische, oder anti-puertoricanische Vorurteile auch reduziert?), oder ob durch die Vorgehensweise aufgrund der erhöhten Einsicht in die defensive Natur von Einstellungen einfach nur das Selbstverständnis gefördert wird. Weitere Untersuchungen von Katz und seinen Mitarbeitern (Stotland, Katz und Patchen, 1959) erbrachten, daß das Selbsteinsichtverfahren aufgrund des damit einhergehenden erhöhten Selbstverständnisses jene Persönlichkeitsaspekte beeinflußt, die Vorurteilen unterliegen. Die durch das Selbsteinsichtsverfahren herbeigeführte Vorurteilsreduktion erklärt sich aus dem Durchbruch durch die Ich-Verteidigungsfunktion.

Die Bindungen innerhalb der Familie, insbesondere die Machtbefugnisse der Eltern über ihre Kinder stellen eine bedeutende Quelle vorurteilsbehafteter Einstellungen dar. Ein strenger, strafender Vater oder eine autoritäre Familienstruktur bringt bei dem Kinde eine Weltanschauung zustande, die als Autoritarismus bekannt ist (Adorno u. a., 1950). Der „Autoritäre" sieht die Welt als fortlaufenden Kampf an, in der die Schwachen von den Starken beherrscht werden. Er beschäftigt sich stark mit der Macht, steht der menschlichen Natur zynisch gegenüber und neigt zu stereotypem und rigidem, also wenig flexiblem Denken. Hand in Hand mit Autoritarismus geht die Neigung, gegenüber unbeliebten Minderheitsgruppen Vorurteile zu hegen, und in der Politik extremem Konservatismus zu huldigen. Man nimmt allgemein an, daß dies geschieht, weil Ressentiments und Feindseligkeiten, die im engeren Kreise nicht zum Ausdruck gebracht werden können, auf eine untergeordnete Gruppe innerhalb der Gesellschaft übertragen werden. Adorno und seine Mitarbeiter fanden heraus, daß extreme Antisemiten oft eine Kindheit mit harter, bedrohlicher Disziplin erlebt hatten und in autokratischen, statusbewußten Familien aufgewachsen waren. Die Untersuchung zeigt, wie eine autoritäre Persönlichkeit entsteht und vorurteilsbehaftete Einstellungen in diesem Persönlichkeitstyp eingebettet sind. Im Nazi-Deutschland der 30er Jahre wurden viele Deutsche unter dem Einfluß eines derartigen autoritären Musters sozialisiert, wodurch ein Klima geschaffen wurde, das einem wachsenden Antisemitismus den Weg bahnte.

Zur Abrundung der Diskussion über Vorurteile als Einstellung zur Ich-Verteidigung muß noch einmal betont werden, daß Vorurteile nicht nur zur psychodynamischen Auflösung unakzeptierbarer Impulse und Ängste dienen. Vorurteile können als Nebenprodukt der Identifikation mit der eigenen Gruppe und Sozialisation in die Gruppe gelernt und verstärkt werden; viele Menschen lernen es, sich völlig mit der eigenen Gruppe zu identifizieren und sich ihr zu beugen und gleichzeitig allen anderen Gruppen zu mißtrauen. Die Anpassungs- und Wertausdrucksfunktion fungiert hier als Wegbereiter für Vorurteile. Wenn es irgendeine Grundlage für ein vorurteilsbehaftetes Stereotyp gibt, dann kann die Wissensfunktion durchaus eine gewisse Rolle bei der Entwicklung und Aufrechterhaltung negativer Ansichten spielen, insbesondere, wenn das Vorurteil auf eine spezifische Außengruppe gerichtet ist und sich nicht auf Minderheitengruppen im allgemeinen bezieht. Ungeachtet der Funktionen, die eine Einstellung für die Persönlichkeit und die damit verbundenen Bedürfnisse erfüllt, erwächst das Vorurteilsphänomen aus vielen Quellen; kein einzelner psychologischer Mechanismus oder Prozeß kann zur Erklärung seiner Vielfalt und Erscheinungsformen herangezogen werden. Z. B. unterschied G. W. Allport (1954b) zwischen mindestens sechs psychologischen und sozialen Gründen für die Entstehung

178

von Vorurteilen, einschließlich historischer, sozial-kultureller sowie situativer Bestimmungsgrößen.

Der funktionale Ansatz zur Untersuchung von Einstellungen ist so wichtig, weil er deutlich macht, daß Einstellungen nicht als einheitlicher Prozeß oder nach einem einzigen Operationsprinzip ablaufen, was ein gemeinsames Motivmuster aller Menschen widerspiegeln würde. Indem man zwischen den verschiedenen Funktionen unterscheidet, gewinnt man bei der Analyse des Einflusses von Einstellungen für die Persönlichkeitsdynamik und für das Verständnis ihres Zusammenhangs mit anderen psychologischen Prozessen wie z. B. Urteilsbildung, Wahrnehmung, Lernen, Denken sowie Erinnern beträchtlich an Genauigkeit. Die Unterscheidung zwischen den vier Funktionen Anpassung, Wertausdruck, Wissen und Ich-Verteidigung ist auch für die Art und Weise der Entwicklung von Einstellungen und Einstellungsänderungen von Bedeutung. Katz und Stotland (1959) stellten fest: „Da Einstellungen verschiedenen Bedürfnissen und Funktionen dienen, können sie nur dadurch geändert werden, daß man den Änderungsvorgang mit dem dazugehörigen Motivmuster in Beziehung setzt" (S. 463). Bestimmte Praktiken zur Einstellungsänderung sind je nach der Funktion, der sie dienen, sehr angebracht, während andere nutzlos oder gar schädlich sind. Die Modifizierung von Ansichten, Meinungen und Handlungen ist eines der Hauptprobleme der angewandten Sozialwissenschaften. Die Kenntnisse darüber, daß eine gewisse Einstellung einer bestimmten Funktion dient, beseitigt einige der Schwierigkeiten bei der Einstellungsänderung. Man kann sich bei dem Versuch, Einstellungsänderungen zu bewirken, mit größerer Aussicht auf Erfolg eines Selbsteinsichtsverfahrens statt eines Propagandaappells, eines Rollenspiels statt einer hypnotischen Suggestion oder der Inaussichtstellung von sozialer Belohnung statt Androhung von Strafe bedienen.

Einstellungen und Konsistenztheorie

Bei der Untersuchung der Zusammenhänge zwischen einzelnen Einstellungskomponenten einerseits und zwischen Einstellungen und Verhalten andererseits haben wir festgestellt, daß, obwohl das Individuum versucht, Konsistenz zwischen den einzelnen Elementen herzustellen, offensichtlich häufig Widersprüche auftreten. Hierbei besteht sowohl das Problem der internen Einstellungsstruktur als auch die Frage der Struktur von Einstellungssystemen, Einstellungsbündel in bezug auf eine Reihe von miteinander in Ver-

179

bindung stehenden sozialen Objekten, die zu einem zusammenhängenden und integrierten Ganzen zusammengefügt sind. Dazu gehören z. B. die Einstellungen gegenüber Sowjetrußland, den Vereinten Nationen, Präsident El Sadat, gegenüber Israel und dem Krieg in einem eng verbundenen System zusammen. Einstellungen gegenüber der Jungfräulichkeit, vorehelichen Beziehungen, Geburtenkontrolle und die Anti-Baby-Pille gehören ebenso in einem System zusammen. Es ist nun interessant danach zu fragen, inwieweit Konsistenz zwischen Einstellungen innerhalb eines kognitiven Systems herrscht und was geschieht, wenn Einstellungen zueinander inkonsistent werden, bzw. welche Anpassungen vorgenommen werden, das System wieder in einen Konsistenzzustand zurückzuversetzen.

Auf der Suche nach einer Antwort auf diese Fragen werden wir eine Reihe von „kognitiven" Konsistenztheorien untersuchen. Wir meinen hier weniger die Einstellungskonsistenz, als vielmehr die in eigentlichem Sinne kognitive Konsistenz. Wir beschäftigen uns also hier mit der Kognition im weitesten Sinne als Bild oder Vorstellung einer Person von der Welt einschließlich ihrer Gedanken, Wertvorstellungen und Handlungen sowie ihrer Einstellungen gegenüber bestimmten Objekten und Vorkommnissen. Im Mittelpunkt der kognitiven Konsistenz steht das Bedürfnis, Harmonie oder Kongruität zwischen den Kognitionen über Gegenstände und Personen der Umwelt zu erreichen. Hier sind einige Beispiele für inkonsistente Kognitionen, die dem Gebiet der Einstellungen entstammen: Herr Rübsam ist Geschäftsführer der Liga der Tierfreunde, und dennoch weiß ich, daß er seinen Hund rücksichtslos prügelt. Ich bin der Ansicht, daß die NPD verboten werden sollte, dennoch unterstütze ich jeden Appell, der von dieser Partei erlassen wird. Ich weiß, daß Rauchen Lungenkrebs erzeugt, trotzdem rauche ich täglich vier Packungen Zigaretten. Jedes dieser drei Kognitionspaare ist verwirrend und erzeugt Spannungen, da die einzelnen Elemente nicht zusammenpassen. Wie kann die Welt logisch sinnvoll und stabil sein, wenn Tierfreunde ihre Hunde prügeln, wenn ich meine Feinde unterstütze und wenn mich meine Lieblingsbeschäftigung umbringt? Diese Beispiele sind zwar übersteigert und weit hergeholt, aber sie deuten an, was mit kognitiver Inkonsistenz gemeint ist.

Betrachten wir einmal ein Miniatursystem, indem auf eine Person bezogen alle Elemente konsistent sind (s. Abb. 6.1). Stellen Sie sich vor, Sie wären die Person in diesem Beispiel. Sie können Hans sehr gut leiden, und er bewundert die gleichen Dinge, die Sie bewundern (die Kirche), und er verabscheut die gleichen Dinge wie Sie (Fritz und den Sozialismus). Sie sind erfreut darüber, daß die Kirche auch gegen den Sozialismus ist, und es befriedigt sie,

daß Fritz für den Sozialismus ist, weil es ihre Abneigung gegen ihn recht-
fertigt. Dieses System ist harmonisch und konsistent. Nehmen wir nun an,
daß Sie Informationen erhalten, die das gesamte System durcheinander bringen. Sie erfahren, daß Hans insgeheim ein treuer Anhänger des Sozialismus
ist, oder sie erfahren, daß Hans den Fritz zu einigen Glas Bier eingeladen

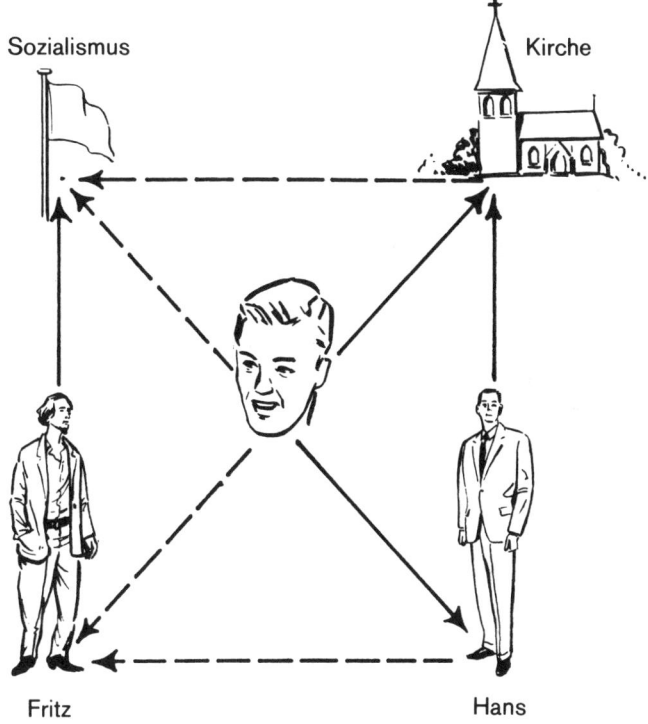

Abb. 6. 1: Schematische Darstellung eines kognitiven Systems, bei dem die Beziehungen zwischen den Elementen (Sozialismus, Kirche, Fritz und Hans) konsistent
sind. Durchgezogene Linien zwischen zwei Elementen stellen positive Beziehungen
(Unterstützung, Beliebtheit, Bewunderung usw.) dar. Gestrichelte Linien stellen
negative Beziehungen (Feindschaft, Ablehnung usw.) dar. Die Pfeile geben die
Richtung an.

hat oder daß Fritz in Wirklichkeit den Sozialismus verachtet oder noch
schlimmer, daß Ihre Kirche jetzt für den Sozialismus ist. Es ist offensichtlich,
daß diese neuen Informationen Kognitionen darstellen, die mit den schon
vorhandenen inkonsistent sind, so daß ein Zustand der Spannung und des

Unbehagens entsteht. Es ist jedoch nicht sehr wahrscheinlich, daß die Angelegenheit lange so auf sich beruhen bleibt. Es werden Modifizierungen sowie neue Ansichten und Gefühle auftreten, die auf die Wiederherstellung der Konsistenz oder des Gleichgewichts gerichtet sind. Es ist z. B. möglich, daß Sie anfangen, Fritz zu mögen und Hans gegenüber Abneigung zu verspüren, sich zum Sozialismus hingezogen zu fühlen und die Kirche abzulehnen. Das Ausmaß dieser Änderungen wird von der Größe und Stärke der gegenseitigen Abhängigkeit der einzelnen Einstellungen und Ansichten abhängen. Generell kann man sagen, daß die schwächeren und isolierteren Einstellungen die ersten sind, die bei der Wiederherstellung der Konsistenz Änderungen unterliegen; es können aber auch im gesamten System Erschütterungen vorkommen, und es ist möglich, daß alle Kognitionen verändert werden.

Das Motiv der Konsistenz kann einen mächtigen Einfluß auf das Einstellungssystem einer Person ausüben, verschiedene Aspekte ihrer kognitiven Funktionen miteinander in Konsistenz zu bringen. Es gibt eine ganze Reihe von Theorien, die sich mit diesem Problem beschäftigen. Alle hier zu erörternden theoretischen Modelle befassen sich mit den Änderungen, die auf die Wiederherstellung der Konsistenz gerichtet sind, obwohl sie sich auf verschiedene Momente und spezifische Lösungsdeterminanten zentrieren. Alle Modelle gehen von dem Konsistenzprinzip aus, obwohl die einzelnen Theorien verschiedene Begriffe dazu benutzen, so spricht z. B. Heider (1958) von „Balance", Osgood und Tannenbaum (1955) befaßten sich mit der „Symmetrie", während Festinger (1957) den Begriff „Konsonanz" vorzieht, um ein und denselben Zustand der Harmonie oder des Gleichgewichts zu bezeichnen. Obwohl diese Modelle vieles gemeinsam haben, gibt es einige kritische Unterschiede zwischen ihnen.

Heiders Balanceprinzip

Die früheste und einfachste Formulierung des Konsistenzprinzips findet sich in Heiders (1958) Balancetheorien. Er befaßt sich mit balancierten und unbalancierten Zuständen, die zwischen drei Elementen bestehen: einer Person (P), einer anderen Person (A), sowie einem Objekt, Problem oder einer Vorstellung (X). Wie ist die Einstellung zweier Freunde (P und A) einem gemeinsamen Objekt (X) gegenüber? Ein Balance-Zustand besteht dann, wenn sich ihre Einstellungen dem Objekt gegenüber ähneln, d. h. wenn sie beide das Einstellungsobjekt mögen oder ablehnen. Wenn einer von beiden das Objekt X mag, während es der andere ablehnt, wird es zu einem unbalancierten Zustand kommen, der einen Gefühlsdruck in Richtung auf einen balancierten Zustand erzeugen wird. Die Freundschaft kann z. B. auseinanderbrechen oder die Freunde können versuchen, sich gegenseitig zu überreden, eine gemeinsame harmonische Einstellung dem Objekt gegenüber zu gewinnen. Es gibt insgesamt drei Beziehungen in diesem einfachen triadischen Modell: P's Einstellung A gegenüber, P's Einstellung zu X sowie A's Einstellung X gegenüber. Ein Balance-Zustand wird also dann bestehen, wenn alle drei Beziehungen zwischen P, A und X positiv sind oder wenn zwei negativ sind und eine positiv. Nehmen wir ein Beispiel für den vorgenannten Zustand. Eine Person bewundert Churchill und liebt Zigarren; sie ist erfreut darüber, daß Churchill auch Zigarren gerne mag. Ein Beispiel für den letzteren Fall: Nasser verachtete im Jahre 1956 Jordanien und haßte Israel; folglich unterstellte er, daß Jordanien und Israel einander näherkamen. Feather (1965), ein australischer Psychologe, hat Heiders Balance-Prinzip dahingehend ausgeweitet, daß er es zur Untersuchung von Kommunikationseffekten verwandte. In seiner Untersuchung beleuchtete Feather die Wirkung von vier Elementen innerhalb einer Kommunikationsstruktur. Ein *Sender* übermittelt eine *Botschaft* an einen *Empfänger* über ein *Problem*. Es stellte sich heraus, daß, wenn Versuchspersonen hypothetische Kommunikationssituationen gegeben wurden, sie dazu neigten, Ergebnisse vorauszusagen, die einen Balance-Zustand zwischen den vier Elementen widerspiegelten.

Obwohl das Balance-Princip einen vielversprechenden Beginn für die Analyse kognitiver Konsistenz bietet, ist es in seinen Anwendungsmöglichkeiten sehr beschränkt. Die Betrachtung komplexer sozialer Kontexte und Beziehungen enthüllen die Grenzen des Balance-Prinzips. Wenn z. B. zwei Männer in ein und dieselbe Frau verliebt sind, haben sie dann auch das gleiche positive Gefühl füreinander? Wenn Sie gerne Hühnchen essen und Hühnchen Hühnerfutter lieben, mögen Sie dann auch Hühnerfutter? Die größte Schwäche des Balance-Prinzips ist wahrscheinlich sein Unvermögen, die Lokalisierung und genaue Größe eines Einstellungswechsels anzugeben, der zur Wiederherstellung der Balance und Harmonie innerhalb eines Systems vorgenommen wird.

Osgoods und Tannenbaums Kongruitätsprinzip

Dieses Prinzip basiert auf der Unterstellung, daß es einfacher ist, gegenüber zwei zueinander in Beziehung stehenden Objekten, wie z. B. Eisenhower und Golf, kongruente Einstellungen zu haben als variierende Einstellungen ihnen gegenüber. Das Kongruitätsprinzip geht weiter als das Balanceprinzip, weil es explizite quantitative Aussagen trifft, was geschieht, wenn die beiden in Beziehung stehenden Objekte sich nicht in einem Kongruitätszustand befinden. Ein Mensch, der z. B. zu Eisenhower eine lauwarme und zu Golf eine enthusiastische Einstellung hat, und der erfährt, daß Eisenhower ein Golffanatiker ist, wird möglicherweise zu Eisenhower eine günstigere Einstellung gewinnen und etwas weniger enthusiastisch über Golf denken, so daß die Intensitäten der beiden Einstellungen einander zustreben. Kongruität liegt dann vor, wenn zwei zueinander in Beziehung stehende Objekte mit der gleichen Intensität geschätzt werden. In dem Eisenhower-Golf-Beispiel wird sich die undefinierte Einstellung der betreffenden Person Eisenhower gegenüber stärker wandeln als ihre Einschätzung des Golfspiels, da stark „polarisierte" oder extreme Einstellungen weniger stark Änderungen unterliegen als gemäßigte Einstellungen. Experimente von Osgood und Tannenbaum (1955) scheinen das Kongruitätsprinzip zu untermauern, obwohl ähnlich wie beim Balanceprinzip dem Anwendungsbereich Grenzen gesetzt sind.

Festingers Dissonanztheorie

Das wahrscheinlich umstrittenste Konsistenzprinzip ist in Festingers (1957) Theorie der kognitiven Dissonanz niedergelegt. Wenn eine Person über sich oder ihre Umgebung Kognitionen hat, die miteinander inkonsistent sind, d. h. wenn eine Kognition das Gegenteil der anderen beinhaltet, entsteht ein Zustand der kognitiven Dissonanz. Hier gibt es vier Fälle von kognitiver Dissonanz, die grundsätzlichen Inkonsistenzursprüngen entstammen.
(a) Logische Inkonsistenz: Ich glaube, daß unser Planet häufig von Marsmenschen besucht wird; ich glaube, daß es auf dem Mars keine Lebewesen gibt.
(b) kulturelle Sitten und Normen: Ich bin der Meinung, daß es verkehrt ist, während eines offiziellen Dinners zu rülpsen; ich stoße aber bei offiziellen Essen normalerweise laut auf.
(c) Inkonsistenz von Meinung und Handlung: Ich bin der Ansicht, daß die Kampagne zur Rettung des Fußgängers hirnverbrannter Blödsinn ist; ich

unterstütze jeden Appell der Kampagne zur Rettung des Fußgängers.

(d) Vergangene Erfahrung: Ich verspüre immer Schmerzen, wenn ich mit einer Nadel gestochen werde; ich bin gerade gestochen worden, aber ich fühle keinen Schmerz.

Der Zustand der kognitiven Dissonanz ist unangenehm, da er psychische Spannung erzeugt, und daher wird gewöhnlich das Bestreben bestehen, durch Änderung einer oder beider Kognitionen oder durch Aufnahme neuer Kognitionen den Spannungszustand zu reduzieren. In dem oben zitierten Beispiel könnte ich die Kognitionen modifizieren oder in folgender Weise neue hinzufügen: a) Vor einer Million Jahren sind die Marsmenschen auf die Venus umgesiedelt; b) bei offiziellen Essen werde ich nicht mehr rülpsen; c) die Unterstützung der Kampagne zur Rettung des Fußgängers ist für meine Steuererklärung günstig, und d) manchmal verspüre ich Schmerzen, wenn ich von einer Nadel gestochen werde. Der Umgang und Anwendungsbereich der Dissonanztheorie läßt sich am besten experimentell durch das Herbeiführen der hauptsächlichen Quellen der Dissonanz demonstrieren.

Unerwartete negative Konsequenzen

Eine Person, die nach einer getroffenen Wahl feststellt, daß diese eine Reihe von negativen Folgen mit sich bringt, ist in einen Zustand kognitiver Dissonanz geworfen; wenn sie für ihre Wahl große Mühe auf sich nehmen mußte, ist die Größe der Dissonanz beträchtlich und es werden Versuche folgen, durch das Auffinden positiver Seiten die Dissonanz zu reduzieren. Aronson und Mills (1959) induzierten bei Studentinnen Dissonanzen, indem sie sie aufforderten, sich einer strengen Eintrittszeremonie zu unterziehen, bevor es ihnen gestattet werden sollte, an einer Diskussionsrunde über Sex teilzunehmen. Eine Gruppe von Mädchen wurde einer milden Eintrittszeremonie in Form eines „Verlegenheits"-Tests unterzogen, bei denen sie alleine eine Liste von Wörtern sexuellen Inhalts wie z. B. Prostituierte, Jungfrau, Petting usw. vorlesen mußten. Die zweite Gruppe wurde einem weitaus stärkeren und provozierenderem Test unterworfen, bei dem sie zwölf obszöne Wörter sowie zwei lebensnahe Beschreibungen von sexuellen Aktivitäten vorlesen mußten. Allen Versuchspersonen wurde mitgeteilt, daß sie den Test bestanden hatten und an der Gruppendiskussion teilnehmen durften. Beim ersten Treffen der „Gruppe" durften die Teilnehmer einer ausgedehnten und langweiligen Diskussion über das sekundäre Sexualverhalten bei niederen Tieren auf dem Tonband zuhören. Schließlich wurden die Versuchspersonen gebeten anzugeben, wie gut ihrer Meinung nach die Diskussion gewesen sei und wie sympathisch sie die übrigen Teilnehmer gefunden hätten. Es stellte sich heraus, daß jene Versuchspersonen, die sich der strengen Eintrittszeremonie unterzogen hatten, um das Recht zur Teilnahme an der genannten Diskussion zu erwerben, berichteten, daß sie die Gruppe und die Diskussion ganz interessant gefunden hätten. Das läßt die Vermutung zu, daß die durch den peinlichen Test entstandene Dissonanz dadurch reduziert wurde, daß der Grund dafür als lohnenswert angesehen wurde. Die Mädchen, die sich der milderen Eintrittszeremonie unterzogen hatten und die daher weniger Dissonanz erfahren hatten, waren weitaus kritischer und negativer gegenüber der langweiligen Diskussion eingestellt.

Unbestätigte Erwartungen

Eine Person kann sich psychologisch auf ein Ereignis vorbereitet haben, das niemals eintritt, oder noch schlimmer, sie kann sogar ihren Erwartungen öffentlich Ausdruck verliehen haben. Was geschieht, wenn eine wichtige Prophezeiung nicht eintritt und wenn Dissonanz dadurch entsteht, daß etwas anderes geschieht als vorausgesagt wurde, ist in der klassischen Felduntersuchung von Festinger, Riecken und Schachter (1956) beschrieben. Mitte der 50er Jahre erhielt die Hausfrau Marion Keech eine Reihe von Botschaften aus dem Weltraum. Die Aufmerksamkeit der Amerikaner und Kanadier wurde dadurch erregt, daß Mrs. Keech behauptete, in den Botschaften würde ihr zu verstehen gegeben, daß eine Flut drohe, die am 21. Dezember ganz Nordamerika überschwemmen würde. Die Publizität, die Mrs. Keech und ihren Botschaften geschenkt wurde, führte zu einer kleinen Gruppe von gläubigen Anhängern, unter ihnen auch Festinger, Riecken und Schachter, die die Gruppe infiltrierten, um festzustellen, wie Mrs. Keech am 22. Dezember reagieren würde. Am 20. Dezember erhielt Mrs. Keech eine Botschaft, die sie darüber informierte, daß sie die Gruppe bereithalten solle, einen Besucher zu empfangen, der um Mitternacht käme und sie alle in einer fliegenden Untertasse in die Sicherheit des Weltalls transportieren solle. Es wurde Mitternacht, aber niemand erschien, während die Überschwemmung weniger als sieben Stunden bevorstand. Allmählich machte sich Verzweiflung und Verwirrung in der Gruppe breit, und Mrs. Keech brach zusammen und begann, bitterlich zu weinen. Die Botschaften wurden immer wieder gelesen, um festzustellen, ob nicht vielleicht ein wichtiger Hinweis übersehen worden war. Eine Erklärung nach der anderen über das Nichterscheinen des Besuchers wurde herangezogen und wieder verworfen. Dann, um 4.45 Uhr am Morgen, rief Mrs. Keech die Gruppe zusammen und kündigte an, daß sie eine Botschaft erhalten habe. Im Stile eines Propheten aus dem Alten Testament verkündete sie, daß Gott die Welt vor der Zerstörung gerettet habe, weil die Gruppe, die die ganze Nacht zusammen gesessen habe, so viel Licht verbreitet habe, daß dieses nun, und nicht Wasser, die Erde überflute.

Mrs. Keech meisterte die Dissonanz, die zwischen ihrer drastischen Prophezeiung und der trivialen Realität bestand, indem sie eine Rationalisierung lieferte. Aber sie mußte auch mit der starken Publizität fertig werden, die ihr durch die Massenmedien zuteil geworden war. Eine Möglichkeit, Dissonanz zu reduzieren, besteht darin, die Unterstützung anderer zu suchen; wenn andere soziale Unterstützung leisten, ist es dem Individuum eher möglich, sich selbst einzureden, daß sein Glaube richtig war. Mrs. Keech und ihre Anhänger, die vor dem Nichteintreten ihrer Prophezeiung den Massenmedien gegenüber eher schüchtern gewesen waren, wandelten sich nun zu unersättlichen Publizitätssuchern und unternahmen sogar aktive Bekehrungsversuche, um die Zahl der Unterstützenden zu vergrößern. Falls man sich versucht fühlen sollte, Mrs. Keechs unbestätigte Erwartungen ironisch zu belächeln, sei darauf hingewiesen, daß auch Sozialpsychologen oft die Dissonanz unbestätigter Erwartungen ertragen müssen. Im Jahre 1960 untersuchten Hardyck und Braden (1962) eine Gruppe „gläubiger" Evangelisten, die für den 15. August ein welterschütterndes atomares Unglück prophezeiten. Das Unglück trat zwar nicht ein, jedoch sucht die Gruppe für ihre Ansichten weder Publizität noch soziale Unterstützung. Andere Weltuntergangspropheten, die die Verbindung zur Realität völlig verloren haben, erleiden offensichtlich wenig Dissonanz, wenn sich ihre Erwartungen nicht erfüllen. Thomas Beverley, der Ende des 17. Jahrhunderts Rektor der Schule von Lilley in Hertfordshire, England, war, schien kognitiver Dissonanz gegenüber völlig immun. Im Jahre 1695 schrieb er ein Buch, in dem er angab, daß die Welt im Jahre 1697 untergehen werde. Im Jahre 1698 schrieb er erneut ein Buch, indem er beklagte, daß die Welt zwar im Jahre 1697 untergegangen sei, daß dies aber niemand bemerkt habe. Es ist klar, daß unbestätigte Erwartungen zu einer Reihe von Reaktionen führen können, die nicht alle auf die verminderte Dissonanz gerichtet sind. Es scheint, daß die guten Leute von Hertfordshire eine Schwäche für Prophezeiungen haben. Eine religiöse Gemeinschaft setzte am Montag, dem 9. Dezember 1968 eine Anzeige in die Zeitung, die wie folgt lautete:

„Die Welt naht sich endgültig am Mittwoch, dem 11. Dezember, genau gegen Mitternacht ihrem Ende. Nächsten Freitag wird ein vollständiger Bericht darüber in dieser Zeitung erscheinen . . .“

Erzwungene Mittäterschaft und unzureichende Rechtfertigung

Stellen Sie sich vor, Sie wären eine Versuchsperson in einem äußerst langweiligen Experiment, bei dem sie z. B. über eine Stunde lang Fünfen und Sieben in einer Zahlenreihe durchstreichen müßten. Nehmen wir nun einmal an, daß Ihnen der Versuchsleiter nach dieser monotonen Stunde eine Belohnung von DM 4,— dafür anbietet, daß Sie die nächste Versuchsperson hinsichtlich des Inhalts des Experimentes belügen würden. Die Lüge bestünde darin, daß Sie der nächsten Versuchsperson erzählen sollten, daß die Versuchsaufgabe äußerst interessant sei. Wenn Sie sich nun darauf einließen, würde Ihre eigene Einstellung der langweiligen Aufgabe gegenüber dann von ihrem unseriösen Verhalten beeinflußt werden? Festinger und Carlsmith (1959), die ein derartiges Experiment durchführten, vermuteten, daß, wenn eine Person dazu verleitet wird, etwas gegen ihre eigene Einstellung zu tun oder zu sagen (z. B. zu sagen, daß eine Aufgabe interessant sei, wenn man sie tatsächlich für langweilig hält), der Betreffende Gefühle der Dissonanz erfährt. Eine Möglichkeit der Dissonanzreduktion besteht darin, die Einstellung der Aufgabe gegenüber in Einklang mit der Handlung zu bringen, d. h. anzufangen zu glauben, daß die Aufgabe tatsächlich ganz interessant sei. Festinger und Carlsmith waren insbesondere an dem Effekt der anstehenden Belohnung interessiert, die zu dem dissonanten Akt des Lügens verleiten sollte. Zu diesem Zweck verglichen sie die Einstellung zweier Gruppen zu der langweiligen Aufgabe. Einer Gruppe wurde für das Lügen DM 4,— (1 $) angeboten; die andere erhielt die unglaubliche Summe von DM 80,— (20 $). Die Forscher vermuteten, daß wenn eine Person 20 $ für eine Lüge erhielte, es nur wenig Dissonanz zwischen ihrer Tat und ihrer Ansicht über die Aufgabe geben würde, weil der Betreffende rationalisieren kann, indem er sich sagt, daß DM 80,— einfach zuviel sind, um sie abzulehnen. So kann er es sich leisten, die Aufgabe als das anzusehen, was sie tatsächlich ist, nämlich langweilig, geisttötend und monoton. Aber wenn der Betreffende nur bloße DM 4,— für seine unehrenhafte Tat erhielt, konnte er seine extremen Dissonanzgefühle nur besänftigen, indem er rationalisierte, daß die Aufgabe vielleicht doch ganz interessant gewesen sei. Festinger und Carlsmith fanden tatsächlich heraus, daß wenn man den Versuchspersonen für ihr Lügen DM 80,— gab, sie eine weniger positive Einstellung zu der Aufgabe hatten, als jene Versuchspersonen, denen man nur DM 4,— gegeben hatte (s. Abb. 6.2).

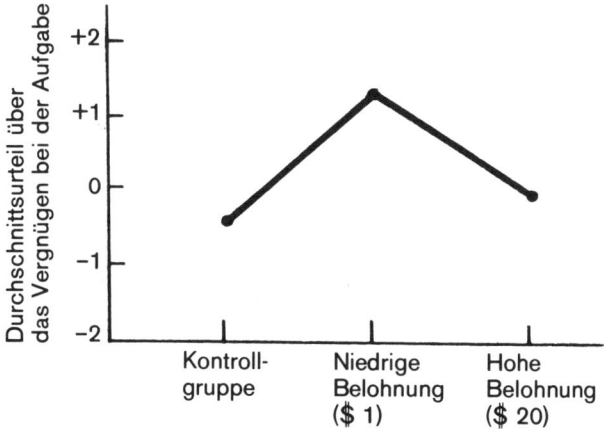

Abb. 6.2: Beurteilungen der Freude an einer langweiligen Aufgabe, nachdem man eine andere Person über das Vergnügen an dieser Aufgabe beschwindelt hat. Je geringer die finanzielle Belohnung für das Beschwindeln, desto günstiger die eigene Beurteilung. (Nach L. Festinger und J. M. Carlsmith, Cognitive consequences of forced compliance. In *Journal of Abnormal and Social Psychology* 1959, 58, 203—210.)

Das Dissonanzprinzip führt zu der paradoxen Erkenntnis, daß, wenn man eine Person nur schwach dazu verleitet, sich zu einem bestimmten Verhalten zu verpflichten, das ihrer Einstellung widerspricht, der dann folgende dissonanzreduzierende Einstellungswandel größer ist, als wenn eine starke Verleitung stattfindet. Dieses Postulat hat zu einer beträchtlichen Kontroverse geführt, die zu verschiedenen Versuchen Anlaß gaben, die Befunde von Festinger und Carlsmith im Hinblick auf den Argwohn, die Angst und die Verdächtigungen zu interpretieren, die dann entstehen, wenn einem College-Studenten mit knapp bemessenem Taschengeld bare DM 80,— dafür angeboten werden, daß er eine bloße Lüge sagt.

Unvorhergesehene negative Konsequenzen, unbestätigte Erwartungen sowie unzureichende Rechtfertigungen für erzwungene Mittäterschaft bilden nur drei der Inkonsistenzquellen, mit denen sich die Dissonanztheorie beschäftigt. Wenn man diskrepantem Informationsmaterial ausgesetzt oder mit Fakten konfrontiert wird, die bereits bekannten Informationen widersprechen, so sind dies weitere Inkonsistenzquellen. Im nächsten Kapitel wird zu sehen sein, daß nach Entscheidungen, bei denen zwei gleichermaßen geschätzte oder mißliebige Alternativen anstehen, dem Individuum häufig das Unbehagen der Dissonanz widerfährt. Es mag den Versuch unternehmen, die nach der Entscheidung auftretende Dissonanz dadurch zu reduzieren, daß es nach konsonanter Information Ausschau hält, die ihre Wahl unterstützt. Andererseits kann sich der Betreffende gleichermaßen konsonanten und dissonanten Informationen aussetzen, wenn dies von Nutzen ist, aber er wird dem dissonanten Informationsmaterial gegenüber noch kritischer eingestellt sein (Feather, 1963).

Balance, Kongruität und Dissonanz sind drei Versionen des Konsistenzprinzips, denen die Annahme gemeinsam ist, daß Wahrnehmungen, Handlungen und Einstellungen im wesentlichen harmonisch miteinander in Beziehung stehen. Jede Version betont die Struktur von Einstellungselementen und zeigt auf, wie Disharmonie innerhalb dieser Struktur zu einer Änderung im System führt. Ihre Bedeutung für den Einstellungswechsel liegt in dem Verständnis dafür, wie neue Informationen, die eine Störung des Einstellungssystems bewirken, eine Reihe von Prozessen in Gang setzen, die ihrerseits zur Wiederherstellung der Konsistenz und Harmonie innerhalb des Systems führen. Das Balance- und Kongruitätsprinzip sind in ihrem Anwendungsbereich am stärksten beschränkt, weil sie sich nur mit Situationen beschäftigen, die disharmonisch Kognitionen oder diskrepante Einschätzungen von miteinander in Beziehung stehenden Objekten zum Gegenstand haben. Die Dissonanztheorie erfaßt ihrerseits einen viel breiteren Bereich, wobei es ihr Augenmerk auf Diskrepanzen zwischen Erkenntniselementen und Handlungen als Inkonsistenzquellen richtet und dementsprechend über den Einstellungswechsel hinaus einige Aussagen über kognitive Prozesse im allgemeinen macht. Obwohl das Konsistenzprinzip einen wichtigen Faktor für die Einstellungsdynamik darstellt, gilt diese Beziehung nicht in umgekehrter Richtung. Große Toleranz gegenüber Ambiguität, Immunität gegenüber psychologischem Druck sowie Vorliebe für Neuheiten und Komplexität bilden Faktoren, die manchmal mehr ins Gewicht fallen als das Bedürfnis nach Konsistenz.

Auf welche Weise wird das Individuum von den Versuchen einer anderen Person oder Gruppe beeinflußt, seine Meinungen zu ändern? Die soziale Beeinflussung stellt keinen einheitlichen Prozeß dar und sie folgt auch nicht nur einem Prinzip. Kelman (1961) unterschied z. B. zwischen drei Ansätzen, um diesem Problem beizukommen: (a) durch Konformitätsdruck hervorgerufene soziale Beeinflussung von Urteil und Meinungen; (b) soziale Beeinflussung, die durch soziale Interaktionen innerhalb kleiner Primärgruppen, wie z. B. der Familie und Altersgruppe, entsteht, und (c) soziale Beeinflussung, der Überredung durch eine Prestigefigur zugrunde liegt. Die Unterscheidung zwischen diesen drei Einflußursprüngen ist deshalb von Wichtigkeit, weil jeder von ihnen seine besondere psychologische Grundlage und somit spezielle Konsequenzen für den Einstellungswandel hat. Für Kelman entspricht jeder der drei Ansätze einem besonderen sozialen Beeinflussungsprozeß, von denen jeder seine unterschiedlichen Eigenheiten besitzt. Im ersten Prozeß, der *Willfährigkeit* oder *Zweckkonformismus* (compliance) genannt wird, akzeptiert der Betreffende die Beeinflussung, weil er hofft, von der anderen Person oder Gruppe eine günstige Reaktion zu erhalten. In Situationen, in denen sich das Individuum dem direkten Druck der Gruppe ausgesetzt sieht, eine seinen eigenen Ansichten widersprechende Meinung anzunehmen, stützt sich das Nachgeben auf den Wunsch, den Erwartungen der anderen zu entsprechen, um eine Belohnung zu erreichen oder eine Strafe zu vermeiden. Dies ist ein Beispiel von Willfährigkeit, bei der öffentlich eine Meinung ohne eigentliche innere Akzeptierung angenommen wird. Sobald die Gruppe ihren Druck von dem Individuum wieder wegnimmt, kehrt es zu seiner ursprünglichen Meinung zurück. Das vielleicht beste Beispiel für diese Art von Willfährigkeit ist die zeitweilige Kolaboration der Kriegsgefangenen in den chinesischen Kriegsgefangenenlagern während des Koreakrieges.

Der zweite Beeinflussungsprozeß wird *Identifikation* (identification) genannt und kommt dann vor, wenn ein Individuum die Einstellungen einer Gruppe annimmt, weil die Beziehung zu der Person oder Gruppe Befriedigung bringt und seinem Selbstbild entgegenkommt. Die kleine Primärgruppe, mit der das Individuum eng verbunden ist, übt eine spezielle Art von sozialer Beeinflussung aus. Viele Grundeinstellungen haben ihren Ursprung und finden ihre Unterstützung in diesen Gruppen, und sie reflektieren Normen, Ansichten und Wertvorstellungen. Dieses stellt eine normative soziale Beeinflussung dar, die von Bezugsgruppen herstammt, mit denen sich das Individuum aufs engste identifiziert. Interaktionen innerhalb der Familie sind die frühesten und mächtigsten Beeinflussungsquellen von Einstellungen. Die Eltern übertragen durch den Identifikationsprozeß der Übernahme von Eigenschaften eines anderen, ihre Ansichten, Vorurteile und Vorlieben auf ihre Kinder. Politische und religiöse Meinungen und Vorurteile sowie das Wahlverhalten sind innerhalb von Familien bemerkenswert homogen. Zusammen mit der Familie sticht vor allem die Schule als zentrale und beherrschende Kraft bei der Sozialisierung politischer und ideologischer Ansichten bei Kindern hervor. Selbst während der Jahre auf dem College beeinflussen Gruppennormen die Entwicklung von Einstellungen gegenüber wichtigen öffentlichen Fragen, wie in Newcombs (1958) inzwischen klassischer Bennington-Studie nachgewiesen wurde. Obwohl diese Einstellungen die ersten sind und noch mit einem hohen Maß an emotionalem Engagement erlernt werden, werden sie nur solange aufrecht erhalten, wie das Verhältnis zu den Eltern und Gleichaltrigen Befriedigung und Nutzen bringt. Der Nutzen, der durch die Akzeptierung normativer Einflüsse entsteht, umschließt Status, Anerkennung, Unterstützung sowie Akzeptierung. Die Unterwerfung unter die Gruppennormen führt auch zu der Gewißheit, daß man seine Ansicht nicht alleine hat, sondern mit anderen teilt, was bei der Bildung solcher Meinungen, bei denen soziale Hintergründe und Realitäten starke Berücksichtigung finden, einen wichtigen Faktor darstellt. Der Philosoph Santayana (1922) drückt dies in folgendem Aphorismus aus: „Der Mensch ist ein Herdentier, und dies mehr in seiner Gesinnung als in seinem Körper. Er mag vielleicht gerne alleine spazieren gehen, aber haßt es, mit seiner Meinung alleine zu stehen" (S. 174).

Der dritte soziale Beeinflussungsprozeß ist die *Internalisierung* (internalization). Die einstellungändernden Informationen lassen sich in solchen Kommunikationen wiederfinden, die überzeugen sollen und die mit zuverlässigen und vertrauenswürdigen Personen geführt werden. Die Beeinflussung wird deshalb akzeptiert, weil die Argumente zur Überredung in das individuelle Wertsystem passen und echte Befriedigung vermitteln. Der diesem Ansatz zugrundeliegende zentrale Gedanke ist die Vorstellung, daß eine Ansicht oder Einstellung deshalb akzeptiert wird, weil ihre Annahme zu tatsächlichen oder erwarteten Gefühlen der Zufriedenheit und Selbstakzeptierung führt.

Eine Gruppe von Psychologen an der Yale-Universität (Hovland, Janis und Kelley; 1953) hat sich intensiv mit der experimentellen Erforschung der Eigenarten dieses Prozesses sowie des Verhältnisses zwischen dem Kommunikator, der vermittelten Botschaft und dem Zuhörer (Empfänger) während des Einstellungswechsels beschäftigt. Die letzteren drei Variablen erinnern stark an die Überredungsformel „Wer sagt was zu wem mit welcher Wirkung?"

Einige der hauptsächlichen Ergebnisse der Yale-Gruppe sollen hier kurz zusammengefaßt werden, um eine ungefähre Vorstellung von dem Gebiet der Überredungsforschung zu geben. Der Kommunikator induziert umso eher einen Einstellungswechsel, je größer seine Glaubwürdigkeit (d. h. seine Zuverlässigkeit und Expertenschaft) ist; wenn der Kommunikator für einen hohen Einstellungswandel ist, ist er bis zu einem gewissen Punkte in seinen Bemühungen erfolgreicher, als wenn er nur einen geringen Einstellungswandel befürwortet. Der Wortlaut, die Organisation und Darbietung einer Überredungskommunikation bilden wichtige Determinanten für ihre Rezeption. Wenn es zwei Seiten eines Problems gibt, ist eine zweiseitige Kommunikation, bei der das Für und Wider besprochen wird, wirkungsvoller als eine einseitige Unterrichtung, denn sie immunisiert den Zuhörer gegen spätere Gegenpropaganda. Wenn es, wie in einer Debatte, zwei entgegengesetzte Standpunkte gibt, die vermittelt werden, ist die erste die wirkungsvollere Kommunikation. Wenn das Problem so komplex ist, daß der Zuhörer nicht selbst die notwendigen Schlußfolgerungen ziehen kann, ist die Mitteilung effektiver, wenn man dem Betreffenden die Schlußfolgerung vorexerziert. Appelle an die Gefühle, die Angst oder Aggressionen hervorrufen, sind bei wenig intelligenten oder unwissenden Leuten wirkungsvoller als bei gut informierten Leuten, sie können jedoch als Bumerang wirken und Abwehrreaktionen hervorrufen und somit die Annahme der Information verhindern. Schließlich sind innerhalb einer bestimmten Zuhörerschaft einige Menschen für Überredungen anfälliger als andere. Im allgemeinen sind Frauen leichter zu überreden als Männer; sozial Isolierte und Menschen, die unter geringer Selbstachtung leiden, sind ebenfalls leichter zu überzeugen. Passives Hinhören oder Vorlesen der Kommunikation sind nicht so wirkungsvoll wie Rollenspiel, d. h. aktive Teilnahme an der Einübung und Improvisation des Vertretens der gewünschten Einstellungen. Menschen, die mit ihrem Rollenspiel oder der Position, die sie in dem Rollenspiel innehaben, Anerkennung finden oder Erfolg haben, nehmen leichter die neue Einstellung an, als jene, die keine Belohnung erfahren.

Die Psychologie der Überredungskommunikation hat Vorläufer in der Kunst der Rhetorik, insbesondere der Überredungskunst, die während des Griechischen und Römischen Reiches blühte. Das beste Beispiel für die Entwicklung dieser Kunst ist die *Rhetorik* des Aristoteles. Der Politiker darf nur vorsichtig sagen, was gut zu sein scheint. Er muß seine Zuhörerschaft verstehen und wissen, was Zorn, Bewunderung und Beschämung hervorruft. Klarheit wird bevorzugt, wenn auch das Einstreuen von Metaphern und Sprachfiguren erlaubt ist. Die Arbeit der Yale-Gruppe über den Überredungsprozeß wurde wegen ihrer Ähnlichkeit zu der althergebrachten Kunst der Propagierung von Ansichten und wegen ihrer auf wissenschaftlichen Prinzipien beruhenden Grundlage als eine Art wissenschaftlicher Rhetorik angesehen.

In dieser kurzen Erörterung über soziale Beeinflussung und Einstellungswandel wurde eine dreifache Unterscheidung getroffen, wie soziale Interaktionen eine Modifizierung von Ansichten und Meinungen bewirken: Willfährigkeit, hervorgerufen durch direkten Konformitätsdruck, Unterwerfung unter die Gruppennormen aufgrund von Identifikation sowie Internalisierung, die von der Annahme einer Überredungskommunikation innerhalb einer sozialen Beziehung herrührt. In den meisten sozialen Beeinflussungssituationen ist es nicht einfach, diese drei Typen auseinanderzuhalten, da sie alle drei zusammen auftreten können. Die begriffliche Unterscheidung ist jedoch von Bedeutung für jeglichen Versuch, Einstellungen zu modifizieren. Eines der mühseligsten Probleme auf dem Gebiete der sozialen Beeinflussung stellt die kurze Lebensdauer einiger Einstellungsänderungen dar. Eine anscheinend eindrucksvolle Meinungsänderung schwindet bald nach dem Beeinflussungsversuch dahin, so daß der Beeinflussungsagent nicht selten über die oft zutage tretende Instabilität erschreckt ist. Die Erkenntnis, daß soziale Beeinflussung verschiedene Motive zur Folge hat, kann dazu beitragen, die kurzlebige Natur einiger Einstellungsänderungen und das relativ lange Überdauern anderer zu erklären. Der Druck zum Nachgeben oder zur Konformität kann nur selten über einen langen Zeitraum hinweg aufrecht erhalten werden. Sobald z. B. in Kriegsgefangenenlagern die Kontrolle über das Individuum wegfällt, kehrt dieses zu seinen eigenen privaten Ansichten zurück, die es eigentlich niemals aufgegeben hat. Einer einstellungsrelevanten Gruppennorm wird nur so lange Folge geleistet, wie die Beziehung des Individuums zur Gruppe zufriedenstellend bleibt oder wie die Spannung, allein mit seiner Meinung dazustehen, ertragen werden kann. Wenn die Gruppe länger besteht als sie für das Individuum nützlich ist oder wenn sich eine feindselige negative Einstellung zwischen Gruppe und Individuum entwickelt, wird die normorientierte Meinung auch abgelegt. Schließlich hält ein Einstellungswandel, der durch eine glaubwürdige Überredungskommunikation zustande gekommen ist, nur solange an, wie die einstellungsrelevanten Werte aufrecht erhalten bleiben. Wenn Einstellungen oder Einstellungselemente zu einem wichtigen Problem im fundamentalen Widerspruch zu Wertvorstellungen hinsichtlich dieses Problems geraten, werden sie überflüssig und werden im Einklang mit dem kognitiven Konsistenzprinzip abgelegt. Ein Beispiel findet man hierfür in den starken Meinungsschwankungen und -änderungen zum Vietnamkrieg, die sich zeigten, als Informationen über Entwicklungen und Konsequenzen über den Krieg der Öffentlichkeit zugänglich gemacht wurden.

Die Massenmedien, Rundfunk, Fernsehen und Presse, üben ihrerseits einen mächtigen Einfluß auf die Öffentlichkeit aus, auch wenn sie „ausgeschaltet" werden können, wenn sie Nachrichten verbreiten, die dem Zuhörer nicht „schmecken". Dieser Einfluß wird oft nicht direkt, sondern durch sogenannte Opinion-Leader (Meinungsführer) vermittelt. Dies sind Schlüsselfiguren mit hohem Status innerhalb einer Gemeinschaft, die besonders aufmerksame Beobachter der Massenmedien sind und die Informationen an ihren Freundes- oder Kollegenkreis weitervermitteln und interpretieren. Beim sogenannten „zweistufigen Kommunikationsfluß" (two step flow of communication) fließen Informationen und Gedanken von den Massenmedien zu den örtlichen Meinungsführern der Gemeinden und Bekanntschaftskreise und von dort durch Mundpropaganda zu den gewöhnlichen Mitgliedern der Gemeinde. Direkter und erzwungener Kontakt, wie es das Zusammenleben und -arbeiten mit sich bringt, bedeutet für das Gebiet der Einstellungen und Beziehungen zwischen den Gruppen ein weiteres Mittel zur Änderung von Einstellungen. Kontakte zwischen Mitgliedern verschiedener Gruppen, wie z. B. zwischen Schwarzen und Weißen, führen sehr wahrscheinlich zu einem positiven Einstellungswandel, wenn entweder der Kontakt auf der Grundlage eines gleichen sozialen Ranges stattfindet; wenn eine kooperative Bemühung von Nöten ist, um eine gemeinsame Aufgabe zu erfüllen, wie z. B. bei den Streitkräften, auf einem Schiff oder in einem Warenhaus; oder wenn der Kontakt eine genügende Zeitlang andauert, damit beide Seiten überhaupt befriedigende Erfahrungen miteinander machen können.

Die vielleicht dramatischste und am wenigsten erklärte Form eines Einstellungswechsels ist die plötzliche Abkehr, die auf eine schockierende oder schmerzliche Erfahrung folgt. Stagner (1948) hat diese Bedingung des Einstellungswandels als „Trauma" bezeichnet, und er illustriert ihre Entstehung an der Art und Weise, in der einige russische Führer vom Kommunismus angezogen wurden. Derartige Beispiele plötzlicher Abkehr, obwohl sie selten genug vorkommen, verdienen aufgrund der Einsichten, die sie über den Prozeß des Meinungswechsels gewähren können, eine nähere

Durchleuchtung. Eine weitere Illustration, wie eine kurze, dramatische Erfahrung in der Lage sein kann, den Widerstand gegen Einstellungswechsel zu unterlaufen, liefern die Untersuchungen über das emotionale Rollenspiel und sein Einsatz bei der Änderung von Rauchergewohnheiten. In einem

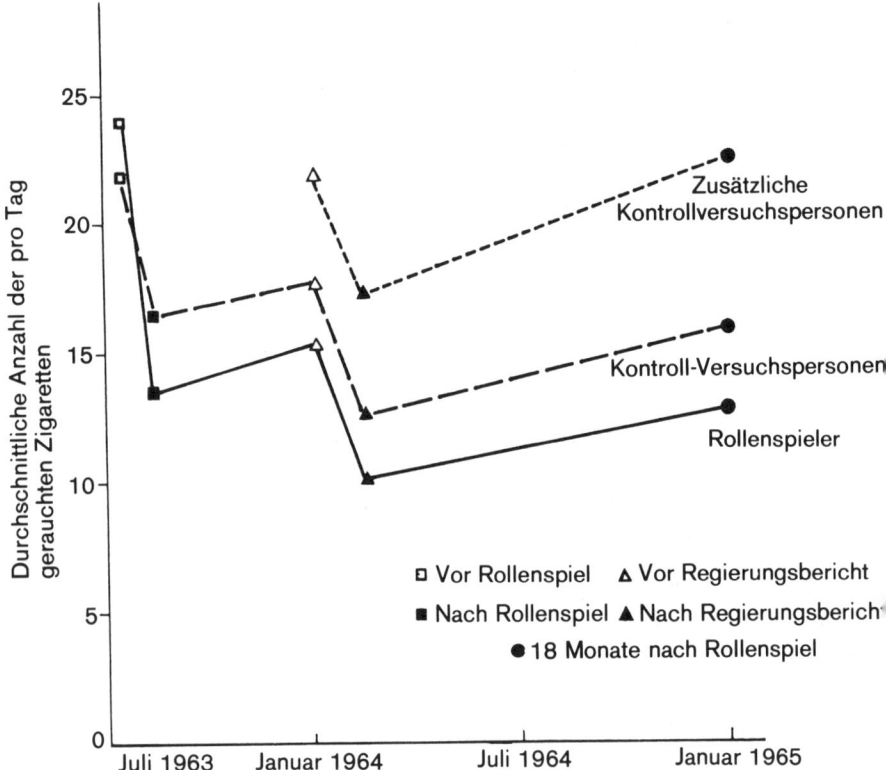

Abb. 6. 3: Langfristige Wirkungen eines emotionalen Rollenspiels auf das Zigarettenrauchen. Mädchen, die die Rolle einer Krebspatientin übernahmen, rauchten achtzehn Monate nach diesem Rollenspiel weniger als Mädchen einer Kontrollgruppe, die nicht am Rollenspiel teilnahmen. (Nach L. Mann und J. L. Janis, A follow-up study on the long-term effects of emotional role playing. In *Journal of Personality and Social Psychology* 1968, 8, 339—342).

Experiment von Janis und Mann (1965) wurden College-Studentinnen, alle starke Raucherinnen, gebeten, die Rolle eines Patienten zu spielen, der unter den schädlichen Folgen des Zigarettenrauchens zu leiden hatte. Der Versuchsleiter in der Rolle des „Arztes" gab jedem „Patienten" die „schlechte Nachricht", daß eine fiktive Röntgen-Untersuchung den Verdacht auf Lungenkrebs bestätigt habe und daß sofortige operative Behandlung notwendig sei. Während der spontanen Unterredung zwischen „Arzt" und „Patienten" wurden zusätzliche angsterregende Informationen über das Risiko und die Schmerzen eines operativen Eingriffs, über postoperative Behandlung und den Zusammenhang zwischen Rauchen und Krebs eingestreut. Das Spiel war so realistisch und beunruhigend, daß fast alle Mädchen das Rauchen aufgaben oder zumindest ihre Rauchergewohnheiten drastisch einschränkten. Eine 18 Monate später erfolgende Nachfrage ergab, daß die meisten von ihnen immer noch beträchtlich weniger Zigaretten rauchten als vor dem Rollenspiel (Mann und Janis, 1968). Die Effizienz des emotionalen Rollenspiels ist aus Abb. 6.3 ersichtlich, die den Rückgang des Zigarettenkonsums in dem 18monatigen Zeitraum nach dem Rollenspiel darstellt.

Selbst innerhalb der naturgemäß gegebenen Beschränkungen des Laboratoriums kann es möglich sein, lebensechte Situationen mit hoher Ich-Beteiligung zu simulieren, die Anlaß zu praktischen Verhaltens- und Einstellungsmodifizierungen sein können.

Zusammenfassung

In der vorstehenden Diskussion tauchten zwei verschiedene Arten von Einstellungsstrukturen auf: Die innere Einstellungsstruktur, die aus den kognitiven, affektiven und verhaltensmäßigen Einstellungskomponenten besteht, zeigt insofern eine Neigung zur Konsistenz, als die einzelnen Komponenten sich gegenseitig ergänzen, obwohl zu sehen war, daß dies nicht ein universelles Prinzip darstellt. Die Beobachtung, daß es Diskrepanzen zwischen der kognitiven und affektiven Einstellungskomponente einerseits und der Verhaltenstendenz andererseits gibt, führt zu der Einsicht, daß das Verhalten nicht nur von Einstellungen sondern auch von äußeren Faktoren der sozialen Umgebung determiniert wird. Die zwischen den drei Komponenten bestehenden Diskrepanzen stellen einen Faktor dar, der Druck in Richtung auf einen Einstellungswandel ausübt. Diesen Zusammenhang demonstriert Rosenberg (1960), indem er eine Komponente unter Hypnose modifizierte und dadurch die Änderung einer anderen Komponente bewirkte, wodurch die interne Konsistenz wiederhergestellt wurde. Die Struktur zwischen einzelnen Einstellungen bildet ein Einstellungsbündel im Hinblick auf eine Reihe von miteinander in Beziehung stehenden sozialen Objekten. Wegen ihrer gegenseitigen Abhängigkeit wird dieses Einstellungsbündel auch als „kognitives System" bezeichnet, innerhalb diesem wiederum die Tendenz besteht, die Konsistenz zwischen den einzelnen Komponenten aufrecht zu erhalten oder wiederherzustellen, wenn sie diskrepant geworden sind. Verschiedene Variationen des fundamentalen Konsistenzprinzips wurden erörtert. Heiders Balancemodell, Osgoods und Tannenbaums Kongruitätsprinzip sowie Festingers Theorie der kognitiven Dissonanz haben alle drei ihre spezifischen Implikationen für das Verständnis des Einstellungsänderungsprozesses, denn Informationen, die zu Störungen innerhalb des Systems führen, setzen aktive Bemühungen in Gang, nicht selten durch Einstellungswandel die Konsistenz wiederherzustellen. Eine weitere wichtige Determinante für die Entwicklung und Änderung von Einstellungen ist die Vertretung sozialer Einstellungen zur Befriedigung bestimmter Grundbedürfnisse und -motive. Nach Katz' (1960) Theorie unterscheidet man zwischen vier verschiedenen Funktionen: Anpassung, Wertausdruck, Wissen und Ich-Verteidigung, wobei der letztgenannten Funktion eine besondere Bedeutung bei der Entwicklung von Vorurteilen zukommt. Obwohl die einzelnen Funktionen in Praxi selten auseinanderzuhalten sind, weist ihre begriffliche Unterscheidung auf die Notwendigkeit hin, daß Verfahrensweisen zur Änderung von Einstellungen jenen Bedürfnissen Rechnung tragen müssen, denen die Einstellungen dienen, und daß sie sich in ihrer Zielrichtung auf diese einzustellen haben. Bei einer Analyse der Rolle, den die soziale Beeinflussung für den Prozeß des Einstellungswechsels spielt, unterscheiden wir nach Kelmans (1961) Theorie drei Typen von Beeinflussung: Beeinflussung, die durch Konformitätsdruck entsteht (Willfährigkeit); Normengebung innerhalb kleiner Primärgruppen (Identifikation); sowie Überredungskommunikation mit einer Prestigeperson (Internalisierung). Die begriffliche Unterscheidung ist wiederum bedeutsam für die Wirksamkeit und Dauer eines durch eine dieser Einflußquellen herbeizuführenden Einstellungswechsels. Die wohl wichtigste Schlußfolgerung aus diesem Kapitel ist die Erkenntnis, daß Einstellungen sich nicht auf der Grundlage eines einzelnen, einheitlichen Prinzips entwickeln und verändern. Alle Probleme, die innerhalb dieser Diskussion erwähnt wurden, müssen dabei ihre Berücksichtigung finden, sowie etwa die strukturellen Eigenschaften von Einstellungen, ihre funktionale Basis sowie jene sozialen Einflüsse, die für ihre anfängliche Entstehung und fortdauernde Wirkung verantwortlich sind.

Kapitel 7
Entscheidungsprozesse

Jeden Tag trifft der Mensch Tausende von Entscheidungen, die meisten von ihnen ohne Schwierigkeit und spontan, da die Wahl Routine geworden ist und klar auf der Hand liegt. Entscheidungen, Kaffee und nicht Tee zu bestellen, zu studieren und nicht ins Kino zu gehen, über die Umgehungsstraße und nicht durch die Stadt nach Hause zu fahren, beinhalten einfache, klar abgegrenzte Wahlmöglichkeiten. Gelegentlich wird man in wichtigere Entscheidungen verwickelt, die wegen der Ungewißheit ihrer jeweiligen Vor- und Nachteile oder aufgrund der Möglichkeit, daß eine verkehrte Wahl weitreichende unangenehme Folgen haben kann, beträchtliche Spannungs- und Konfliktgefühle erzeugen. Entscheidungen, z. B. mit einer politischen Partei zu brechen, die Scheidung einzureichen, sich einer Operation zu unterziehen oder nach Übersee auszuwandern, beinhalten Aktionen, die häufig von Ängstlichkeitsgefühlen, Zweifel an sich selbst und Bedauern begleitet sind.

Dem Mitteilungsprozeß wurde in einer traditionellen Betrachtung unterstellt, daß der Entscheidungsträger ein rationales Wesen sei, das mit den Vor- und Nachteilen aller möglichen Alternativen vertraut sei. Der rationale Mensch trifft erst seine Entscheidung, nachdem er alle möglichen Alternativen nach der zu erwartenden Nützlichkeit untersucht hat und die schließlich gewählte Alternative ihm den höchsten Reingewinn gewährt. Unglücklicherweise sind vollkommene und logische Entscheidungen selten anzutreffende Phänomene. Selbst ein rational bestimmter Mensch wird oft wegen Simplifizierungen, Voreingenommenheiten und Fehlschlüssen im Denken schuldig, vor allem dann, wenn es sich um lebenswichtige Entscheidungen handelt und nicht darum, welchen Zug er als nächsten auf einem Schachbrett machen soll. Angesichts des Entscheidungsdilemmas nimmt er oft Zuflucht zum Münzwerfen, dem Rat eines voreingenommenen Experten oder den Voraussagen eines Horoskops, oder er lehnt es rundweg ab, überhaupt eine Entscheidung zu treffen. Sozialpsychologen sind sich darin einig, daß der Schlüssel zu dem Verständnis, wie Menschen tatsächlich zu ihren

Entscheidungen kommen, in der Beschreibung des Entscheidungsprozesses selbst liegt (deskriptiver Ansatz) und weniger in der Analyse, wie ein vernunftbegabter Mensch darangehen sollte, seine Entscheidungen zu treffen (normativer Ansatz).

Stufen des Entscheidungsverhaltens

Die erste Aufgabe besteht darin, ein Bild davon zu geben, wie der Entscheidungsprozeß von den ersten Überlegungen an über den Akt der eigentlichen Wahl bis hin zu der Nachentscheidung abläuft. Zwischen den Vorentscheidungs- und Nachentscheidungsprozessen wird normalerweise unterschieden, da weitgehende Uneinigkeit über die Eigenarten dieser beiden Stadien besteht und da die begriffliche Unterscheidung für die Lösung einer Reihe von Problemen sehr brauchbar ist, wie z. B. die Frage der psychologischen Konsequenzen, des Treffens einer bestimmten Wahl, die Bedeutung des Fällens einer Entscheidung als bedeutsame Konfliktursache und Arten der Konfliktlösung auf jeder Stufe des Entscheidungsablaufs.

Prozesse vor der Entscheidung

Die Entscheidungsabfolge beginnt, wenn der Betreffende erkennt, daß er sich der Notwendigkeit gegenüber sieht, eine Entscheidung zu fällen. Dies kann aufgrund einer neuen Information geschehen, die einen momentanen Handlungsablauf in Frage stellt, wenn z. B. der Chef eine Bitte um Gehaltserhöhung ablehnt und man nun vor der Frage steht, ob man kündigen soll. Eine Entscheidungsabfolge beginnt manchmal dann, wenn man erkennt, daß eine Wahl zwischen einer Reihe von offenstehenden Alternativen getroffen werden muß, um ein augenblickliches Bedürfnis zu befriedigen, wenn z. B. der Ober im Hotel Excelsior höflich hüstelt, um darauf hinzuweisen, daß man nun zwischen Forelle und Hühnchen zu wählen habe.
Wenn sich eine Person zum erstenmal der Notwendigkeit gegenüber sieht, eine Entscheidung zu treffen, wird sie wahrscheinlich zuerst die Vor- und Nachteile aller offenstehenden Alternativen abwägen. Im Restaurant wird sich der Betreffende z. B. zu erinnern suchen, was die Spezialität des Hotels Excelsior ist und evtl. den Ober um Rat fragen. In der vorgenannten Berufssituation wird die durch die verweigerte Gehaltserhöhung entstandene Lage

den Betreffenden dazu veranlassen, nach realistischen Alternativen zu einer augenblicklichen Beschäftigungsstelle zu suchen. Er muß z. B. herausfinden, ob Rostklinge und Co. in Hintertupfingen noch eine Stelle frei hat und ob man ihm dort ein besseres Gehalt bieten kann. Er muß jedoch auch die jeweiligen Vor- und Nachteile eines möglichen Umzugs mit in Erwägung ziehen. Wenn die Handlungsalternativen weit auseinandergehende Wertigkeiten haben, ist es leicht, eine Entscheidung zu treffen. So hätten z. B. die meisten Vegetarier wenig Schwierigkeiten, im Excelsior zwischen einem Käsesoufflé und Hühnchen zu wählen. Wenn jedoch die Handlungsalternativen ähnlich sind oder ausgewogene Wertigkeiten besitzen, ist es schwierig, eine Entscheidung zu treffen, und gewöhnlich sind dann Anzeichen von Konflikt oder die Tendenz zu beobachten, die Entscheidung solange wie möglich hinauszuzögern.

Es ist eine Kontroverse darüber entstanden, welcher Natur die Denkprozesse sind, die auf die Lösung der während der Vorentscheidungsperiode entstandenen Konflikte gerichtet sind. Festinger (1964) postulierte, daß vor jeder Entscheidung ein objektives Abwägen aller Vor- und Nachteile einer jeden Alternative stattfindet und daß keineswegs die Neigung besteht, die eine oder andere Alternative auf- oder abzuwerten, um die Wahl einfacher zu gestalten. Ergebnisse einer Untersuchung von Davidson und Kiesler (1964) sowie von Jecker (1964) sind zur Unterstützung der These herangezogen worden, daß die Vorentscheidungsphase unabänderlich objektiv und rational verläuft. Eine sorgfältige Analyse dieser beiden Experimente führt zu dem Schluß, daß die Ergebnisse zumindest nicht eindeutig sind. Die Untersuchung von Davidson und Kiesler bestand in einer gespielten oder imaginären Entscheidung. Mädchen im Teenageralter mußten eine von zwei fiktiven Bewerberinnen einstellen, die sich um den Posten eines Vizepräsidenten in einer imaginären Firma bewarben, was wohl kaum eine Situation darstellt, die dazu angetan ist, Gefühle des Konflikts oder des Engagements zu erzeugen. Das Experiment von Jecker beinhaltete eine lebensechte Wahl zwischen zwei beliebten Schallplatten, aber die Versuchspersonen wurden zu dem Glauben verleitet, daß sie ohnehin beide bekämen. Eine solche Situation entbehrt wohl auch fast jeglicher Grundlage, ernste Entscheidungskonflikte hervorzurufen. Da die „Entscheidung" von fraglicher Wichtigkeit war, ist es nicht verwunderlich, daß in beiden Fällen kaum die Existenz einer subjektiven Bewertung von Alternativen vor der Bekanntgabe der Entscheidung zu verzeichnen war.

Die Annahme, daß die Entscheidungen immer objektiv angegangen werden, scheint aus mehreren Gründen nicht haltbar. Es ist häufig zu beobachten, daß bei lebenswichtigen Entscheidungen eine magische Tendenz besteht, ausschlaggebende Überlegungen, die für die betreffende Alternative von Wichtigkeit sind, zu übersimplifizieren, zu verzerren oder ganz zu unterschlagen. Persönlichkeitsfaktoren wie Risikofreudigkeit oder niedrige Konflikttoleranz beeinflussen diese Neigung zwar, jedoch ist niemand frei davon, überhastete gefühlsmäßige Entscheidungen zu fällen. Um zu postulieren, daß die Vorentscheidungsphase in jedem Falle objektiv verläuft, muß unterstellt werden, daß für die anstehende Entscheidung eine rationale Basis besteht, und selbst wenn die Alternativen gleichermaßen vorteilhaft sind, braucht man sie nur weiter zu untersuchen, dann wird eine neue Information die Grundlage für eine sinnvolle Wahl liefern. Es entstehen jedoch häufig Situationen, bei denen alle möglichen Informationen für eine sorgfältige Entscheidung ausgeschöpft zu sein scheinen, so daß keiner der Alternativen ein Präferenzvorteil zukommt. Das in Konflikt geratene Individuum, das vor einem anscheinend unlösbaren Dilemma steht, verfällt oft in voreingenommenes und subjektives Wunschdenken, einfach, weil nun mal eine Wahl getroffen werden muß und nur beschränktes Informationsmaterial vorliegt, worauf diese Entscheidung gestützt werden kann.

Es wird gewöhnlich so sein, daß, wenn eine Person Schwierigkeiten hat, sich zu entscheiden, sie sich aufgeregt und angespannt fühlt, weil sie vorausahnt, daß eine verkehrte Wahl noch größere Konflikte ins Rollen bringen wird. Deshalb wird das Individuum normalerweise bemüht sein, einigermaßen sorgfältig und objektiv daranzugehen, die Wahl zu treffen. Janis und Mann (1968) bezweifeln jedoch die Ansicht, daß die Periode vor der Entscheidung in jedem Falle von objektiver und unverzerrter Einschätzung der Vor- und Nachteile der jeweiligen Alternative gekennzeichnet ist. Eine Überbewertung einer bestimmten Alternative in der Vorentscheidungsphase kommt vor allen Dingen dann vor, wenn das Individuum dem Konflikt, sich unbedingt entscheiden zu müssen, ein schnelles Ende setzen möchte und sich nicht um die möglichen Konsequenzen kümmert, die daraus folgen können, daß es die Entscheidung nicht objektiv durchdacht hat. Der Betreffende kann es sich leisten, subjektiv zu sein, wenn die möglichen Strafen für eine falsche Entscheidung zeitlich weit entfernt liegen oder ihm die Möglichkeit offen steht, nach der Entscheidung seine Meinung zu revidieren, oder wenn alle relevanten Informationen vorliegen. Dies geschieht bei vielen Routineentscheidungen, kann aber auch bei wichtigen, möglicherweise einschneidenden Entscheidungen vorkommen. Die Studie von Mann, Janis und Chaplin (1969) liefert Hinweise darauf, daß in der Vorentscheidungsphase immer dann Überbewertungen („spreading") vorkommen, wenn der sich in Konflikt befindliche Entscheidungsträger glaubt, daß keine Informationen mehr zu erhalten sind, die ihm seine Entscheidung erleichtern könnten. Mann und seine Mitarbeiter stellten die Hypothese auf, daß, wenn das Individuum zu der Annahme verleitet wird, daß es bis zu dem Zeitpunkt der eigentlichen Entscheidung noch neue relevante Informationen erhalten kann, nur wenig Neigung dazu besteht, die Alternative zu verzerren oder überzubewerten. Das wird vor allem deshalb so sein, weil durchaus Anlaß besteht zu der Hoffnung, daß die noch zu erwartenden Informationen eine realistischere Grundlage für die richtige Wahl liefern werden. Es wäre daher verfrüht und unsinnig, eine möglicherweise verkehrte Entscheidung zu treffen, bevor man nicht alle Informationen gehört hat.

Als Teil einer Untersuchung über die Wirkung physiologischer Stimulierung auf geistige Prozesse wurden Studentinnen an der Universität von Melbourne gebeten, zu entscheiden, welchen von zwei unangenehmen Reizungen

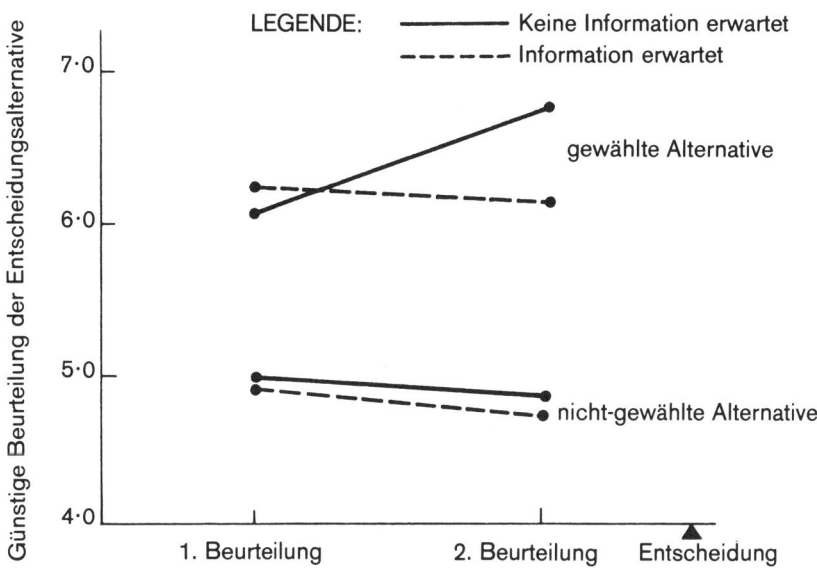

Abb. 7.1: Veränderungen in den Beurteilungen von Alternativen während der Phase vor einer Entscheidung. Versuchspersonen, die weitere Informationen erwarten, zeigen keine systematischen Veränderungen in den Beurteilungen der Alternativen. Versuchspersonen, die keine weiteren Informationen erwarten, „werten" die Attraktivität der jeweiligen Alternativen auf. (Nach L. Mann, J. L. Janis und R. Chaplin, The effect of anticipation of forthcoming information on predecisional processes. In *Journal of Personality and Social Psychology* 1969, 11, 10—16.)

sie den Vorzug geben würden: Einer Reizung des Tastsinns oder einer Reizung des Gehörsinns. Um Konflikte und Engagement zu erzeugen, wurde den Versuchspersonen mitgeteilt, daß beide Stimulationsarten Übelkeit, Benommenheit oder Kopfschmerzen hervorrufen könnten. In der Bedingung „mehr Informationen" wurde den Versuchspersonen mitgeteilt, daß ihnen vor der Entscheidung einiges statistisches Informationsmaterial über die Anzahl der Personen, bei denen durch die beiden Stimulationsarten Nebeneffekte zu beobachten waren, zugänglich gemacht würde. In der Bedingung „keine Information" teilte der Versuchsleiter den Versuchspersonen mit, daß es leider kein statisches Material über die Nebenwirkung der physiologischen Reizungen gebe. Systematische Überbewertung wurde dann festgestellt, wenn die Versuchspersonen ersucht wurden, ihre Vorliebe für eine der beiden Stimulationsarten vor ihrer Entscheidung anzugeben. Die Versuchspersonen, die keine weiteren Informationen über die zu treffende Entscheidung mehr erwarteten, neigten dazu, die jeweilige Alternative „aufzuwerten", wohingegen jene, die weitere Informationen erwarteten, dies nicht taten (s. Abb. 7. 1).

Die Ergebnisse dieser Untersuchung stehen im Widerspruch zu Festingers Behauptung, daß der Vorentscheidungsprozeß unabänderlich dadurch gekennzeichnet ist, daß in ihm keine systematische Neueinschätzung von Alternativen stattfindet. Daraus wird ersichtlich, daß Festingers Behauptung dahingehend qualifiziert werden muß, daß er auch solchen Situationen Rechnung trägt, in denen sich der Entscheidungsträger eine Überbewertung seiner Einschätzung oder Alternative leisten kann, ohne dabei Gefahr zu laufen, voreilig die falsche Entscheidung zu treffen.

Nach Janis und Mann (1968) wird die Tendenz, eine Alternative voreingenommen und subjektiv einzuschätzen, darüber hinaus von der Vorwarnung beeinflußt, inwieweit die Wahl bindend ist. Wenn sich der Betreffende z. B. in Konflikt befindet und der Ansicht ist, daß er der gewählten Alternative unwiderruflich verbunden ist, so führt dies zu einer sorgfältigen und objektiven Bewertung der Alternative. Wenn der Betreffende andererseits zu der Ansicht verleitet wird, daß die Entscheidung weder endgültig noch bindend ist und ohne weiteres rückgängig gemacht werden kann, kommt es häufig zu einer überhasteten und übereiligen Bewertung der Alternative. Daraus läßt sich ersehen, daß, bevor es zu einer Entscheidung kommt, entweder eine unvoreingenommene und objektive oder eine verzerrte und subjektive Abwägung der Alternativen stattfindet; in welcher Weise dieser Prozeß abläuft, hängt von dem Vorliegen bzw. Nichtvorliegen bestimmter Bedingungen ab, wie z. B. der Möglichkeit zusätzlicher Informationen oder der Aussicht auf ein bindendes Engagement.

Der Entscheidungsakt

Eine Entscheidung ist „jede offene verbale Handlung, die sozial als Verpflichtung definiert ist, eine genau bezeichnete Aufgabe zu erfüllen oder sich in der Zukunft an einen bestimmten Handlungsablauf zu halten" (Janis, 1959, S. 199). Entscheidungen stellen in der Tat Situationen dar, in denen eine Person andere über ihre Wahl informiert hat und sich selbst als dieser verpflichtet wahrnimmt. In der Vorentscheidungsphase wägt der Betreffende jede Alternative nach ihren Vor- und Nachteilen ab, was schließlich dazu führt, daß er eine bestimmte Alternative auswählt, die seinen Bedürfnissen am besten entspricht. Dieser rationale Entscheidungsprozeß folgt verschiedenen Regeln. Bei utilitaristischen Entscheidungen, z. B. zwischen Geschäftsleuten oder an der Börse, bildet die Maximierung des Reingewinnes häufig die Grundlage für die Entscheidung. Andere Formeln, wie z. B. die Minimierung ernsthafter Verluste, finden auch häufig Anwendung bei sozialen Entscheidungen, wenn das Individuum bereit ist, seinen utilitaristischen Nutzen in den Hintergrund treten zu lassen, um eine andere Person nicht zu verletzen oder in Bedrängnis zu bringen. Unter Umständen kann auch die Annahme einer, wie Simon (1957) sie nennt, „zufriedenstellenden" bzw. „genügend guten" Formel erfolgen. Dies scheint insbesondere dann wahrscheinlich, wenn viele Alternativen vorliegen, die zu Beginn gleichermaßen vorteilhaft erscheinen. In solchen Fällen, z. B. bei der Auswahl eines Zustelldienstes für Zeitungen, mag der Betreffende den ersten besten auswählen, der seine Aufmerksamkeit erregt hat und der seinen Mindestanforderungen entspricht. Andere Entscheidungen, wie z. B. das Hören einer bestimmten Vorlesung, sind ihrer Natur nach langsam fortschreitende Prozesse und bilden das Endprodukt einer Serie von kleinen Entscheidungen, die die betreffende Person allmählich zu einer bestimmten Alternative hinführen. In ähnlicher Weise stellt die Aufnahme einer bestimmten Arbeit nicht immer eine einzelne wohlüberlegte Berufswahl dar. Nach dem Prinzip von Versuch und Irrtum gibt jemand die Stelle wieder auf, die ihm nicht zusagt, bis er etwas Passendes gefunden hat.
Wenn das Individuum zu einer Entscheidung gezwungen wird, obwohl es noch unentschlossen ist, können verschiedene gedankliche Fluchtstrategien eingeschlagen werden. Der Betreffende kann sich z. B. einer Autoritätsfigur

zuwenden, die die Entscheidung für ihn trifft, er kann eine Münze werfen oder sich eines anderen Zufallsinstruments bedienen, um seine Wahl zu treffen, oder er kann den Lauf der Dinge sich selbst überlassen, um so eine Lösung anzustreben. Bei all diesen Strategien hat die betreffende Person das Nachdenken über die Alternativen aufgegeben, weil durch das vergebliche lange Nachdenken beträchtliche Spannungen entstanden sind.

Wenn man die Wahl einer Münze oder dem Rat eines Experten überlassen hat, besteht häufig die Neigung, genau das Gegenteil zu tun. Der Philosoph Bertrand Russell (1967) weiß in der letzten Ausgabe seiner Biographie zu berichten, daß er einst einen dringenden Brief von einer jungen Dame erhielt, die ihn darum bat, ihr zu raten, ob sie einen hartnäckigen Verehrer heiraten sollte. Russell antwortete ihr und nannte ihr eine Reihe von Gründen, warum sie ihn abweisen sollte. Postwendend erhielt er einen Antwortbrief, in dem sie ihm für seinen Ratschlag dankte und ihre Verlobung bekanntgab. In ähnlicher Weise mag derjenige, der eine Münze wirft, um sich für eine Alternative zu entscheiden, die verlierende Seite wählen. Was ist der Grund für derartige Umkehrungen? Es kann sein, daß der Betreffende Herr seines eigenen Schicksals bleiben möchte, d. h. durch Nichtbeachtung des Expertenrates oder des Münzwurfes glaubt er, seine Unabhängigkeit wieder hergestellt zu haben. Es mag auch sein, daß einige Menschen einfach unfähig sind, realistisch über eine der Alternativen nachzudenken, bevor sich nicht eine von ihnen durch den Münzwurf oder Expertenrat als mögliche Wirklichkeit abzeichnet. Erst dann findet eine sorgfältige Abwägung statt, und es passiert manchmal, daß die weniger günstige Alternative gewählt wird.

Wenn mehrere komplexe Alternativen vorliegen, die die Entscheidung äußerst schwierig gestalten, kann das Individuum möglicherweise den Versuch aufgeben, alle Alternativen abzuschätzen und sich einer überstürzten und impulsiven Wahl überlassen. Schnelle, überhastete Entscheidungen können auch die Abneigung widerspiegeln, sich der Mühe des beschwerlichen Abwägens zu unterziehen. Dies schließt jedoch häufig eine kluge Wahl nicht aus. Das gilt v. a. dann, wenn ihr spontane Gefühle zugrundeliegen, die ein übervorsichtiges Herantasten an die Entscheidung einfach hinwegspülen. Nach Herodot hatten die alten Perser den Wert sowohl des wohlüberlegten Abwägens als auch eines schnellen impulsiven Handelns erkannt, um eine angemessene Perspektive für die anstehende Entscheidung zu finden.

„Wenn eine wichtige Entscheidung ansteht, erörtern sie das Problem, wenn Sie betrunken sind. Am nächsten Tag legt der Hausherr, bei dem die Diskussion stattfand, ihre Entscheidung vom Vortag erneut vor, wenn Sie nüchtern sind. Stimmen Sie erneut zu, wird sie angenommen, lehnen sie ab, wird sie verworfen. Umgekehrt wird jene Entscheidung, die Sie in nüchternem Zustand getroffen haben, erneut überdacht, wenn sie betrunken sind" (Seite 69)[1].

Offensichtlich ist die Praxis der ungehemmten Entscheidung während des ganzen Altertums geübt worden. So behauptete Tacitus, daß auch die Germanen jede Entscheidung zweimal zu diskutieren pflegten, einmal betrunken und einmal nüchtern.

Prozesse nach der Entscheidung

In seiner kognitiven Dissonanztheorie unterscheidet Festinger (1957) zwischen verschiedenen Inkonsistenzursprüngen, die das Individuum dazu motivieren, seine Vorstellungen und Meinungen von der Welt zu modifizieren. Eine von diesen ist die Nachentscheidungsdissonanz, die nach Festinger jeder wichtigen Wahl folgt. Nachentscheidungsdissonanz bezeichnet einen Spannungszustand, der dadurch entsteht, daß die gewählte Alternative einige negative Elemente und die verworfene Alternative einige positive Elemente beinhaltet. Ein Beispiel dafür bildet die Person, die gerade einen VW gekauft hat, nachdem sie sich lange Zeit mit dem Gedanken herumgetragen hatte, sich einen 2 CV anzuschaffen. Der neugebackene Autobesitzer empfindet nun noch einen Rest von Zweifel und Unsicherheit, weil er sich für eine Alternative entschieden hat, die einige negative Elemente beinhaltet. Z. B. hat der VW keine schöne äußere Form und besitzt eine schlechte Straßenlage. Darüberhinaus hat er eine Alternative verworfen, die einige positive Elemente in sich birgt, z. B. hat der 2 CV einen äußerst niedrigen Benzinverbrauch. Um diesen Zustand des Unbehagens oder der Dissonanz aufzulösen, kann der Autobesitzer verschiedene Dinge tun: seine Entscheidung rückgängig machen und versuchen, sein Geld für das Auto zurückzubekommen, versuchen, den VW gegen einen 2 CV einzutauschen oder seine Entscheidung aufzuwerten und die Elemente der beiden Autos neu zu bewerten, so daß der VW attraktiver und der 2 CV weniger attraktiv erscheint. Eine derartige Neubewertung geht oft mit Selbsttäuschung und Verzerrung einher, und der Autobesitzer wird nach Informationen Ausschau halten, die seine Dissonanz reduzieren. So führten Ehrlich u. a. (1957) eine Befragung unter neuen Auto-

---

[1] Auszug aus Herodot, *The Histories* (Übersetzung ins Englische von Aubrey de Selincourt und nachgedruckt mit Erlaubnis des Verlags Penguin Books).

besitzern durch. Sie fanden heraus, daß Autobesitzer, die erst kürzlich ein neues Auto erworben hatten, mit größerer Wahrscheinlichkeit Anzeigen in Illustrierten und Zeitungen lasen, in denen ihr eigenes Auto angepriesen wurde, als Anzeigen, in denen für andere Autos geworben wurde. Derartige Anzeigen werten natürlich die Attraktivität der gewählten Alternative auf. Tatsächlich zielt die Werbung einer Reihe von Automobilherstellern darauf ab, die Wahl derjenigen Autokäufer zu bekräftigen, die erst kürzlich ein Auto erworben haben und nach Informationen Ausschau halten, die ihre Entscheidung unterstützen. Die dabei verfolgte Absicht ist, möglicherweise unzufriedene Käufer in zufriedene zu verwandeln. Aus dem gleichen Grunde suchen tüchtige Vertreter die Zufriedenheit ihrer Kunden dadurch zu steigern, daß sie weitere positive Informationen über den gekauften Artikel liefern.

Selektiver oder voreingenommener Zugang zu den Informationen über die Alternativen stellt einen Mechanismus dar, der den Prozeß der Neubewertung erleichtert. Die ausgesuchte Alternative kann jedoch durch eine Reihe von Manövern aufgewertet werden, die direkt den subjektiven Wert der beiden Alternativen ändern. Eine Möglichkeit besteht darin, die Bedeutung der positiven Eigenschaften der gewählten Alternative zu erhöhen, beziehungsweise, die Wichtigkeit der negativen Eigenschaften herunterzuspielen, z. B. zu behaupten, daß die am wenigsten wichtige Eigenschaft eines Fahrzeugs seine Straßenlage ist. Andere Möglichkeiten bestehen darin, Informationen hervorzukramen, die die ausgewählte Alternative günstig erscheinen lassen (z. B. zu rationalisieren, daß der VW einen höheren Wiederverkaufswert hat), oder nach sozialer Unterstützung Ausschau zu halten (die Gesellschaft zufriedener VW-Fahrer aufzusuchen oder den Nachbarn davon zu überzeugen, sich auch einen VW anzuschaffen). Natürlich unterziehen sich nicht alle Autobesitzer einer derartigen geistigen Gymnastik. Diese Art kognitiver Aktivität ist jedoch dann wahrscheinlich, wenn die Entscheidung nur mit Mühe getroffen werden konnte und zwischen beiden Alternativen nur ein geringfügiger Unterschied besteht. In solch einem Falle erfordert der Versuch, die nach der Entscheidung entstandene Dissonanz zu reduzieren, ein erhebliches Maß an Aufwertung der gewählten Alternative, so daß dann derartige Aktivitäten durchaus angebracht sind.

Selbst wenn die Entscheidung eine Routine-Angelegenheit darstellt, kann eine Aufwertung nach der Entscheidung stattfinden. Knox und Inkster (1968) interviewten auf zwei Pferderennbahnen in Britisch Kolumbien Leute, bevor und nachdem diese 2-Dollar-Wetten am Wettschalter abgeschlossen hatten. Personen, die darauf warteten, ihre Wetten abzuschließen, waren davon überzeugt, daß ihr Pferd eine *faire* Chance hatte, zu gewinnen. Kurz nachdem sie ihr Geld gesetzt hatten, brachten sie noch größeres Vertrauen in ihre Wahl zum Ausdruck und schätzten zu diesem Zeitpunkt, daß ihr Pferd eine als *gut* zu bezeichnende Gewinnchance besaß. Indem sie die Gewinnchancen des von ihnen ausgesuchten Pferdes erhöhten, reduzierten sie das unausweichliche Gefühl der Dissonanz, dem sie vor dem Rennen ausgesetzt waren. Das Aufwerten von Entscheidungen ist auch manchmal bei Wählern zu beobachten. Am 5. November 1968, dem Tage der amerikanischen Präsidentschaftswahlen, interviewten die Teilnehmer eines sozialpsychologischen Seminars an der Harvard Universität Wähler auf dem Wege zur Wahlurne und unmittelbar, nachdem sie ihren Wahlzettel eingeworfen hatten (Mann und Abeles, 1970). Die Leute, die darauf warteten, zu wählen, stuften die Gewinnchancen ihrer Kandidaten als *nicht unwahrscheinlich* ein, während viele Leute, die gerade die Wahllokale verließen, die Chancen ihrer Kandidaten als *einigermaßen sicher* bezeichneten. Der Anstieg des Optimismus im Zeitraum von unmittelbar vor der Wahl bis unmittelbar nach der Wahl kann u. a. als der Versuch gedeutet werden, die Dissonanz nach dem Wählen zu reduzieren.

Das Unbehagen nach einer Entscheidung entsteht meistens dadurch, daß das Individuum wegen seiner Wahl kritisiert wird oder neue Informationen über unvorhersehbare Nachteile oder Folgen erhält. Der Betreffende kann z. B. entdecken, daß er sich durch den Erwerb eines neuen Autos keinen Urlaub mehr leisten kann, da das Fahrzeug mehr Benzin als vorhergesehen verbraucht, oder daß er nun jeden Sonntag den Wagen waschen muß oder daß ihn seine Freunde rügen, ein derartiges Auto gekauft zu haben. Auf der Pferderennbahn mag er auf einmal feststellen, daß der Buchmacher von kaum jemand anderem Wetten auf das Pferd annimmt, auf das er gerade gesetzt hat. Nachdem er gerade gewählt hat, belächeln die Kollegen seine Kandidatenwahl. All dies sind neue, unerwartete externe Informationen, die diskordanten Inhalts sind und mit der Wahl selbst in Dissonanz stehen. Wenn der Betreffende der Ansicht ist, daß er gut Entscheidungen fällen kann, und wenn jemand, den er respektiert, glaubt, daß seine Wahl eine schlechte Entscheidung darstellt, entsteht auch ein großes Maß an Dissonanz nach der Entscheidung, die meist in der Form geringer Selbstachtung erfahren wird. Daher vermuten Janis und Mann (1968), daß das Motiv für die Entscheidungsaufwertung nicht nur in dem Bemühen zu suchen ist, die durch die Entscheidung selbst hervorgerufene Restdissonanz zu reduzieren, sondern auch darin, Fehlkalkulationen über den jeweiligen Wert der Alternativen zu minimieren und möglicherweise mit solchen Entscheidungen fertig zu werden, die die Fähigkeiten des Entscheidungsträgers fraglich erscheinen lassen. Wenn die Entscheidung ernsthaft in Frage gestellt wird, wird das Individuum natürlich versuchen, die Entscheidung und damit sein Engagement rückgängig zu machen, anstatt sie aufzuwerten.

Ein weiterer Dissonanzursprung nach Entscheidungen wurde von Walster und Berscheid (1968) in die Diskussion geworfen, die hierfür den Begriff psychologische „Reaktanz" (reactance) bevorzugen. Diese tritt immer dann auf, wenn während des Entscheidungsprozesses Alternativen aufgegeben oder eliminiert werden. Sie stellt eine Art von Gefühl des Bedauerns dar, das aus dem Bewußtsein entsteht, daß die Entscheidung für eine der Alternativen nunmehr nicht mehr möglich ist. Die Reaktanz kann sich teilweise in einer Steigerung der Attraktivität der nicht mehr offenstehenden Alternative manifestieren. Ein Beispiel dafür bilden die Auswanderer, denen ihr Heimatland um vieles anziehender scheint, nachdem sie ihr Flugticket gekauft haben und sich für die Reise in das neue Land fertigmachen. Das Bedauern kann sich auch in einer Art Anstarren oder „Hineinversinken" in die nicht gewählte Alternative manifestieren. Dadurch versucht der Betreffende, solange es geht, aus beiden Alternativen das Beste zu machen. Dieser Aspekt des Bedauerns kommt sehr gut in Robert Frosts Gedicht „The Road Not Taken" (1921)[1] zum Ausdruck.

Two roads diverged in a yellow wood,
And sorry I could not travel both
And be one traveler, long I stood
And looked down one as far as I could
To where it bent in the undergrowth.

Bedauern wird häufig auch dann empfunden, wenn die Entscheidung eine Farce war, in dem Sinne, daß eigentlich keine andere Wahl möglich war. Der englische Ausdruck „Hobson's Choice" bringt diesen Zustand des Bedauerns zum Ausdruck. „Tobias Hobson war der erste auf dieser Insel (England), der Pferde verlieh. Wenn jemand kam, um ein Pferd zu leihen, wurde er in den Stall geführt, in dem sich eine große Auswahl von Pferden befand. Er wurde jedoch gezwungen, das der Stalltür am nächsten stehende Pferd zu leihen. Daher nennt man das, was eigentlich eine freie Wahlmöglichkeit sein sollte, was einem jedoch aufgezwungen wird, eine „Hobson's Choice"

---

[1] Aus Robert Frost: *Mountain Interval,* nachgedruckt mit Genehmigung von Holt, Rinehart and Winston, Inc.

(Steele, 1712). Wenn jemandem eine Alternative aufgezwungen wird, so kann diese, ungeachtet ihrer tatsächlichen Vorzüge, äußerst unattraktiv werden. Es zeugt daher von schlechter Psychologie, wenn der Kellner im Restaurant verkündet, daß nur noch gebratener Fasan zu haben sei, oder wenn der Autoverleiher bedauernd mitteilt, daß man nur noch einen Rolls Royce mieten könne. Selbst bei einem köstlichen Fasanenmahl oder bei einer wunderbaren Autotour im Rolls Royce vermag die Kenntnis, daß es eigentlich keine andere Wahl gegeben hat, ein momentanes Gefühl des Bedauerns auslösen.

Einstellungskonflikte und Entscheidungsprozesse

Entscheidungskonflikte entstehen dann, wenn die Wahl zwischen gleichermaßen attraktiven, sich jedoch widersprechenden Alternativen getroffen werden muß. Der französische Philosoph Jean Buridan erfand einen imaginären Esel, der genau zwischen zwei gleichen Heubündeln stand. Es geht nun die Sage, daß Buridans Esel verhungerte, weil er sich nicht für einen der beiden Heubündel entscheiden konnte. Konflikte dieser Art sind nicht selten, sie führen jedoch selten zu einem solch tragischen Ende, wie es Buridans Esel zuteil wurde. Die meisten Menschen entscheiden sich ziemlich schnell für eine Alternative. Die Art von Entscheidungskonflikt, den man auch als Aversions-Aversions-Konflikt (avoidance-avoidance conflict) nennen kann und der oft als eine Entscheidung zwischen Scylla und Charybdis beschrieben wird, stellt ein viel mühseligeres Dilemma dar. Er ruft oft einen erheblichen Spannungszustand hervor, der durch mangelnde Entschlußkraft, Zögern und Ermüdung gekennzeichnet ist und der in einer absoluten Handlungsunfähigkeit gipfelt.

Manchmal sind die dem Individuum offenstehenden Alternativen nicht durchweg vorteilhaft oder unerwünscht, sondern sie können beide eine Mischung von guten und schlechten Elementen darstellen. Sie bilden sog. multiple Appetenz-Aversions-Konflikte, weil beide Alternativen sowohl günstige als auch ungünstige Elemente beinhalten. Aufgrund der vielen miteinander nicht zu vereinbarenden Komponenten jeder Alternative sind derartige Konflikte oft durch beträchtliche Gefühlserregung und Spannung gekennzeichnet. Einstellungen gegenüber wichtigen, aber komplexen Problemen, werden häufig von Unsicherheit und Ambivalenz begleitet. In Kapitel 6 wurde festgestellt, daß sich widerstreitende Einstellungskomponenten Kräfte aktivieren, die die Konsistenz innerhalb des kognitiven Systems wieder herstellen. Konflikte zwischen miteinander nicht zu vereinbarenden Einstellungsalternativen führen zu dem Versuch, diese aufzulösen oder zumindest abzumildern. Drei Beispiele aus dem Bereich des politischen Verhaltens sollen Einstellungskonflikte und ihre Wirkung auf den Entscheidungsprozeß illustrieren. Der Akt des Wählens, die Abkehr von einer ideologischen Bewegung sowie der Eintritt in eine Präsidentschaftskampagne.

Wahlentscheidungen

Betrachten wir einmal das Dilemma katholischer Wähler während der amerikanischen Präsidentschaftswahlen im Jahre 1960, die überzeugte Anhänger der Republikanischen Partei waren. Sollten sie für den Demokraten J. F. Kennedy wegen dessen katholischer Überzeugung stimmen oder für den Republikaner Richard Nixon wegen seiner Parteizugehörigkeit. Es wurde festgestellt, daß ein Großteil der katholischen Republikaner den Konflikt dadurch löste, daß sie überhaupt nicht wählten, wodurch sie vor dem Dilemma „Reißaus" nahmen. Eine andere Möglichkeit bestand darin, einen ungültigen Stimmzettel abzugeben, oder, wie es in den Vereinigten Staaten erlaubt ist, auf dem Stimmzettel einen Kompromißkandidaten anzugeben. Das Wahlverhalten liefert einige instruktive Beispiele für die Art und Weise, in der Konflikte bezüglich der Wahl eines Kandidaten bei Wahlen durch eine Anzahl von Manövern gelöst werden. Bei jeder Wahl stoßen die meisten Menschen auf Schwierigkeit, für welchen Kandidaten sie sich entscheiden sollen. Ihre Vorliebe für eine bestimmte Partei, die sich von dem elterlichen Einfluß, der sozialen Klasse oder den wirtschaftlichen Interessen herleiten mag, bestimmt normalerweise die Wahl für einen bestimmten Kandidaten. Einige Wähler können jedoch mit sich in Konflikt geraten, weil sie z. B. einen bestimmten Kandidaten bevorzugen, sein politisches Verhalten in der letzten Zeit jedoch mißbilligen. Sie befürworten zwar die Außenpolitik ihrer Partei, fühlen sich jedoch von der Innenpolitik abgeschreckt. Einstellungskonflikte können den Wähler in einen „gespaltenen Meinungszustand" versetzen, wie bei wichtigen Wahlen zu beobachten ist. Während die meisten Wahlentscheidungen lange vor dem eigentlichen Wahltermin getroffen werden, neigen Menschen mit sich widerstreitenden Einstellungen dazu, insbesondere wenn es sich um mehrere Einstellungen handelt, ihre Entscheidungen bis zum Wahltage aufzuschieben (Campbell u. a., 1960). Anhand der Analyse der amerikanischen Wahlen von 1952 und 1956 fanden Campbell und seine Kollegen heraus, daß sich widerstreitende Einstellungen auch zu vermindertem Interesse an der Wahlkampagne führen und daß der Wähler sich wenig darum zu kümmern scheint, welche Partei schließlich gewinnt.

„Das Ausmaß der Einstellungskonsistenz des einzelnen beeinflußt nicht nur den Zeitpunkt seiner Wahlentscheidung, sondern es determiniert auch andere Verhaltensaspekte. Die Person, die sich mehr oder weniger im Widerstreit befindet, neigt dazu, die Präsidentschaftswahlen mit beträchtlich weniger Enthusiasmus zu verfolgen. Bei anderen Wahlen ist der Betreffende weitaus abgeneigter, überhaupt zur Wahlurne zu gehen als eine Person, deren Gefühle in bezug auf die Parteien absolut konsistent sind. Darüber hinaus neigen sie dazu, Wahlausgängen gegenüber gleichgültig zu werden als Abwehrmittel gegen die schwierigen Alternativen, denen sie sich gegenübersehen" (Campbell u. a., 1960, Seiten 83—86).

Die Tendenz, eine Entscheidung hinauszuschieben und schließlich überhaupt keine Wahl zu treffen, weist auf Konfliktsymptome innerhalb der Einstellungsdynamik hin. Diese Mechanismen erlauben es dem Betreffenden, das Ausmaß des durch die Entscheidung entstandenen Konflikts zu reduzieren. Andere Abwehrmechanismen, die gewöhnlich in der Richtung angewendet werden, den Ernst und die Tragweite einer Entscheidung zu minimieren, schließen die Neigung ein, entweder die persönliche Verantwortung für die zu treffende Entscheidung möglichst klein zu halten („ich lasse mich nur dazu her, weil ich dazu gezwungen bin, nicht weil ich mit ganzem Herzen dahinterstehe"), die Handlungsfolgen zu verneinen („ich ziehe zwar diese Alternative leicht vor, das bedeutet jedoch nicht, daß ich mich dafür einsetzen müßte") oder Abstand von der Notwendigkeit einer Entscheidung zu gewinnen, indem man die zeitliche Entfernung überbewertet („zum gegenwärtigen Zeitpunkt brauche ich mich um nichts zu kümmern, jedenfalls kann sich die ganze Sachlage geändert haben, wenn ich mich ernsthaft damit zu befassen habe"). Alle diese kognitiven Abwehrmechanismen beseitigen einen Großteil der gefühlsmäßigen Belastung, die durch den Entscheidungskonflikt hervorgerufen wird.

Bruch mit politischen Parteien

Entscheidungskonflikte sind auch bei solchen Parteimitgliedern zu beobachten, die den Prinzipien ihrer Partei gegenüber zwar kritisch eingestellt sind, es jedoch nicht über sich bringen, mit der Partei zu brechen. Almond (1954) hat die Zweifel und Konflikte einer Anzahl von Mitgliedern der Kommunistischen Partei beschrieben, bevor sie schließlich aus der Partei austraten. 66% von ihnen waren sich über ein Jahr lang unschlüssig darüber, ob sie in der Partei verbleiben oder austreten sollten. Sie verharrten so lange in der Partei, weil sie vor sich selbst nicht zugeben wollten, daß sie einen ernsthaften Fehler begangen hatten. Sie hatten Angst vor den Folgen, wenn sie sich zurückziehen würden, oder sie waren sich ihrer selbst nicht sicher. Ein Beispiel für den langen, zermürbenden Prozeß des Zweifels und Überdenkens, der schließlich in der Abkehr von einer politischen Ideologie kulminiert, ist in dem Fall von Louis Fischer (1949) wiederzufinden, einem amerikanischen Journalisten, dessen kommunistisches Engagement von 1922 bis 1939 dauerte. Fischers Erzählung von seinem von quälendem Zweifel begleiteten Bruch mit dem Kommunismus illustriert die Intensität des Konflikts, der durch eine Entscheidung hervorgerufen wird, die sowohl positive als auch negative Anziehungspunkte in sich birgt.

Fischer berichtet, daß er in den Jahren, nachdem er zum Kommunismus hinübergewechselt hatte, bewußt und unbewußt die Vor- und Nachteile des Sowjet-Regimes gegeneinander abgewogen habe. Im Jahre 1924 überwog für ihn die Abschaffung der Ausbeutung den Mangel einer freien Presse und die Anwesenheit einer Geheimpolizei. Im Jahre 1928 geriet er mit dem Beginn der Moskauer Prozesse mit seinen Einstellungen in Konflikt. „Glorifizierte ich nicht nur Stahl und Kilowattstunden und vergaß ich nicht das menschliche Wesen?" (Seite 209). Im Jahre 1936 gelangte er zu der Überzeugung, daß er nicht länger in der Sowjetunion leben konnte, obwohl er es noch nicht über sich brachte, sich vom Kommunismus zu lösen. Bezugnehmend auf seine Bewußtseinsverfassung im Jahre 1937 stellte er fest:

„Die Waagschale des Für und Wider in bezug auf den Sowjet-Kommunismus war gefährlich ausgewogen. Der geringste Anlaß würde die Waagschale zur einen oder anderen Seite kippen lassen. Da wurde ein schweres Gewicht auf die Anti-sowjetische Waagschale gelegt." (Seite 220).

Dieses Gewicht bestand in den Vergeltungsmaßnahmen gegenüber den Sowjetbürgern, die während des Bürgerkrieges in Spanien gearbeitet und gekämpft hatten. Fischer brach jedoch immer noch nicht mit dem Kommunismus. Erst im Jahre 1939, als der Pakt zwischen den Sowjets und den Nazis geschlossen wurde, brachte Fischer es über sich, dem Kommunismus abzusagen. Die Entscheidungsstufen, die Fischers Gedanken und Handlungen während der langen Periode der Desillusionierung mit dem Kommunismus charakterisierten, ist häufig bei höchsten Mitgliedern von Parteien zu beobachten, die ihrer Partei den Rücken kehrten.

Almond (1954) stieß bei der Suche nach solchen Faktoren, die einer Person die Abkehr von einer Partei schwermachen, auf zwei Hauptursachen. Der Grad des Engagements und der Beteiligung an der Partei sowie die Existenz einer Alternative außerhalb seiner Partei. Diese beiden Faktoren scheinen auch bei Fischers Unentschlossenheit, mit dem Kommunismus zu brechen, eine wichtige Rolle gespielt zu haben, obwohl darauf hingewiesen werden muß, daß er niemals Parteifunktionär, sondern nur ein enger Parteianhänger gewesen war. Die starke Verschreibung an den Kommunismus ist wahrscheinlich der Hauptgrund dafür, daß Fischer sich nicht mit der Partei überwarf, obwohl er in den Jahren 1937 bis 1939 innerlich mit dem Kommunismus schon fertig war. Die Bekanntschaft zu engen Freunden innerhalb der Bewegung und die Aussicht auf schwere innere Kämpfe wirkten als mächtige soziale Bindungen, die die Waagschale wiederum zugunsten des Kommunismus ausschlagen ließ, obwohl die Parteiideologie und -politik für ihn unannehmbar geworden waren. Somit banden ihn enge Freunde innerhalb seines sozialen Beziehungsnetzes und die Aussicht, sich ihrer Kritik und Feindschaft durch eine Entscheidung auszusetzen, die sie verletzen mußte, zumindest öffentlich an Einstellungen festzuhalten, die er nicht mehr schätzte. Selbst sozialer Druck von außerhalb der Partei übt einen mächtigen Einfluß aus, der das Mitglied zur Aufrechterhaltung seiner Parteimitgliedschaft veranlaßt. In den westlichen Gesellschaften herrschen ungeschriebene Normen, die den Wert der Voraussagbarkeit und Konsistenz von Verhaltensweisen vorschreiben. Eine Person, die ständig ihre Meinung wechselt und ihre Verpflichtungen bricht, indem sie nicht ihr Wort hält und ihre Entscheidungen umstößt, kann mit ernsthafter sozialer Mißbilligung rechnen. Der kulturelle Wert der Konsistenz liegt derart tief verwurzelt, daß selbst eine Person, die sich berechtigt fühlt, eine Verpflichtung aufzulösen, nichtsdestoweniger von dem zu erwartenden Verlust an Selbstachtung betroffen wird, der mit dem Wissen einhergeht, daß man sich durch sein unstetes und unzuverlässiges Verhalten schuldig gemacht hat.

Obwohl es abgedroschen klingt: Es ist ein fundamentales Prinzip des Entscheidungsprozesses, daß eine Wahl von der Qualität ihrer Alternative in dem Sinne abhängig ist, daß eine Entscheidung eine Lösung zwischen zwei konkurrierenden Alternativen darstellt. Die Entscheidung, eine politische Partei zu verlassen, wird von den Aussichten bestimmt, denen sich das austretende Mitglied gegenübersieht. Wenn die Alternativen noch weniger attraktiv sind als die von der alten Partei verfolgte Politik, wird wenig Zweifel daran bestehen, daß das Mitglied dem geringeren von zwei Übeln weiterhin anhängen wird. In der Analyse der Schwierigkeiten, denen sich abtrünnige Parteimitglieder der Kommunistischen Partei konfrontiert sehen, erörtert Almond die verschiedenen emotionalen Bedürfnisse, die durch die Parteizugehörigkeit gelöst werden, und die Unmöglichkeit, daß andere Parteien auf dem linken Flügel des politischen Spektrums diesen Bedürfnissen genügen können. In solch einem Falle kann es geschehen, daß der Betreffende intellektuell vom Kommunismus abgestoßen ist, jedoch aufgrund des Fehlens einer Partei, die seinen emotionalen Bedürfnissen entspricht, seine Mitgliedschaft zu der Partei aufrechterhält.

Der Zeitpunkt politischer Entscheidungen

In einer Welt, die sich durch wandelnde Alternativen und Möglichkeiten auszeichnet, können Konflikte im Hinblick auf die zeitliche Gestaltung von Entscheidungen entstehen. Die zu frühe Verlautbarung von Entscheidungen kann fatale Folgen nach sich ziehen, während zu langes Zögern das Auslassen einer Möglichkeit bedeuten kann. Senator Robert Kennedys Entscheidung, Präsident Johnson als Präsidentschaftskandidaten während der Präsidentschaftswahlen im Jahre 1968 wegen dessen Vietnam-Politik herauszufordern, illustriert die Problematik, wie und warum politische Entscheidungen gefällt werden.

Im Februar 1968 begann Kennedy, seine Aussage zu überdenken, daß er sich aller Voraussicht nach einer Nominierung Johnsons nicht widersetzen würde. In der ersten Märzwoche hatte er sich offensichtlich dazu entschieden, sich selbst um die Nominierung zu bewerben. Dabei entstand jedoch das Problem, wann er seine Entscheidung ankündigen sollte, denn Senator Eugene McCarthy setze gerade dazu an, Präsident Johnson in den Vorwahlen von New Hampshire (14. März) herauszufordern, so daß ein Interessenkonflikt entstand. Wenn Kennedy seine Absicht vor den Vorwahlen verwirklichte, so würde er damit die Bemühungen McCarthys unterstützen, die gesamte Vietnam-Politik Präsident Johnsons in Frage zu stellen. Andererseits wußte er, daß, wenn McCarthy in New Hampshire siegreich aus den Wahlen hervorgehen würde, er mit seiner Kritik an der Vietnam-Politik als Opportunist und arrogant verschrieen würde. Kennedy entschloß sich dazu, bis nach den Wahlen in New Hampshire zu warten, deren Ergebnisse zeigten, daß es durchaus geteilte Meinungen innerhalb der Demokratischen Partei gab, die es ihm ermöglichten, seine Opposition zu Johnson eher als ein Aufeinanderprallen von verschiedenen Meinungen als von Persönlichkeiten zu deklarieren. Dadurch, daß Kennedy bis nach den Wahlen in New Hampshire gewartet hatte, wurde es ihm nicht nur möglich, seinen Einzug in den Wahlfeldzug zu rechtfertigen, sondern außerdem, was weitaus wichtiger war, konnte er sich Gewißheit darüber verschaffen, daß Johnson schwach und durchaus schlagbar war.

Kennedys Entscheidung, Johnson herauszufordern, stellte die Offiziellen der Demokratischen Partei ihrerseits vor ein Dilemma. Wenn jemand vor der Frage steht, sich in einem Kampf auf die eine oder andere Seite zu schlagen, zieht er es gewöhnlich vor, abzuwarten, wie sich die Auseinandersetzung entwickelt. Es ist jedoch wenig dadurch zu gewinnen, auf den schon abgefahrenen Zug des Siegers aufzuspringen, während der Verlust total ist, wenn man den falschen Kandidaten unterstützt. Angesichts dieses Dilemmas verzögerten die meisten Parteioffiziellen ihre Entscheidung und schlugen die Strategie ein, sich für ihre endgültige Entscheidung von den Ergebnissen der Meinungsumfragen leiten zu lassen. Die Ironie des Dilemmas vom Jahre 1968 bestand darin, daß Präsident Johnson sich von der Präsidentschaft zurückzog, während eine Mörderkugel Senator Kennedys Anwartschaft auf die Präsidentschaft ein Ende setzte. Bei diesen beiden Beispielen der Entscheidung Kennedys, sich als Kandidat zu bewerben sowie der Entscheidung der offiziellen Parteivertreter, die zwischen Kennedy und Johnson zu wählen hatten, erscheint die Strategie des Aufschiebens einer Entscheidung, bis sich ein eindeutigeres Bild ergibt oder mehr Informationen vorliegen, als fundiert und sinnvoll. Die verzögerte Ankündigung einer Entscheidung in solchen Situationen sollte nicht als Zeichen von Schwäche oder Unentschlossenheit gewertet werden.

Gruppenentscheidungen

Einstellungen spielen auch insofern in den Entscheidungsprozeß hinein, als sie gewissen Gruppennormen zugehörig sind. Der Gruppenentscheidungsprozeß, soweit er jedenfalls von den Sozialpsychologen untersucht worden ist, zentriert um die Frage, auf welche Weise die Meinungen und Verhaltensweisen der Gruppenmitglieder durch die Gruppenentscheidung gesteuert werden. Außerdem besteht Interesse an den einzelnen Stufen, mit denen die Gruppe zu einer Entscheidung gelangt.

In einer Reihe von Experimenten versuchten Lewin und seine Kollegen (1958), Hausfrauen dazu zu überreden, bestimmte unpopuläre Fleischsorten, wie z. B. Rinderherzen, Nieren und Bauchspeicheldrüsen häufiger zu verwenden, um während des 2. Weltkrieges den Mangel an den beliebteren Fleischsorten ein wenig zu beheben. Einige der Hausfrauen besuchten eine Vortragsreihe, die von Ernährungsforschern gehalten wurde, die ihnen anrieten, diese Speisen zu Hause auszuprobieren. Andere Hausfrauen nahmen an einem Gruppentreffen teil, bei dem sie die Vorteile der Innereien diskutierten, worauf sie befragt wurden, ob sie bereit wären, diese Mahlzeiten zu Hause zuzubereiten. Die anderen Mitglieder konnten feststellen, ob sich jemand dazu verpflichtet hatte, diese Mahlzeiten zu Hause zuzubereiten, da ein jeder seine Entscheidung vor der gesamten Gruppe kundtun mußte. Einige Wochen nach der Gruppensitzung wurde nachgeprüft und festgestellt, daß einige Hausfrauen, die an der Gruppensitzung teilgenommen hatten, tatsächlich diese Speisen auf den Tisch brachten. Ähnliche Experimente wurden mit Lebertran und Orangensaft zur Fütterung von Babies unternommen, und bei diesen Untersuchungen ergab sich auch, daß ein großer Prozentsatz der Hausfrauen, die an der Gruppenentscheidung teilgenommen hatten, in dieser Beziehung neue Gewohnheiten annahmen (s. Abbildung 7.2).

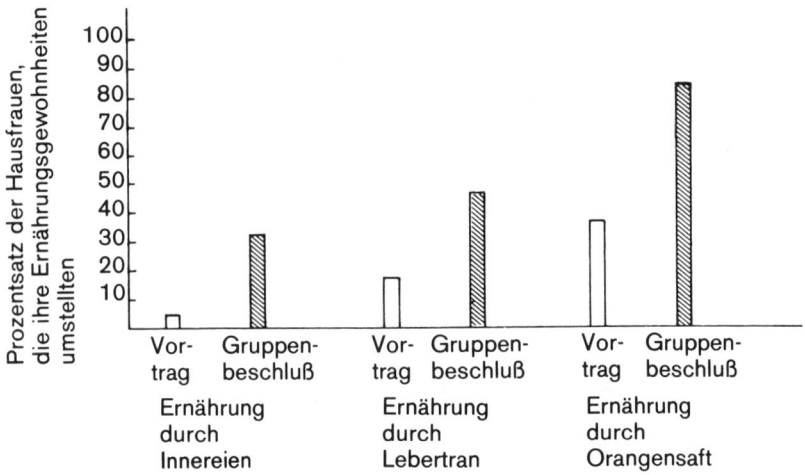

Abb. 7. 2: Auswirkungen eines Gruppenentschlusses auf die Ernährungsgewohnheiten von Hausfrauen. Zwei Wochen nach dem Versuch waren Hausfrauen, die an den Entscheidungen in den Gruppendiskussionen beteiligt waren, eher bereit, empfohlene Speisen zuzubereiten als Hausfrauen, die an einer Diskussion über einen Vortrag teilnahmen. (Nach K. Lewin, Group decision and social change. In Eleanor E. Maccoby, T. M. Newcomb und E. L. Hartley [Hrsg.] *Readings in Social Psychology*, 3. Aufl. New York, Holt, Rinehart & Winston, Inc. 1958.)

Ein ähnliches Gruppenverfahren wurde von Schachter und Hall (1952) angewandt, um die Entscheidungen von Studenten zu beeinflussen, sich für psychologische Experimente freiwillig zu melden. Die Hälfte der Schüler wurde vor dem Treffen der gesamten Klasse sorgfältig dazu angewiesen, die Hand zu heben, wenn der Versuchsleiter sie darum bat, sich als Versuchsperson für ein psychologisches Experiment zur Verfügung zu stellen. Es wurde festgestellt, daß die meisten arglosen Schüler sich den Klassenkameraden anschlossen, die nur zum Schein die Hand hoben, um ihre Dienste anzubieten. In anderen Klassen, in denen die Schüler gebeten wurden, einen Zettel auszufüllen, wenn sie an dem Experiment teilnehmen wollten, meldete sich ein weitaus geringerer Teil zur Teilnahme an den Versuchen. Wie die Experimente beweisen, übt der normative Einfluß der Gruppe einen entscheidenden Einfluß auf die Entscheidung des einzelnen aus. Bei dem Versuch von Lewin entwickelt die Gruppe eine Reihe von Standards, die eine bestimmte Handlungsrichtung vorschreiben. Im Schachter- und Hall-Experiment wirkt die Furcht, aus der Reihe zu tanzen, als Antrieb dafür, der wahrgenommenen Übereinstimmung zu folgen. Es ist vorstellbar, daß religiöse Sekten sich des normativen Einflusses als Überzeugungstechnik bedienen und Mitglieder in Konferenzen „einpflanzen", die dann arglose Teilnehmer auf diese Weise dazu bringen, den gewünschten Entscheidungen zuzustimmen. Geschworenensitzungen können dem gleichen Effekt unterliegen, zumal für einen Urteilsspruch eine einstimmige Entscheidung benötigt wird (Bandwagon effect).

Risikoentscheidungen in Gruppen

Gruppenentscheidungen üben nicht nur einen Einfluß in Richtung auf ein soziales Engagement aus, sondern sie dienen auch dazu, die Art und Qualität von Einzelentscheidungen zu modifizieren. Es wird allgemein angenommen, daß Gruppen in ihren Entscheidungen vorsichtiger und weniger risikofreudig vorgehen als Individuen. Whyte (1956) argumentiert in seiner Kritik des Organisationsmenschen, daß die Einsetzung von Komitees, Konferenzen und Gruppenentscheidungen in Wirtschaft und Politik dem individuellen Unternehmungsgeist und der Risikofreudigkeit einen Dämpfer aufsetzt. Ungeachtet der Risikofreudigkeit und Initiative jedes einzelnen, wird das Indviduum zu einem konservativen und übervorsichtigen Konformisten reduziert, solange es sich in der Enge der Gruppe befindet, weil es sich vor den anderen nicht blamieren möchte. Neuere experimentelle Ergebnisse deuten jedoch darauf hin, daß dies nicht unbedingt der Fall sein muß. Es gibt eindeutige Hinweise darauf, daß die einzelnen Mitglieder eine Diskussionsrunde, bei der zwischen mehreren risikoreichen Alternativen zu wählen war, dazu neigten, riskantere Entscheidungen zu treffen, als wenn sie ihre Wahl allein zu treffen hatten (Kogan und Wallach, 1967). Diese Erscheinung wird auch als Phänomen der Risikoverlagerung (risky shift) bezeichnet.

Der experimentelle Aufbau ist denkbar einfach. Zunächst werden die Versuchspersonen in einem Experimentierraum versammelt. Dann füllt jede Versuchsperson einen Meinungsfragebogen im Beisein der anderen, aber für sich allein aus. Im Fragebogen werden die Versuchspersonen nach ihrer Meinung bzw. nach ihrem Rat zu zwölf hypothetischen Situationen befragt. Alle Situationen zeichnen sich durch eine Gemeinsamkeit aus, nämlich die Notwendigkeit, zwischen einer vielversprechenden, aber riskanten und einer weniger lohnenswerten, aber relativ sicheren Alternative zu wählen. Die Aufgabe der Versuchspersonen besteht darin, anzugeben, bis zu welcher Mindesterfolgschance sie die riskante Alternative empfehlen würden. Ein Beispiel für ein solches Entscheidungsdilemma stellt etwa folgendes Problem dar. Ein Kriegsgefangener soll sich während des Krieges für eine Flucht und damit für das Wagnis, wieder gefangen und hingerichtet zu werden, entscheiden. Stellen Sie sich nun vor, Sie müßten dem Gefangenen einen Ratschlag geben. Würden Sie ihm zur Flucht raten, wenn die Chancen der Wiedergefangennahme (und damit der möglichen Hinrichtung) 9 von 10, 7 von 10, 5 von 10, 3 von 10 oder 1 von 10 betrüge? Oder würden Sie ihm raten, ungeachtet jeder Entkommenschance überhaupt keinen Fluchtversuch zu unternehmen? Unmittelbar, nachdem die Versuchspersonen die Fragebogen ausgefüllt haben, werden sie um einen Konferenztisch versammelt. Sie werden dann darum gebeten, über jedes der 12 Dilemmas zu diskutieren, mit dem sie sich gerade zuvor einzeln befaßt hatten, um dann gemeinsam zu einer Gruppenentscheidung zu gelangen. Die Teilnehmer müssen sich auf ein gemeinsames Risikoniveau einigen, das einen Fluchtversuch gerade noch rechtfertigen sollte. Es wurde generell festgestellt, daß die Gruppe zu einer weitaus riskanteren Ansicht neigte, als sie von den einzelnen Mitgliedern vertreten wurde, und daß diese Risikoverlagerung von den einzelnen Teilnehmern aufrecht erhalten wurde, wenn man sie darum ersuchte, nach der Gruppenentscheidung ihre Meinung noch einmal kundzutun. Die Vermutung, daß die Risikoverlagerung nur bei hypothetischen und trivialen Situationen vorkommt und nicht auf lebensechte Dilemmas zutrifft, erweist sich als unbegründet. Versuche, bei denen Geldpreise und unangenehme physiologische Effekte im Spiel waren, erbrachten das gleiche Phänomen der

Risikoverlagerung (siehe Kogan und Wallach, 1967). Kogan und Wallach vertreten die Ansicht, daß die Risikoverlagerung deshalb eintritt, weil bei Gruppenentscheidungen ein Abschieben der Verantwortlichkeit („diffusion of responsibility") stattfindet. Sie glauben, daß, wenn ein Individuum voll für eine Entscheidung verantwortlich ist, es vor eventuellen schädlichen Folgen zurückschreckt, während, wenn mehrere Personen die Verantwortung tragen, der Vorwurf einer Fehlbeurteilung ein einzelnes Individuum nicht alleine trifft. Das Individuum hat kurz gesagt das Gefühl, ein Wagnis eingehen zu können, weil nunmehr die Entscheidung nicht allein seine eigene ist, und seine Verantwortung dementsprechend verringert wird. Kogan und Wallach setzen den Prozeß des Verantwortungsabschiebens mit dem Wechselprozeß einer Gruppendiskussion in Beziehung. Sie behaupten, daß die festen Beziehungen, die sich während einer Gruppendiskussion herausbilden, jedem einzelnen das Gefühl vermitteln, daß die Folgen eines Fehlschlagens der riskanten Entscheidung nicht allein auf seiner Schulter ruhen.

Brown (1965) gelangt zu einer anderen Erklärung der Risikoverschiebung, wobei er den Hauptfaktor in dem sorgfältigen Austausch von Informationen während der Gruppendiskussion sieht. Zunächst führt der Informationsaustausch zu der Anerkennung des Risikos als kulturellem Wert. Zuzuhören, was andere über das Risiko zu sagen haben, verstärkt den Wert des Eingehens von Wagnissen, bzw. des „Draufgängertums", die in unserer gegenwärtigen westlichen Gesellschaft positive Werte darstellen. Brown argumentiert, daß die Erörterung gefährlicher Alternativen einen Informationsfluß hervorruft, die die kulturell erwünschte Risikofreudigkeit unterstützt und verstärkt. Der Informationsaustausch kann auch aus einem anderen Grunde eine Risikoverlagerung auslösen, da durch ihn relevante Informationen über die jeweilige Position des einzelnen als Risikoträger zu Tage gefördert werden. Vor der Gruppendiskussion hält sich jedes Individuum für zumindest so wagnisfreudig wie jeder andere auch. Die Gruppendiskussion führt zu einer Art Polarisierung der Einstellungen gegenüber der Risikofreudigkeit und läßt das tatsächliche Ausmaß der Risikofreudigkeit jedes einzelnen klar zutage treten. Als Ergebnis der Gruppendiskussion können alle jene, die sich unterhalb des Gruppendurchschnitts befinden, sich nicht länger für wagemutiger und abenteuerlustiger als ihre Kameraden halten. Dementsprechend gehen sie dazu über, Entscheidungen wagemutiger anzugehen. Jene Diskussionsteilnehmer, die sich oberhalb des Durchschnitts befinden, werden zu vorsichtigeren Entscheidungen überwechseln, weil die Diskussion sie als extrem und unvernünftig ausweist. Wenn der jeweilige Wechsel stattgefunden hat, haben die anfangs Vorsichtigeren einen größeren Kompromiß geschlossen als die anfangs weniger Wagemutigen, was insgesamt zu einer riskanteren Gruppenentscheidung führt.

Über alle theoretischen Erwägungen des Phänomens der Risikoverlagerung hinaus, sind seine praktischen Implikationen beängstigend. Stellen Sie sich vor, daß eine Gruppe von Generälen und militärischen Beratern bei einer strategischen Entscheidung helfen soll, nachdem man von einem möglichen Angriff des Feindes Kenntnis erhalten hat. Ein Beispiel dafür stellt die Beratergruppe des Präsidenten während der Kuba-Krise im Jahre 1962 dar. Man nimmt normalerweise an, daß sich innerhalb einer Gruppe einige vorsichtige und konservative Mitglieder befinden, die ein Gegengewicht zu den Vorstellungen der wagemutigeren Hitzköpfe bilden und sie in Schach halten. Das Phänomen der Risikoverlagerung legt nun nahe, daß die Hitzköpfe aber tatsächlich überwiegen werden (wie es 1962 fast der Fall war), was fatale Folgen nach sich ziehen kann. Glücklicherweise stellt eine Experimentalgruppe in einem Laboratorium etwas anderes als ein Komitee von Experten dar, die mit lebensechten Entscheidungen zu tun haben. Im Gegensatz zur Laboratoriumsgruppe sieht sich die Expertengruppe ernsthaften Konsequenzen gegenüber, wenn die Risikoverlagerung fehlschlägt. Sie ist dem Vorsitzenden der Gruppe und letztlich dem Führer der Öffentlichkeit verantwortlich, wodurch der Wert der Vorsicht weniger in Gefahr gerät, außer acht gelassen zu werden. Da diese Entscheidungen in Wirklichkeit Überlegungen ethischer Natur beinhalten, kann tatsächlich eine konservative oder vorsichtige Verlagerung stattfinden. Für eine derartige Gruppe wäre es trotz allem ratsam, Maßnahmen dafür zu treffen, die die Gefahr einer Risikoverlagerung minimieren. Eine solche Maßnahme könnte darin bestehen, etwa die gleiche Anzahl von vorsichtigen und risikofreudigen Teilnehmern zu benennen. Eine weitere wäre die, beiden Seiten gleiche Zeit zur Verfügung zu stellen. Oder dafür Sorge zu tragen, daß keine Information den Wert des Risikos begünstigt und den der Vorsicht vernachlässigt. Schließlich sorgt sehr häufig die Etablierung einer Führungsstruktur dafür, daß bei administrativen Entscheidungen der Vorsicht der Vorrang gegeben wird.

Entscheidungsverhalten und nationales Verhalten

Während der letzten zehn Jahre waren Psychologen und andere Sozialwissenschaftler insbesondere mit Fragen des internationalen Zusammenlebens, der Abrüstung, der Verminderung von Spannungen sowie der internationalen Zusammenarbeit beschäftigt. Faktoren, die zu diesem erhöhten Interesse beitrugen, umschließen zweifelsohne die Weiterverbreitung von Atomwaffen und der daraus folgenden veränderten Bedeutung des Krieges, die Krisen um Berlin und Kuba sowie die bitteren Konflikte in Korea und Süd-Vietnam. Mit der Entwicklung komplizierter Modelle und Techniken zur Untersuchung des internationalen Verhaltens ist das Interesse an dem Gebiet der politischen Entscheidungsbildung auf in- und ausländischer Ebene gewachsen. Robinson und Snyder (1965) haben einige der immer wieder auftauchenden Fragen des internationalen politischen Entscheidungsprozesses untersucht.

Wie beeinflußt der Entscheidungszeitpunkt den Entscheidungsablauf und den Entscheidungsausgang? Wenn die Krisensituation vorausgesehen werden kann, gibt es die Möglichkeit, vorher aufgestellte Programme ins Werk zu setzen, wenn aber die Situation überraschend auftaucht, wie es bei der Kuba-Krise der Fall war, kann es sein, daß die verantwortlichen Politiker schnell handeln und unbekannte Risiken auf sich nehmen müssen. Ein zweites Merkmal des Entscheidungszeitpunktes ist die zur Verfügung stehende Zeit, um eine Anzahl von Alternativen mehr oder weniger gründlich zu untersuchen. Die Entscheidungszeit stellt keine absolute Größe dar, sondern sie muß zu der Kompliziertheit und der Anzahl der in den Fall verwickelten Parteien in Beziehung gesetzt werden. Gemäß den Prinzipien der Konflikttheorie bei individuellen Entscheidungsprozessen (Janis und Mann, 1968) darf mit eingehender Informierung und sorgfältiger, vorurteilsfreier Abwägung gerechnet werden, wenn wichtige Entscheidungen unter folgenden Bedingungen getroffen werden: (a) die Entscheidung muß in abschbarer Zukunft in Kraft treten (aber nicht so schnell, daß der Druck besteht, eine impulsive Entscheidung zu treffen); (b) zwei oder mehrere Handlungsabläufe stehen als Wahlalternativen zur Verfügung (aber nicht eine derart große Anzahl von komplexen Alternativen, daß sich die Entscheidungsträger von der offensichtlich aussichtslosen Aufgabe frustriert fühlen, alle sorgfältig gegeneinander abzuwägen); (c) die möglichen negativen Konsequenzen jeder der bevorzugtesten Alternativen müssen in naher Zukunft eintreten können (obwohl nicht so drohend, daß sie bis zu dem Punkte gefühlsmäßige Spannungen erzeugen, daß sie die kognitive Leistungsfähigkeit beeinträchtigen und Abwehrmechanismen gegen das Problem in Gang setzen) und (d) eine bedeutende Anzahl der anderen fühlt sich an die Entscheidung gebunden, so daß eine Bestrafung erfolgt, wenn sich der Entscheidungsträger der Entscheidung nicht verpflichtet fühlt (jedoch ohne die Entscheidung als so bindend zu betrachten, daß die Neigung entstehen könnte, sie in die ferne Zukunft zu verlagern).

Die Wichtigkeit und Tragweite der anstehenden politischen Entscheidungen können oft die Form von Krisenbedingungen annehmen, insbesondere, wenn Krieg und Gewalt sich als klare Möglichkeiten abzeichnen. Robinson und Snyder berichten, daß, wenn sich in einer Krisensituation die Entscheidungsträger in dem einen Land von den Entscheidungträgern des anderen Landes bedroht fühlen, es wahrscheinlich ist, daß sie ihrerseits mit einer Drohung antworten. Krisensituationen bestimmen auch die Anzahl und Reichweite der Alternativen, die als zur Verfügung stehend angesehen werden. Außerdem besteht die Neigung, nur ein oder zwei Handlungsabläufe als möglich anzusehen, und die Möglichkeit, zu einer konstruktiven und erfolgversprechenden Lösung zu kommen, wird in solchen Augenblicken weiterhin von der Tendenz reduziert, die Suche nach alternativen Handlungsabläufen zu vernachlässigen.

Ein zweites Hauptproblem bei internationalen Entscheidungsprozessen bezieht sich auf die Persönlichkeitsmerkmale, den sozialen Hintergrund und die persönlichen Erfahrungen sowie die persönlichen Wertvorstellungen der jeweiligen Entscheidungsträger. Entscheidungsstile und Entscheidungsergebnisse werden von Persönlichkeitsvariablen, wie z. B. Risikofreudigkeit, Fähigkeit zur konstruktiven Lösung von Problemen, Bedürfnis nach sozialer Anerkennung sowie nach Macht, beeinflußt. Präsident de Gaulles Verhalten ließ darauf schließen, daß er nur wenig die Unterstützung und den Beifall der anderen nötig hatte, wie dies z. B. bei seinen Ankündigungen über internationale Angelegenheiten zum Ausdruck kam. Man hat versucht, einige der Entscheidungen von Präsident Woodrow Wilson in europäischen Angelegenheiten nach dem 1. Weltkrieg so zu erklären. Wilson habe mangelnde Zuneigung im Kindesalter erfahren und daher versucht, dies durch die Beherrschung und Macht über andere zu kompensieren. Es ist unmöglich, die psychologischen Bedürfnisse, die eine Person dazu motivieren, eine Führungs- und Machtposition anzustreben, von ihrem politischen Führungsstil zu trennen. Unsicherheit, der Gesundheitszustand, die persönlichen Erfahrungen und Wertvorstellungen der führenden Politiker eines Landes beeinflussen zwar unbemerkt, aber dennoch entscheidend die Art des politischen Entscheidungsprozesses. Ein dritter Hauptfaktor zur Erklärung politischer

Entscheidungen ist nach Robinson und Snyder (1965) der organisatorische Kontext, in dem eine Entscheidung getroffen wird. Je größer die Anzahl der Agenten ist, die an einer Entscheidung teilhaben, um so größer ist die Wahrscheinlichkeit, daß mehrere Faktoren Berücksichtigung finden. Zu viele Teilnehmer können jedoch die Möglichkeit verhindern, überhaupt zu einer Entscheidung zu gelangen, da solche Konferenzen Gefahr laufen, in der Trivialität zu versanden. Bei Abschluß des Westfälischen Friedens im Jahre 1648 brauchten die Delegierten 6 Wochen, um darüber zu entscheiden, in welcher Reihenfolge sie in den Konferenzsaal eintreten und wie sie am Konferenztisch Platz nehmen sollten. Das gleiche Problem entstand bei der Konferenz von Potsdam im Jahre 1945, aber Churchill, Stalin und Truman lösten das Problem, indem sie entschieden, daß sie alle drei gleichzeitig durch drei verschiedene Türen in den Konferenzsaal eintraten. Erst kürzlich wurde die Pariser Vietnam-Konferenz vier Wochen lang unterbrochen, weil man sich nicht über die Form des Konferenztisches einigen konnte. In der Generalversammlung der UN sind Entscheidungen wegen der Existenz sich rivalisierender ideologischer Blöcke buchstäblich unmöglich, und die Möglichkeit der Ausübung des Vetorechts verhindert gemeinsame politische Entscheidungen. Die hierarchische Organisationsstruktur vieler politischer Institutionen, ihre Bindung an andere Körperschaften und ihre Verantwortlichkeit der öffentlichen Meinung gegenüber, unterminieren stark die Ursprünglichkeit und Schärfe ihrer Entscheidungen.

Zusammenfassung

Der Mensch trifft als Entscheidungsträger selten rein rationale Entscheidungen. Wenn eine bedeutende, lebenswichtige Entscheidung auf dem Spiel steht, ist der Abwägungsprozeß der einzelnen Alternativen durch Spannungszustände und Gefühlserregung gekennzeichnet. Verschiedene kognitive Mechanismen, wie z. B. Übersimplifizierung, Verzerrung, Verneinung der Verantwortung oder Vermeidung einer Entscheidung überhaupt werden wirksam, wenn eine wichtige Entscheidung von inkompatiblen Alternativen überschattet wird. Die Entscheidungsabfolge bezieht sich auf solche Probleme, wie die Natur der Denkprozesse vor und nach einer Entscheidung, die Methode zur Abwägung und Etablierung von Präferenzen zwischen den offenstehenden Alternativen sowie der Dynamik des Engagements, das die Wahl in ein Netz von sozialen Verpflichtungen verankert, wodurch eine

Umkehr der Entscheidung unmöglich gemacht wird. In dem Zeitraum, der der Ankündigung einer Entscheidung vorangeht, wird der Entscheidungsträger versuchen, je nach der Natur der Entscheidung, rational und objektiv zu sein oder sich einem subjektiven Wunschdenken hinzugeben. Die Berücksichtigung noch zu erwartender Informationen und die Erwartung eines unwiderruflichen Engagements werden ihm eine gewisse Vorsicht auferlegen. Nach der Entscheidung wird die Erfahrung kognitiver Dissonanz oder des Bedauerns eine Reihe von kognitiven Manövern in Gang setzen, die zur Aufwertung der Entscheidung beitragen sollen. Negative Kritik und negativer Beifall können den Betreffenden dazu verleiten zu versuchen, die Entscheidung rückgängig zu machen. Unter den Determinanten des Entscheidungsprozesses ist der normative Einfluß von besonderer Bedeutung. Gruppenentscheidungen sind tendenziell weniger vorsichtig und risikofreudiger als Entscheidungen, die von einzelnen alleine getroffen werden, eine Erscheinung, die als das Phänomen der Risikoverschiebung (risky shift) bekannt ist. Bei der Analyse des Entscheidungsprozesses wurde beobachtet, daß mit ihm im Zusammenhang stehende psychologische Prozesse, wie z. B. Einstellungs- und Rollenkonflikte, Gruppeninteraktionen und Führung, und Information und Verantwortungsabschiebung dazu beitragen, das Aussehen wichtiger Entscheidungsaktivitäten zu bestimmen. Dies war sowohl auf nationaler Ebene als auch auf der Ebene persönlicher Entscheidungen sowie der Entscheidungen von Kleingruppen festzustellen.

Literaturverzeichnis

Adorno, T. W., Frenkel-Brunswick, Else, Levinson, D. J. und Sanford, R. N.: The Authoritarian Personality. New York: Harper & Row, 1950. (dt.: Der autoritäre Charakter. Studien über Autorität und Vorurteil. Übers. Institut für Sozialforschung/ Frankfurt a. M. 2. Auflage. Frankfurt a. M.: Suhrkamp, 1977.)

Allport, F. H.: Social Psychology. New York: Houghton Mifflin Company, 1924.

Allport, G. W.: The historical background of modern social psychology. In G. Lindzey (Ed.), Handbook of Social Psychology, Vol. 1. Reading, Mass.: Addison-Wesley Publishing Co., Inc., 1954a, 3—56.

Ders.: The Nature of Prejudice. Reading, Mass.: Addison-Wesley Publishing Co., Inc., 1954b. Deutsch: Die Natur des Vorurteils, Köln: Kiepenheuer und Witsch, 1971.

Ders.: Pattern and Growth in Personality. New York: Holt, Rinehart & Winston, Inc., 1961. (dt.: Gestalt und Wachstum in der Persönlichkeit. Hrsg. und übertr. von H. von Bracken. Königstein: Hain, 1970.)

Almond, G. A.: The Appeals of Communism. Princeton University Press, 1954.

Altman, I. und Haythorn, W. W.: The ecology of isolated croups. Behavioral Science, 1967, 12, 169—182.

Altmann, S. A.: The social behavior of anthropoid primates: An analysis of some recent concepts. In E. L. Bliss (Ed.), Roots of Behavior. New York: Harper & Row, 1962, 277—285.

Ardrey, R.: The Territorial Imperative. New York: Atheneum Publishers, 1966.

Argyle, M.: The Psychology of Interpersonal Behaviour. London: Penguin Books, 1967.

Argyle, M. und Dean, Janet.: Eye-contact, distance and affiliation. Sociometry, 1965, 28, 289—304.

Aronson, E. und Carlsmith, J. M.: Experimentation in Social Psychology. In G. Lindzey and E. Aronson (Eds), Handbook of Social Psychology, Vol. 2, (Rev. edn). Reading, Mass.: Addison-Wesley Publishing Co., Inc., 1968, 1—79.

Aronson, E. und Mills, J.: The effect of severity of initiation on liking for a group. Journal of Abnormal and Social Psychology, 1959, 59, 177—181.

Asch, S. E.: Forming impressions of personality. Journal of Abnormal and Social Psychology, 1946, 41, 258—290.

Ders.: Social Psychology. Englewood Cliffs, N. J.: Prentice-Hall, Inc., 1952.

Back, K. W.: Influence through social communication. Journal of Abnormal and Social Psychology, 1951, 46, 9—23.

Back, K. W. und Davis, K. E.: Some personal and situational factors relevant to the consistency and prediction of conformity behavior. Sociometry, 1965, 28, 227—240.

Bales, R. F. und Slater, P. E.: Role differentiation in small decision-making groups. In T. Parsons und R. F. Bales (Eds), Family Socialization and Interaction Process, New York: The Free Press of Glencoe, 1955, 259—306.

Benedict, Ruth: Patterns of Culture. Boston: Houghton Mifflin Company, 1934.

Berkowitz, L. und Daniels, Louise, R.: Responsibility and dependency. Journal of Abnormal and Social Psychology, 1963, 66, 427—436.

Berscheid, Ellen und Walster, Elaine.: When does a harm-doer compensate a victim? Journal of Personality and Social Psychology, 1967, 6, 435—441.

Bettelheim, B.: Individual and mass behavior in extreme situations. In Eleanor E. Maccoby, T. M. Newcomb and E. L. Hartley (Eds), Readings in Social Psychology, (3rd edn). New York: Holt, Rinehart & Winston, Inc., 1958. (dt.: Erziehung zum Überleben. Zur Psychologie der Extremsituation. München: dtv, 1982.)

Bettelheim, B. und Janowitz, M.: Dynamics of Prejudice: A Psychological and Sociological Study of Veterans. New York: Harper & Row, 1950.

Bexton, W. H., Heron, W. und Scott, T. A.: Effects of decreased variations in the sensory environment. Canadian Journal of Psychology, 1954, 8, 70—76.

Bierhoff, H.-W.: Sozialpsychologie. Ein Lehrbuch. 4. Aufl. Stuttgart: Kohlhammer 1998.

Blumer, H.: Collective behavior. In A. M. Lee (Ed.), New Outline of the Principles of Sociology, New York: Barnes & Noble, Inc., 1946, 165—220.

Bowlby, J.: Maternal Care and Mental Health. Geneva, Switzerland: World Health Organization, 1952.

Bronfenbrenner, U.: The changing American child: A speculative analysis. Journal of Social Issues, 1961, 17, 6—18.

Bronfenbrenner, U., Harding, J. und Gallwey, Mary.: The measurement of skill in social perception. In D. G. McClelland, A. L. Baldwin and F. L. Strodbeck (Eds), Talent and Society. Princeton: Van Nostrand Co., Inc., 1958, 29—111.

Brown, R.: Mass phenomena. In G. Lindzey (Ed.), Handbook of Social Psychology, Vol. 2. Reading, Mass.: Addison-Wesley Publishing Co., Inc., 1954, 833—876.

Ders.: Social Psychology. New York: The Free Press, 1965.

Brownfield, C.: Isolation: Clinical and Experimental Approaches. New York: Random House, Inc., 1964.

Bryan, J. H. und Test, Mary A.: Models and helping: Naturalistic studies in aiding behavior. Journal of Personality and Social Psychology, 1967, 6, 400—407.

Buss, A. H. und Portnoy, N. W.: Pain tolerance and group identification. Journal of Personality and Social Psychology, 1967, 6, 106—108.

Butler, R. A.: Incentive conditions which influence visual exploration. Journal of Experimental Psychology, 1954, 48, 19—23.

Calhoun, J. B.: A comparative study of the social behavior of two inbred strains of house mice. Ecological Monographs, 1956, 26, 81—103.

Ders.: Population density and social pathology. Scientific American, 1962, 206 (2), 139—148.

Campbell, A., Converse, P. Miller, W. E. und Stokes, D. E.: The American Voter. New York: John Wiley & Sons, Inc., 1960.

Chakotin, S.: The Rape of the Masses, London: Routledge, Kegan Paul 1941.

Christian, J. J.: Phenomena associated with population density. Proc. Nat. Acad. Sci., 1961, 47, 428—449.

Cline, V. B.: Interpersonal perception. In B. A. Maher (Ed.), Progress in Experimental Personality Research, Vol. 1. New York: Academic Press, Inc., 1964, 221—284.

Cline, V. B. und Richards, J. M.: Accuracy and interpersonal perception—a general trait? Journal of Abnormal and Social Psychology, 1960, 60, 1—7.

Collias, N. E.: Problems and principles of animal sociology. In C. Stone (Ed.), Comparative Psychology. Englewood Cliffs, N. J.: Prentice-Hall, Inc., 1951, 388—422.

Cooley, C. S.: Social Organization. New York: Charles Scribner's Sons, 1909.

Cooper, Eunice und Jahoda, Marie.: The evasion of propaganda: How prejudiced people respond to anti-prejudice propaganda. Journal of Psychology,1947, 23, 15—25.

Crowne, D. P. und Marlowe, D.: The Approval Motive: Studies in evaluative dependence. New York: John Wiley & Sons, Inc., 1964.

Crutchfield, R. S.: Conformity and character. American Psychologist, 1955, 10, 191—198.

Daniels, V.: Communication, incentive, and structural variables in interpersonal exchange and negotiation. Journal of Experimental Social Psychology, 1967, 3, 47—74.

Darley, J. und Latané, B.: Bystander intervention in emergencies: Diffusion of responsibility. Journal of Personality and Social Psychology, 1968, 8, 377—383.

Darlington, R. B. und Macker, C. E.: Displacement of guilt-produced altruistic behavior. Journal of Personality and Social Psychology, 1966, 4, 442—443.

Davidson, J. R. und Kiesler, Sara, B.: Cognitive behavior before and after decisions. In L. Festinger (Ed.), Conflict Decision and Dissonance. Stanford, Calif.: Stanford University Press, 1964, 10—19.

Davis, D.: An inquiry into the phylogeny of gangs. In E. L. Bliss (Ed.), Roots of Behavior. New York: Harper & Row, 1962, 316—320.

Davis, K.: A case of extreme social isolation of a child. American Journal of Sociology, 1940, 45, 554—565.

Ders.: Final note on a case of extreme isolation. American Journal of Sociology, 1947, 52, 432—437.

Davis, M.: Community attitudes toward fluoridation. Public Opinion Quarterly, 1959, 23, 474—482.

de Charms, R.: Personal Causation. New York: Academic Press, Inc., 1968.

Deevey, E. S.: The hare and the haruspex: A cautionary tale. American Scientist, 1960, 48, 415—430.

Dennis, W.: The significance of feral man. American Journal of Psychology, 1941, 54, 425—432.

Ders.: Readings in Child Psychology. New York: Prentice-Hall, Inc., 1951.

Deutsch, M.: Cooperation and trust: Some theoretical notes. In M. R. Jones (Ed.), Nebraska Symposium on Motivation, Vol. 10. Lincoln: University of Nebraska Press, 1962, 275—318.

Dornbusch, S. M.: The military academy as an assimilating institution. Social Forces, 1955, 33, 316—321.

Ehrlich, Danuta, Guttman, I., Schönbach, P. und Mills, J.: Postdecision exposure to relevant information. Journal of Abnormal and Social Psychology, 1957, 54, 98—102.
Exline, R. V.: Explorations in the process of person perception: Visual interaction in relation to competition, sex, and need for affiliation. Journal of Personality, 1963, 31, 1—20.
Exline, R. V., Thibaut, J., Brannon, Carole und Gumpert, P.: Visual interaction in relation to Machiavellianiasm and an unethical act. American Psychologist, 1961, 16, 396.

Feather, N. T.: Cognitive dissonance, sensitivity, and evaluation. Journal of Abnormal and Social Psychology, 1963, 66, 157—163.
Ders.: A structural balance model of evaluative behaviour. Human Relations, 1965, 18, 171—185.
Felipe, Nancy H. und Sommer, R.: Invasions of personal space. Social Problems, 1966, 14, 206—214.
Feshbach, S. und Singer, R.: The effects of personal and shared threat upon social prejudice. Journal of Abnormal and Social Psychology, 1957, 54, 411—416.
Festinger, L.: Informal social communication. Psychological Review, 1950, 57, 271—282.
Ders.: A theory of social comparison processes. Human Relations, 1954, 7, 114—140.
Ders.: A Theory of Cognitive Dissonance. Evanston, Ill.: Row, Peterson, 1957. (dt.: Theorie der kognitiven Dissonanz. Hrsg. v. M. Irle und V. Möntmann. Bern: Huber, 1978.)
Ders.: Conflict, Decision and Dissonance. Stanford, Calif.: Stanford University Press, 1964.
Festinger, L. und Carlsmith, J. M.: Cognitive consequences of forced compliance. Journal of Abnormal and Social Psychology, 1959, 58, 203—210.
Festinger, L., Riecken, H. und Schachter, S.: When Prophecy Fails. Minneapolis: University of Minnesota Press, 1956.
Fischer, L.: Worshippers from afar. In R. H. Crossman (Ed), The God that Failed. New York: Harper & Row, 1949, 196—228.
Fischer, L. und Wiswede, G.: Grundlagen der Sozialpsychologie. München: Oldenbourg, 1997.
Forgas, J. P.: Sozialpsychologie. Eine Einführung in die Psychologie der sozialen Interaktion. München: Psychologie Verlags Union, 1987.
French, J. R. P. Jr.: Organized and unorganized groups under fear and frustration. University of Iowa Studies in Child Welfare, 1944, 20, 229—308.
French, J. R. P. Jr. und Raven, B. H.: The bases of social power. In D. Cartwright (Ed.), Studies in Social Power. Ann Arbor, Michigan: University of Michigan Press, 1959, 118—149.
Freud, S.: Group psychology and the analysis of the ego (1921). In J. Strachey (Ed.), The Complete Psychological Works of Sigmund Freud, Vol. 18. London: Hogarth Press, 1955, 67—143.

230

Frey, D. und Greif, S. (Hrsg.): Sozialpsychologie. Ein Handbuch in Schlüsselbegriffen. 4. Aufl. Weinheim: Psychologie Verlags Union, 1997.

Frost, R.: Mountain Interval. New York: Holt, Rinehart & Winston, Inc., 1921.

Gage, N. L.: Judging interests from expressive behavior. Psychological Monographs, 1952, 66, (whole of number 350).

Gerard, H. B.: The effect of different dimensione of disagreement on the communication process in small groups. Human Relations, 1953, 6, 249—271.

Gerard, H. B. und Rabbie, J. M.: Fear and social comparison. Journal of Abnormal and Social Psychology, 1961, 62, 586—592.

Glass, D. C.: Changes in liking as a means of reducing cognitive discrepancies between self-esteem and aggression. Journal of Personality, 1964, 32, 531—549.

Goffman, E.: Embarrassment and social organization. American Journal of Sociology, 1956, 62, 264—271.

Ders.: Behavior in Public Places, New York: The Free Press, 1963. (dt.: Das Individuum im öffentlichen Austausch. Mikrostudien zur öffentlichen Ordnung. Übers. v. R. Wiggershaus. Frankfurt a. M.: Suhrkamp, 1982.)

Gollin, E. S.: Organizational characteristics of social judgement: A developmental investigation. Journal of Personality, 1958, 26, 139—154.

Gundersen, E. K. E. und Nelson, P.: Adaptation of small groups to extreme environments. Aerospace Medicine, 1963, 34, 1111—1115.

Hall, E. T.: The Silent Language. New York: Doubleday & Co., Inc., 1959.

Hardyck, Jane und Braden, Marcia: Prophecy fails again: a report of a failure to replicate. Journal of Abnormal and Social Psychology, 1962, 65, 136—141.

Harlow, H. F. und Harlow, Margaret: Social deprivation in monkeys. Scientific American, 1962, 207 (5), 136—146.

Heider, F.: The Psychology of Interpersonal Relations. New York: John Wiley & Sons, Inc., 1958. (dt.: Psychologie der interpersonalen Beziehungen. Aus dem Amerikanischen v. G. Deffner. Stuttgart: Klett-Cotta, 1977.)

Herkner, W.: Einführung in die Sozialpsychologie. Neuauflage. Bern: Huber, 1993.

Herodotus: The Histories. Translated by Aubrey de Selincourt. Baltimore, Maryland: Penguin Books, 1954.

Hess, E. H.: Imprinting and the „critical period" concept. In E. L. Bliss (Ed.), Roots of Behavior. New York: Harper & Row, 1962, 254—263.

Hollander, E. P.: Competence and conformity in the acceptance of influence. Journal of Abnormal and Social Psychology, 1960, 61, 365—370.

Homans, G. C.: Social Behavior: Its Elementary Forms. New York: Harcourt, Brace & World, Inc., 1961. (dt.: Elementarformen sozialen Verhaltens. 2. Auflage. Opladen: Westdeutscher Verlag, 1972.)

Hovland, C., Janis, L. und Kelley, H.: Communication and Persuasion. New Haven, Conn.: Yale University Press, 1953.

Hutt, Corinne und Ounsted, C.: The biological significance of gaze aversion with particular reference to the syndrome of infantile autism. Behavioral Science, 1966, 11, 346—356.

Hyman, H. H.: The psychology of status. Archives of Psychology, 1942, 38 (269), 1—94.

Janis, I. L.: Motivational factors in the resolution of decisional conflicts. In M. R. Jones (Ed.), Nebraska Symposium on Motivation, Vol. 7. Lincoln: University of Nebraska Press, 1959, 198—231.

Janis, I. L. und Feshbach, S.: Effects of fear-arousing communications. Journal of Abnormal and Social Psychology, 1953, 48, 78—92.

Janis, I. L. und Mann, L.: Effectiveness of emotional role-playing in modifying smoking habits and attitudes. Journal of Experimental Research in Personality, 1965, 1, 84—90.

Janis, I. L. und Mann, L.: A conflict-theory approach to attitude change and decision making. In A. Greenwald, T. Brock and T. Ostrom (Eds), Psychological Foundations of Attitudes. New York: Academic Press, Inc., 1968, 329—363.

Jecker, J. D.: The cognitive effects of conflict and dissonance. In L. Festinger, Conflict, Decision and Dissonance. Stanford, Calif.: Stanford Universiy Press, 1964, 21—32.

Jones, E. E.: Ingratiation. A Social Psychological Analysis. New York: Appleton-Century-Crofts, 1964.

Katz, D.: The functional approach to the study of attitudes. Public Opinion Quarterly, 1960, 24, 163—204.

Katz, D., Sarnoff, I. und McClintock, C. G.: Ego-defense and attitude change. Human Relations, 1956, 9, 27—46.

Katz, D. und Stotland, E.: A. preliminary statement to a theory of attitude structure and change. In S. Koch (Ed.), Psychology: A Study of a Science, Vol. 3. New York: McGraw-Hill Book Company, 1959, 423—475.

Kelley, H. H.: The warm-cold variable in first impressions of persons. Journal of Personality, 1950, 18, 431—439.

Ders.: Attribution theory in social psychology. In D. Levine (Ed.), Nebraska Symposium on Motivation, Vol. 15. Lincoln: University of Nebraska Press, 1967, 192—238.

Ders.: Interpersonal accommodation. American Psychologist, 1968, 23, 399—410.

Kelley, H. H., Condry, J. C. Jr., Dahlke, A. E. und Hill, A. H.: Collective behavior in a simulated panic situation. Journal of Experimental Social Psychology, 1965, 1, 20—54.

Kelman, H. C.: Processes of opinion change. Public Opinion Quarterly, 1961, 25, 57—78.

Kendon, A.: Some functions of gaze-direction in social interaction. Acta Psychologica, 1967, 26, 22—63.

Kerckhoff, A. C. und Back, K. W.: The June Bug: A Study of Hysterical Contagion New York: Appleton-Century-Crofts, 1968.

Kinsey, A. C., Pomeroy, W. B. und Martin, C. E.: Sexual Behavior in the Human Male. Philadelphia: W. A. Sanders Company, 1948.

Knox, R. und Inkster, J.: Post-decision dissonance at post time. Journal of Personality and Social Psychology, 1968, 8, 319—323.

Kogan, N. und Wallach, M. A.: Risk taking as a function of the situation, the person, and the group. In G. Mandler et. al., New Directions in Psychology, Vol. 3. New York: Holt, Rinehart & Winston, Inc., 1967.

Krech, D., Crutchfield, R. S. und Ballachey, E. L.: Individual in Society. New York: McGraw-Hill Book Company, 1962.

Lambert, W. E., Libman, Eva und Poser, E. C.: The effect of increased salience of a membership group on pain tolerance. Journal of Personality, 1960, 28, 350 —357.

LaPiere, R. T.: Attitudes vs. actions. Social Forces, 1934, 14, 230—237.

Leavitt, H. J.: Some effects of certain communication patterns on group performance. Journal of Abnormal and Social Psychology, 1951, 46, 38—50.

Lerner, M. J.: The effect of responsibility and choice on a partner's attractiveness following failure. Journal of Personality, 1965, 33, 178—187.

Lerner, M. J. und Simmons, Carolyn, H.: Observer's reaction to the „innocent victim:" Compassion or rejection? Journal of Personality and Social Psychology, 1966, 4, 203—210.

Lewin, H.: Group decision and social change. In Eleanor E. Maccoby, T. M. Newcomb and E. L. Hartleys (Eds), Readings in Social Psychology (3rd edn). New York: Holt, Rinehart & Winston, Inc., 1958, 197—211.

Lewis, S.: Babbitt. New York: Harcourt, Brace & World, Inc., 1922. (dt.: Babbitt. Reinbek: Rowohlt, 1976.)

Linton, R.: The Study of Man. New York: Appleton-Century-Crofts, 1936.

Lorenz, K. Z.: Der Kumpan in der Umwelt des Vogels. J. F. Ornith, 1935, 83, 137 —213, 289—413.

Lorenz, K.: On Aggression. New York: Harcourt, Brace & World, Inc., 1966. Deutsch: Das sogenannte Böse, Wien: Borotha-Schoeler, 1963.

Luchins, A. S.: Primacy-recency in impression formation. In C. I. Hovland (Ed.), The Order of Presentation. New Haven, Conn.: Yale University Press, 1957, 33—61.

Lück, H. E.: Soziale Aktivierung. Untersuchungen zur modifizierten Social-Facilitation Hypothese von Robert B. Zajonc. Köln: Wison-Verlag, 1969.

Lück, H. E.: Psychologie sozialer Prozesse. Eine Einführung in das Selbststudium der Sozialpsychologie. 3. Auflage. Opladen: Leske & Budrich. 1993.

McDougall, W.: Introduction to Social Psychology. London: Methuen & Co., 1908.

McGrath, J. E.: Social Psychology: A brief introduction. New Jersey: Holt, Rinehart & Winston, Inc., 1964.

Mann, L.: Queue Culture: The waiting line as a social system. American Journal of Sociology, 1969, 75, 340—354.

Mann, L. und Abeles, R. P.: Evaluation of presidential candidates as a function of time and stage of voting decision. Journal of Psychology 1970, 74, 167—173.

Mann, L. und Janis, I. L.: A follow-up study on the long-term effects of emotional role playing. Journal of Personality and Social Psychology, 1968, 8, 339—342.

Mann, L., Janis, I. L. und Chaplin, Ruth: The effects of anticipation of forthcoming information on predecisional processes. Journal of Personality and Social Psychology, 1969, 11, 10—16.

Marshall, S. L.: Men Against Fire. New York: William Morrow & Co., Inc., 1947.

Mead, Margaret: Coming of Age in Samoa. New York: William Morrow & Co., Inc., 1928. (dt.: Brombeerblüten im Winter. Ein befreites Leben. Reinbek: Rowohlt, 1978.)

Ders.: Sex and Temperament in Three Primitive Societies. New York: William Morrow & Co., Inc., 1935. (dt.: Jugend und Sexualität in primitiven Gesellschaften. 3 Bde. München: dtv, 1970.)

Merei, F.: Group leadership and institutionalization, Human Relations, 1949, 2, 23—39.

Merrien, J.: Lonely Voyagers. London: Putnam, 1954.

Merton, R. K. und Kitt, Alice S.: Contributions to the theory of reference group behavior. In R. K. Merton und P. F. Lazarsfeld (Eds), Studies in the Scope and Method of the „The American Soldier". New York: The Free Press, 1950.

Milgram, S.: Nationality and conformity. Scientific American, 1961, 205 (6), 45—51.

Ders.: Some conditions of obedience and disobedience to authority. Human Relations, 1965, 18, 57—76.

Miller, N. und Zimbardo, P.: Motives for fear-induced affiliation: Emotional comparison or interpersonal similarity? Journal of Personality, 1966, 34, 481—503.

Mintz, A.: Non-adaptive group behavior. Journal of Abnormal and Social Psychology, 1951, 46, 150—159.

Moede, W.: Experimentelle Massenpsychologie. Leipzig: Hirzel, 1920.

Newcomb, T. M.: Social Psychology. New York: Dryden, 1950. Deutsch: Sozialpsychologie, Meisenheim: A. Hain, 1969.

Ders.: Attitude development as a function of reference groups: The Bennington Study. In Eleanor E. Maccoby, T. M. Newcomb and E. L. Hartley (Eds), Readings in Social Psychology, (3rd edn). New York: Holt, Rinehart & Winston, Inc., 1958, 265—275.

Ders.: The Acquaintance Process. New York: Holt, Rinehart & Winston, Inc., 1961.

Newcomb, T. M., Turner, R. H. und Converse, P. E.: Social Psychology. New York: Holt, Rinehart & Winston, Inc., 1965.

Nice, M. M.: Studies in the life history of the song sparrow. II. Trans. Linnaean Soc. (New York), 1943, 6, 1—238.

Nissen, H. W.: Social behavior in primates. In C. Stone (Ed.), Comparative Psychology. Englewood Cliffs, N. J.: Prentice-Hall, Inc., 1951, 423—457.

Ogburn, W. und Bose, N.: On the trail of the wolf-children. Genetic Psychological Monographs, 1959, 60, 117—193.

Osgood, C. E. und Tannenbaum, P. H.: The principle of congruity in the prediction of attitude change. Psychological Review, 1955, 62, 42—55.

Paivio, A.: Personality and audience influence. In B. Maher (Ed), Progress in Experimental Personality Research, Vol. 2. New York: Academic Press, Inc., 1965, 127—173.

Pepitone, A.: Attributions of causality, social attitudes, and cognitive matching processes. In R. Tagiuri and L. Petrullo (Eds), Person Perception and Interpersonal Behavior. Staford, Calif.: Stanford University Press, 1958, 258—276.

Piaget, J.: The Moral Judgement of the Child. New York: The Free Press, 1948. Deutsch: Das moralische Urteil beim Kinde, Zürich: Rascher, 1954.

Radlow, R.: An experimental study of „cooperation" in the Prisoner's Dilemma game. Journal of Conflict Resolution, 1965, 9, 221—227.

234

Robinson, J. A. und Snyder, R. C.: Decision-making in international politics. In H. C. Kelman (Ed.), International Behavior: A Social Psychological Analysis. New York: Holt, Rinehart & Winston, Inc., 1965, 435—463.

Rokeach, M.: Attitude change and opinion change. Public Opinion Quarterly, 1966, 30, 529—548.

Rosenberg, M. J.: Cognitive reorganization in response to the hypnotic reversal of attitudinal affect. Journal of Personality, 1960, 29, 39—63.

Rosnow, R. L. und Robinson, E. J. (Eds).: Experiments in Persuasion. New York: Academic Press, Inc., 1967.

Ross, E. A.: Social Psychology. New York: The Macmillan Company, 1908.

Russell, B.: The Autobiography of Bertrand Russell. 1914—1944. Boston: Little, Brown and Company, 1967. (dt.: Autobiographie. Bd. 2: 1914—1944. Frankfurt a.M.: Suhrkamp, 1973.)

Sahlins, M. D.: The origin of society. Scientific American, 1960, 203 (3), 76—86.

Santayana, G.: Soliloquies in England and Later Soliloquies. New York: Charles Scribner's Sons, 1922.

Schachter, S.: Deviation, rejection and communication. Journal of Abnormal and Social Psychology, 1951, 46, 190—201.

Ders.: The Psychology of Affiliation: Experimental studies of the sources of gregariousness. Stanford, Calif.: Stanford University Press, 1959.

Ders.: The interaction of cognitive and physiological determinants of emotional state. In L. Berkowitz (Ed.), Advances in Experimental Social Psychology, Vol. 1. New York: Academic Press, Inc., 1964, 49—80.

Schachter, S. und Hall, K.: Group-derived restraints and audience persuasion. Human Relations, 1952, 5, 397—406.

Schachter, S. und Singer, J. E.: Cognitive, social, and physiological determinants of emotional state. Psychological Review, 1962, 69, 379—399.

Schein, E. H.: The Chinese indoctrination program for prisoners of war. A study of attempted „brainwashing". In Eleanor E. Maccoby, T. M. Newcomb and E. L. Hartley (Eds), Readings in Social Psychology, (3rd edn). New York: Holt, Rinehart & Winston, Inc., 1958, 311—334.

Schjelderup-Ebbe, T.: Beiträge zur Sozialpsychologie des Haushuhns, Z. Psychol., 1922, 88, 226—252.

Schopler, J. und Matthews, J. W.: The influence of the perceived causal locus of partner's dependence on the use of interpersonal power. Journal of Personality and Social Psychology, 1965, 2, 609—612.

Schultz-Gambard, J. (Hrsg.): Angewandte Sozialpsychologie. Konzepte, Ergebnisse, Perspektiven. München–Weinheim: Psychologie Verlags Union, 1987.

Scott, J. P., Fredericson, E. und Fuller, J. C.: Experimental exploration of the critical period hypothesis. Journal of Personality, 1951, 19, 162—183.

Scott, T. H., Bexton, W. H., Heron, W. und Doane, B. K.: Cognitive effects of perceptual isolation. Canadian Journal of Psychology, 1959, 13, 200—209.

Secord, P. F. und Backman, C. W.: Social Psychology. New York: McGraw-Hill Book Company, 1964. (dt.: Sozialpsychologie. 4. unveränderte Auflage. Frankfurt a.M.: Fachverlag für Psychologie, 1983.)

Seidman, D., Bensen, S. B., Miller, I. und Meeland, T.: Influence of a partner on tolerance for self-administered electric shock. Journal of Abnormal and Social Psychology, 1957, 54, 210—212.

Sherif, M.: An Outline of Social Psychology. New York: Harper & Row, 1948.

Ders.: Social Psychology: Interdisciplinary problems and trends. In S. Koch (Ed.), Psychology: A Study of a Science, Vol. 6. New York: McGraw-Hill Book Company, 1963, 30—93.

Sherif, M., Harvey, O. J., White, B. J., Hood, W. R. und Sherif, Carolyn W.: Intergroup Conflict and Cooperation: The Robbers' Cave Experiment. Norman, Okla.: University of Oklahoma Press, 1961.

Sherif, M. und Sherif, Carolyn, W.: Reference Groups: Exploration into the Conformity and Deviation of Adolescents. New York: Harper & Row, 1964.

Simon, H. A.: Models of Man. New York: John Wiley & Sons, Inc., 1957.

Singh, J. A. L. und Zingg, R. M.: Wolf-Children and Feral Man. New York: Harper & Row, 1943.

Sommer, R.: Further studies of small group ecology. Sociometry, 1965, 28, 337—348.

Stagner, R.: Psychology of Personality, (2nd edn). New York: McGraw-Hill Book Company, 1948.

Steele, R.: The Spectator, No. 509, 1712.

Steiner, I. D.: Interpersonal behavior as influenced by social perception. Psychological Bulletin, 1955, 62, 268—274.

Stotland, E., Katz, D. und Patchen, M.: The reduction of prejudice through the arousal of self-insight. Journal of Personality, 1959, 27, 507—531.

Stouffer, S. A. u. a.: The American Soldier: Studies in social psychology in World War II, Vols 1 and 2. Princeton, N. J.: Princeton University Press, 1949.

Strickland, L. H.: Surveillance and trust. Journal of Personality, 1958, 26, 200—215.

Stroebe, W., Hewstone, M., Codol, J.-P. und Stephenson, G. M. (Hrsg.): Sozialpsychologie. Eine Einführung. 3. Aufl., Berlin: Springer, 1996.

Taft, R.: The ability to judge people. Psychological Bulletin, 1955, 52, 1—28.

Tagiuri, R. und Petrullo, L. (Eds).: Person Perception and Interpersonal Behavior, Stanford, Calif.: Stanford University Press, 1958.

Thibaut, J. W. und Riecken, H.: Some determinants and consequences of the perception of social causality. Journal of Personality, 1955, 24, 113—133.

Thibaut, J. W. und Kelley, H. H.: The Social Psychology of Groups. New York: John Wiley & Sons, Inc., 1959.

Turner, R. H.: Collective behavior. In R. E. Faris (Ed.), Handbook of Modern Sociology. Chicago: Rand McNally, 1964, 382—425.

Vischer, A. L.: Barbed Wire Disease. London: John Bale & Davidson, 1919.

Walster, Elaine: Assignment for responsibility for an accident. Journal of Personality and Social Psychology, 1966, 3, 73—79.

Walster, Elaine und Berscheid, Ellen: The effects of time on cognitive consistency. In R. P. Abelson, et al. (Eds), Theories of Cognitive Consistency: A Sourcebook. Chicago: Rand McNally & Co., 1968, 599—608.

Walster, Elaine und Prestholdt, P.: The effect of misjudging another: Over-compensation or dissonance reduction? Journal of Experimental Social Psycholody, 1966, 2, 85—97.

Walters, R. H. und Parke, R. D.: Social Motivation, dependency, and suspectibility to social influence. In L. Berkowitz (Ed.), Advances in Experimental Social Psychology, Vol. 1. New York: Academic Press, Inc., 1964.

Wapner, S. und Alper, Thelma G.: The effect of an audience on behavior in a choice situation. Journal of Abnormal and Social Psychology, 1952, 47, 222—229.

Washburn, S. L. und Devore, I.: The social life of baboons. Scientific American. 1961, 204 (6), 62—71.

Watson, D. und Bromberg, B.: Power, communication, and position satisfaction in task-oriented groups. Journal of Personality and Social Psychology, 1965, 2, 859—864.

Weingarten, M.: Life in a Kibbutz. New York: Reconstructionist Press, 1955.

Werbik, H. und Kaiser, H.-J. (Hrsg.): Kritische Stichwörter zur Sozialpsychologie. München: Fink, 1981.

Whittaker, J. O. und Meade, R. D.: Social pressure in the modification and distortion of judgement: A cross-cultural study. International Journal of Psycholody, 1967, 2, 109—113.

Whyte, W.: The Organization Man. New York: Simon & Schuster, Inc., 1956.

Willis, R. H.: Two dimensions of conformity-nonconformity. Sociometry, 1963, 26, 499—513.

Winch, R. F.: Mate-selection: A Study of Complementary Needs. New York: Harper & Row, 1958.

Witte, E. H.: Sozialpsychologie. Ein Lehrbuch, 2. Aufl. Weinheim: Psychologie Verlags Union, 1994.

Wrightsman, L. S. Jr.: Effects of waiting with others on changes in level of felt anxiety. Journal of Abnormal and Social Psychology, 1960, 61, 216—222.

Yerkes, R. M.: Conjugal contrasts among chimpanzees. Journal of Abnormal and Social Psychology, 1941, 36, 175—199.

Zajonc, R. B.: Social Psychology: An Experimental Approach. Belmont, Calif.: Wadsworth Publishing Co. Inc., 1966.

Zajonc, R.: Cognitive processes. In G. Lindzey and E. Aronson (Eds), Handbook of Social Psychology, Vol. 1 (Rev. edn). Reading, Mass.: Addison-Wesley Publishing Co., Inc., 1968, 320—411.

Zborowski, M.: Cultural components in responses to pain. Journal of Social Issues, 1952, 4, 16—30.

Zimbardo, P. und Formica, R.: Emotional comparison and self-esteem as determinants of affiliation. Journal of Personality, 1963, 31, 141—162.

Zuckerman, S.: The Social Life of Monkeys and Apes. London: Kegan Paul, 1932.

Sachregister